古典文獻研究輯刊

三九編

潘美月・杜潔祥 主編

第 1 冊

《三九編》總目

編 輯 部 編

衡門之下：古籍善本與書籍世界的研究（上）

向 輝 著

國家圖書館出版品預行編目資料

衡門之下：古籍善本與書籍世界的研究（上）／向輝　著 --
初版 -- 新北市：花木蘭文化事業有限公司，2024〔民 113〕
目 4+206 面；19×26 公分
（古典文獻研究輯刊　三九編；第 1 冊）
ISBN 978-626-344-921-3（精裝）
1.CST：善本　2.CST：古籍
011.08　　　　　　　　　　　　　　　　　113009698

ISBN-978-626-344-921-3

9 786263 449213

古典文獻研究輯刊
三九編　第一冊　　　　　　ISBN：978-626-344-921-3

衡門之下：古籍善本與書籍世界的研究（上）

作　　　者　向輝
主　　　編　潘美月、杜潔祥
總 編 輯　杜潔祥
副總編輯　楊嘉樂
編輯主任　許郁翎
編　　　輯　潘玟靜、蔡正宣　美術編輯　陳逸婷
出　　　版　花木蘭文化事業有限公司
發 行 人　高小娟
聯絡地址　235 新北市中和區中安街七二號十三樓
　　　　　　電話：02-2923-1455 ／傳真：02-2923-1452
網　　　址　http://www.huamulan.tw 信箱 service@huamulans.com
印　　　刷　普羅文化出版廣告事業
初　　　版　2024 年 9 月
定　　　價　三九編 65 冊（精裝）新台幣 175,000 元

《三九編》總目

編輯部　編

《古典文獻研究輯刊》三九編　書目

《古典文獻研究輯刊》三九編
各書作者簡介・提要

第一、二冊　衡門之下：古籍善本與書籍世界的研究

作者簡介

　　向輝（1980～），男，博士，湖北人。研究館員。研究方向為古典學、經學、版本目錄和社會理論。著有《王陽明的教化哲學研究》《采采榮木：中國古典書目與現代版本之學》《枝條再榮：陽明學書籍世界的研究》等；整理《毛詩原解》《毛詩序說》《周易正解》《易領》《古籍版本十講》等；在《社會理論學報》《國家圖書館館刊》《版本目錄學研究》《民族文學研究》《國學季刊》《國學茶座》《圖書館雜誌》等刊物發表論文 70 餘篇。

提　要

　　書籍世界是人與書互動的人文世界，古籍善本是古代書籍與現代學術溝通的橋樑。本書基於古籍善本之學的歷史發展脈絡，追蹤學術發展，通過對作為古籍中特殊類型的巾箱本、曾經流行的宋代纂圖互註本、曾經引領風潮的明代《文公先生資治通鑑綱目》、作為一代典章的明代《憲綱事類》、作為禮物來傳承的清抄本《詩說》、幾代人刊刻的《水東日記》和作為古籍善本之學經典的《道藏源流考》等若干個案的深入討論，試圖勾勒出傳統書籍世界和當代善本研究的多樣圖景。以傳承至今的書籍和書籍傳承的脈絡為依據，以歷史的古籍和古籍的歷史為旨趣的古籍善本研究，將古籍視為歷史的文化遺存和文化的歷史展開，通過對書籍世界諸個體細節、樣貌、特點和故事的考掘，嘗試建構一種具有思想價值和古典學意義的書籍世界文化景觀。

第三冊　《山海經》校補

作者簡介

蕭旭，男，漢族，1965 年 10 月 14 日（農曆）出生，江蘇靖江市人。南京師範大學客座研究員。中國訓詁學會會員，中國敦煌吐魯番學會會員，江蘇省語言學會理事。

無學歷，無職稱，無師承。竊慕高郵之學，校讀群書自娛。出版學術專著《古書虛詞旁釋》、《群書校補》、《群書校補（續）》、《群書校補（三編）》、《淮南子校補》、《韓非子校補》、《呂氏春秋校補》、《荀子校補》、《敦煌文獻校讀記》、《史記校補》、《道家文獻校補》凡 11 種，都 920 萬字（修訂版 960 萬字）。在海內外學術期刊發表學術論文 140 餘篇，都 230 餘萬字。

提　要

《山海經》18 卷，大抵成書於戰國，東晉郭璞注。明清以還，研究《山海經》的著作主要有王崇慶《山海經釋義》、楊慎《山海經補注》、吳任臣《山海經廣注》、畢沅《山海經新校正》、汪紱《山海經存》、郝懿行《山海經箋疏》、郝懿行《山海經訂譌》、陳逢衡《山海經彙說》。郝氏成就最高。後人出版的《山海經》研究著作，大抵抄撮眾說，陳陳相因。或無考證文獻的根蔕，信口胡說，多不足信。本書參校眾本，博覽眾說，著意於校勘訓詁，力探古語真諦，以期更進一步讀懂《山海經》。

第四至十三冊　續經義考・春秋之部

作者簡介

周懷文，男，1980 年出生於安徽省安慶市宿松縣。1999～2003 年就讀於安徽師範大學漢語言文學專業，獲文學學士學位；2003～2006 年就讀於安徽師範大學中國古典文獻學專業，獲碩士學位；2006～2010 年就讀於山東大學文史哲研究院中國古代史專業，獲史學博士學位。畢業後任教於安徽機電職業技術學院，主講《中國傳統文化》等課程。主要研究方向為古典文獻學、中國經學史。曾參與《山東文獻集成》、《清代尚書文獻研究》、《邢子才集校注》等國家級、省部級項目 6 項，主持安徽省高校人文社科重大、重點項目及質量工程等省級項目 6 項，發表學術論文 9 篇，出版學術專著 2 部，主編

及參編《古代漢語》等教材 2 部。

提　要

　　本書為《續經義考》系列著作之第二種，體例與已出版之第一種《續經義考・易經之部》相同，仿朱彝尊《經義考》體例而略加變通，對明清至近代國內《春秋》及《左傳》《公羊》《穀梁》研究著述數千種進行綜合整理，著錄作者、書名、卷數、存佚、版本，迻錄整理原書序跋，系以作者小傳。在作者著錄方面，取通行姓氏名號，並考訂了一些誤收、失收、多收、佚名作者的問題。所附作者小傳，解決一些著錄中的棘手或易致疑之處，同時可藉小傳考知作者之生平、學術特色與學術影響。在書名方面，取原書序跋、目錄或正文題名；同時，對一書之異名，也在條目中加以著錄，既詳實可靠，又極大便利了研究者。在卷數方面，取卷數完備者著錄，對因版本不同而卷數有異者，於條目中加以說明。在存佚方面，各書注明存、佚、缺、未見。在版本方面，能在收羅眾本的同時，注意記載各本差異。全書用力處尤在各書序跋之排比、整理。迻錄原書目錄序跋、體例凡例，施以標點；又從表譜牒錄、方志、文集、筆記談叢中爬梳剔抉出不見於原書本書之序跋，並略錄諸家載記評論，力求使讀者能對所著錄之書有盡可能全面的瞭解，能一覽而知明清至近代春秋學著作存亡之狀態、收藏之情形、內容之大略、成書之經過、版本之差異、流傳之梗概、學術之影響，有助於學者辨章學術考鏡源流，從而為當代學者經學研究提供基礎性資料。

第十四冊　神異經輯校集注

作者簡介

　　王寧，1968 年生於山東青島，籍貫山東茌平，棗莊廣播電視台高級編輯，獨立學者，從事古文字、上古史、古籍整理及出土文獻研究，在海內外學術刊物上發表論文 70 餘篇，曾合著出版《康熙〈嶧縣志〉整理與研究》（中國海洋大學出版社 2019 年）。

提　要

　　《神異經》從傳世以來，因為其荒怪陸離的記載堪與《山海經》比肩，流傳很廣，傳注類書中徵引極多，《四庫全書總目提要》言其「詞華縟麗」，不僅許多文學作品從中取典，一些筆記小說也轉相引用，其內容詭譎奇異，不僅有

許多虛擬，也有諸多實錄，對神話傳說研究、歷史研究、風土人物研究和語言研究等均有很重要的參考價值。但是此書元明之際散佚之後，雖然經明清諸家不斷輯集補綴，仍此得彼失，至今沒有一個相對完善的輯校本，現有諸輯本均存在文字缺脫訛亂、重複、失輯等情況，至於各家之校勘、注釋、論說也無人匯集整理，是為缺憾。本書重新輯校訂補，並匯集諸家說為一帙，諸家未盡、未及之處則出以己意補正之，庶幾可補原始文本及研究資料不全之憾。

第十五冊　葉昌熾石刻學研究

作者簡介

宋雪雲鶴，中國書法家協會會員，北京語言大學藝術學院講師，碩士生導師、中國書法國際傳播研究院研究助理。先後獲得浙江大學古典文獻學學士學位、中國人民大學藝術學碩士學位、美學博士學位。美國哥倫比亞大學訪問學者。於核心期刊《中國書法》、《西北美術》等雜誌發表論文多篇。參加中國書法家協會、西泠印社、北京大學、同濟大學等學術研討會多次。參與國家社會科學基金 1 項，省級社會科學基金 1 項。

提　要

葉昌熾是清末民初著名的藏書家、金石學家，其著作《語石》被譽為我國第一部古代石刻的通論性專著。本文立足於葉昌熾的石刻學著作《語石》、《邠州石室錄》等，補充了《支那金石書談》及南京圖書館藏《五百經幢館碑目》等新材料，結合民國手札、日記等社會史材料還原「碑目」在歷史語境中的用途與文本形成方式，並從經史學術地位的變化重新闡釋清末學者複雜的收藏心理，發掘《語石》一書在傳統金石學向近現代考古學轉型中的學術意義。

全文共分為四章：第一章在總結清以前金石學史的基礎上，分析傳統金石學的著述體例發展情況以及晚清金石學出現的新變化：石刻學的獨立。在這些學術背景的鋪墊下，結合葉昌熾的早年生活將其未刊石刻學著作還原到歷史語境下，探討其未刊碑目與題跋的實用價值與社交屬性。

第二章圍繞葉昌熾仕宦期間的收藏情況與《語石》的文本展開。針對《語石》文本展開的內容包括，考察《語石》的體例和引書特點，明確了葉昌熾對當朝金石學著作的關注，以及對《金石萃編》等著作的利用。葉昌熾在引

用其他文獻時，以文本的稀有性為篩選標準，且會注意保留原文本的客觀內容，體現了傳統金石學中已初顯學術範式的轉型。

第三章探討戰爭背景下葉昌熾的收藏心理。晚清士大夫常有為自己收藏活動並非「玩物喪志」的焦慮，葉昌熾以「書淫墨癖」來總結自己的碑帖和書籍收藏活動。戰爭背景中的收藏活動在主觀上將收藏活動作為自己逃避亂世，宣洩情感出口。本章還勾勒了葉昌熾與刻書工匠的交往，從社會史角度考察《語石》、《邠州石室錄》等石刻著作的刊刻細節。並以《邠州石室錄》中葉昌熾摹勒的拓片為例，結合手札、日記中所載書法實踐活動，考察了葉昌熾書學觀念及臨池活動。

第四章以《語石》為例，回顧民國時期學者對《語石》的評價與續作，並結合島田翰與中國學者的交流情況兼論晚清時期中日學者的學術活動。最後介紹了新材料《語石》的日文譯本，藤原楚水所翻譯的《支那金石談》。並結合跨文化視角探討不同時代、國家對書籍、石刻拓片收藏鑒賞活動的認識。

附錄一為本文插圖輯錄，附錄二以浙江大學出版的《語石》點校本為主要工作本，結合國家圖書館藏章鈺批校《語石》，及中國美術學院藏歐陽輔批校《語石》為對照，輔以金石拓片、傳世文獻等材料，校補《語石》文本中的錯訛之處。並對韓銳校注本中「未見著錄」的不明碑刻進行考證補充，充實相關材料。

第十六、十七、十八冊　杜牧詩集評注

作者簡介

李連祥，1958 年 10 月生於天津，1982 年 2 月畢業於天津師範大學中文系（七七級）。從事管理教育工作近四十年，現退休居家，讀書為樂。

主要著述：《唐詩常用語詞》（辭書類，百花文藝出版社 2009 年版）；《奈何天校注》（收錄於王學奇主編《笠翁傳奇十種校注》一書，天津古籍出版社 2009 年版）；《詩藪珠璣》（唐詩研究論集，與李峭合著，天津社會科學院出版社 2016 年版）；《湯顯祖臨川四夢校注》（與王學奇先生合著，花木蘭文化出版社 2017 年版）；《杜牧詩集評注》。

提　要

杜牧《樊川文集》二十卷是他的外甥裴延翰遵杜牧之囑而編，其中卷一

至卷四為詩集。宋代以後不斷有人廣事搜集、廣採逸詩，先後編成《樊川外集》《樊川別集》《樊川詩補遺》《樊川詩補錄》等。此外，根據專家學者研究成果，本書又增補了十一首散篇殘句。為了儘量保存文獻，以供進一步研究之需，以窺杜牧詩作全貌，其實尚存在不少非杜牧之作，但仍予收入本書中，所收詩作來源均在各詩注中做了說明。

本書以陳允吉校《樊川文集》、清馮集梧《樊川詩集注》、吳在慶《杜牧集繫年校注》為底本。收錄詩作共計 498 題 535 首，共分為九卷。本書正文包括原文、注釋、簡評三部分，遵循「精評詳注」原則。本書關於杜牧詩的寫作年代、注釋與簡評，參考了諸多先賢學者的研究成果；是目前關於杜牧詩僅見的全注、全評本。

第十九、二十冊　為功名而讀──晚宋古文選本研究

作者簡介

岑天翔，一九九六年生，浙江慈溪人。二〇一四至二〇一八年就讀於華中師範大學文學院，期間赴澳門大學中國文學系交換留學。後就讀於臺灣大學中國文學系，於二〇二一年獲文學碩士學位。現為日本學術振興會特別研究員（DC2），大阪大學人文學研究科博士後期課程，主持日本學術振興會研究課題「南宋士大夫の內面と詩に関する研究──郷里との結びつきに着目して」（23KJ1429）。研習宋代文獻與文學之餘，亦愛好現地探訪文化史蹟。

提　要

本書在重建書籍生產及使用活動的歷史語境的基礎上，運用版本目錄學、西方書籍史等研究方法，對晚宋時期（1208～1279）的古文選本進行了綜合性的研究。

本書上編為「綜論編」，探討晚宋時期古文選本的興起緣由、生成機制、閱讀活動、知識體系，以及與理學的關係等問題。主要觀點如下：第一，古文選本中附加的評語及點抹符號實源自科舉考官評閱試卷的形式，並且在商業出版的助力下得以廣泛流行。第二，晚宋古文選本的編者出現身分下移的新動向，由此產生「純為舉業者設」的編輯目的及「彙編式」的生成機制；同時在書坊的商業化運作下其物質形態與文本內容亦頻遭改動，呈現出功利化的取向。第三，作為晚宋古文選本主要讀者的中下層士人形成一種閱讀習

慣——即利用注解、評語、點抹符號等迅速與精準地理解文章主旨及精要處；這種功利化的閱讀方法對晚宋士人文化產生影響，形成了「讀書偷惰」、「學風惡化」等社會風尚。第四，從晚宋古文選本可以看出時人有關古文概念、編輯體例、文體分類、經典形塑、文章解說等方面認識的變化，晚宋古文之學趨向實用性、功利化發展。第五，晚宋時期以古文選本為代表的科舉參考書積極選錄及改編理學文本，這對理學的向下傳播起到正向作用，但同時也對理學造成傾向性篩選及思想轉化等影響。

本書下編為「個案編」，利用傳統版本學的研究方法，針對《文章正印》、《回瀾文鑑》兩部稀見晚宋古文選本進行個案研究。《文章正印》僅見臺北故宮博物院庋藏，屬「彙編式評點選本」，選文偏好宋人文章，尤其是選入大量南宋理學家的文章；在彙編前人評注時，尤為看重樓昉與呂祖謙的評點。該書與《古文集成》存在文獻因襲關係，既有保存宋人佚文、佚著的文獻價值，又有揭示晚宋理學文化與古文之學互滲情勢的重要意義。《回瀾文鑑》僅存三個版本，該書選文傾向於選錄南宋同時代的作家與作品；評點特色體現為標揭立意議論，尤重識見與新奇；注重揭示篇章結構、行文方法、造語修辭等，在宋代古文評點與文章學的發展脈絡中有著一定的意義。

附錄三篇則是利用南宋古文選本輯考楊萬里、胡銓、馬存等宋人佚文，以及王安石佚著《淮南雜說》的成果。

第二一、二二、二三冊 莊有可《禮記集說》點校

作者簡介

薛超睿（1985～）山東濟南人，文學博士，副教授，現任職於鹽城師範學院文學院，主要研究方向在近代文學、禮學文獻、域外漢學。

徐清（1989～）江蘇響水人，文學碩士，助理研究員，現任職於鹽城師範學院校辦，主要研究方向在傳播學、數據發掘。

提　要

關於本書作者及思想、體例：《禮記集說》作者莊有可係清代常州學派代表人物，一生著書四百餘卷，其中治禮與莊與存《周官記》《周官說》、莊綬甲《周官說補》一脈相承，體現鮮明的家學特徵。根據《年譜》記載，該書係莊氏晚年力作，積十六年經學工夫方成，在其禮學著述中成書最晚、體量

最大，是其禮學思想的集中體現。本書主旨力推《周禮》為周公首創，並以此作為評判《禮記》各篇成書作者、年代的依據，揚《周官》而抑《禮記》，主張「三代可復」，以《周官》系統為中心，闡述建章立制、禮儀行止的合法性，藉此表達若干政治理想，具有經世致用、現實關懷的特點。從著述體例看，雖名為《集說》，但不注出處，自出心測；經文任意分裂，務伸己見，非意在拘泥於成說，而是截斷眾流，成一家之言，這也是今文經學家法之一體現。

關於此次整理本的價值。清代禮學甚多，僅王鍔《三禮著述提要》就著錄上百種，近年來次第刊行，然仍掛一漏萬，亟待整理。《禮記集說》的版本較為單一，現存唯一版本為 1935 年上海商務印書館影印原稿本。本項目施以現代標點，此係國內外首個整理本。其中部分文字闕失、文字錯訛等，通過對校法、本校法、他校法、理校法予以補充和更正，均出校說明。

第二四、二五冊　鄭汝諧《論語意原》、陳士元《論語類考》點校

作者簡介

鍾雲瑞，男，1990 年生，山東壽光人。山東理工大學文學與新聞傳播學院副教授，碩士生導師，山東省高校青年創新團隊帶頭人。山東大學儒學高等研究院中國古典文獻學博士，師從許嘉璐先生、杜澤遜教授。主持國家社科基金項目、教育部人文社科青年項目、全國高校古委會項目。發表核心期刊論文五篇，出版專著一部，整理古籍十餘部。

李樂，女，2002 年生，山東泰安人。山東理工大學文學與新聞傳播學院碩士研究生，研究方向為中國古典文獻學。

提　要

《論語意原》作為一部以義理見長的經學論著，在二程理學盛行的時代背景下獨闢蹊徑，承襲伊洛之學的義理思想，又斷以己意，復附以張載、楊時、謝良佐諸儒之說。鄭汝諧撰寫《論語意原》的目的在於揭示聖人之旨，抒發自己對於《論語》奧義要旨的領悟，因此該書重在研求《論語》本原之義。

《論語類考》專門考證《論語》的名物典故，分為天象、時令、封國、

邑名、地域、田則、官職、人物、禮儀、樂制、兵法、宮室、飲食、車乘、冠服、器具、鳥獸、草木十八門類，各個門類之下又分別繫以子目，凡四百九十四。該書每條考釋必先列舊說，而搜輯諸書，互相參訂，詳加鑒別，凡是杜撰虛浮之說，皆為糾正。陳士元《論語類考》在廣泛搜羅、分門別類的基礎上，初步構建了《論語》的名物系統，並對其中的名物進行了詳細地考證，同時運用小學、史學等傳統知識，採用對校等傳統文獻學研究方法，秉持多聞闕疑的學術態度，在明代《論語》學研究、經學研究領域佔有一定的學術地位。

第二六、二七冊　光緒《鹽城縣志》點校

作者簡介

　　王祖霞（1976～），江蘇鹽城人，漢語言文字學專業博士，現為鹽城師範學院文學院副教授，國際《尚書》學學會會員，主要研究近代漢語詞彙研究、中國古典文獻學。主編教材 1 部，整理文獻 1 部，並在《古漢語研究》《辭書研究》《紅樓夢學刊》等刊物上獨立發表論文 40 餘篇，主持教育部人文社會科學基金項目 1 項，主持完成江蘇省哲學社會科學基金項目 1 項，主持完成江蘇省高校哲學社會科學基金項目 2 項，等等。

提　要

　　陳玉澍（1852～1906），字惕庵，江蘇鹽城人，清末知名學者。光緒十二年（1886）肄業於南菁書院，著有《毛詩異文箋》《爾雅釋例》《後樂堂文集》等，主纂光緒《鹽城縣志》。

　　鹽城至明萬曆年間始有《鹽城縣志》（楊《志》），該志有篳路藍縷之功，但篇幅短，且多蠹蝕模糊。有清一代，賈國泰、陳繼美、程國棟、沈儼等皆有續修，但或失傳，或僅秉承楊《志》，或「互致歧異」。刻印於光緒二十一年（1895）的《鹽城縣志》，除了序、凡例、首一卷輿圖之外，有十七卷，即輿地（2 卷）、河渠、食貨、學校、武備、職官（2 卷）、選舉、人物（4 卷）、藝文（2 卷）、雜類。該志補遺正訛，體例新穎，取捨精湛，資料廣博，悉據群書，可信度高。因此，在明清鹽城地方志中，該志的質量可稱上乘，且存史、資治的作用較為顯著。惜迄今無人整理。本書旨在對光緒《鹽城縣志》進行首次整理，主要以點校為主。以《中國地方志集成》所收光緒《鹽城縣

志》的影印本為底本進行文字錄入，並施以現代標點。光緒《鹽城縣志》中引文現象較為普遍，涉及楊《志》、沈《志》等較多，因此多有參校。部分內容，多有箋釋，以期為理解文本掃除障礙。

第二八、二九冊　《胡廣集》點校

作者簡介

顧寶林，江西人。博士畢業於中國社科院研究生院。現為井岡山大學人文學院教授、廬陵文化研究中心研究員，主要從事古代文學和江西省地方文化研究。近年來主持完成國家社科基金項目 1 項、省部級項目多項，在《文學遺產》《文學評論》等刊物發表論文 50 餘篇，出版專著 3 部、古籍整理 3 部，榮獲江西省社科優秀成果獎二等獎 3 次。兼任中國歐陽修研究會副會長（2017）、江西省文藝學會歐陽修專業委員會副主任（2020）、中國楊萬里研究會常務理事（2017）以及中國詞學研究會和中國文學地理學會理事（2015、2016）等。2016 年入選江西省「百千萬人才工程」。

提　要

胡廣（1370～1418），字光大，號晃庵，明吉安府吉水縣大洲村（現江西省吉安市青原區胡家邊村）人。建文二年（1400）庚辰科狀元，明朝初期文學家、內閣首輔，南宋名臣胡銓的十二世孫。著有《胡文穆集》等。

本著根據世傳胡廣《胡文穆集》——《四庫全書存目叢書》影印復旦大學藏清乾隆十五年（1750）胡氏後裔張書刻本，對其現存的各類文體 1247 篇（首）進行標點或對校，並就狀元胡廣的創作、生平、以及相關文化思想進行簡單探討。

第三十、三一冊　梅村詩清人注之一──吳梅村詩箋

作者簡介

陳開林（1985～），湖北麻城人。2009 年畢業於重慶工商大學商務策劃學院，獲管理學學士學位（市場營銷專業商務策劃管理方向）。2012 年畢業於湖北大學文學院，獲文學碩士學位（中國古代文學先秦方向）。2015 年畢業於華中師範大學文學院，獲文學博士學位（中國古代文學元明清方向）。現為鹽城

師範學院文學院副教授、江蘇省「青藍工程」優秀青年骨幹教師培養對象。主要研究元明清文學、經學文獻學。完成江蘇高校哲學社會科學基金項目「錢穆佚文輯補與研究」（2017SJB1529），在研國家社科基金後期資助「《古周易訂詁》整理與史源學考辨」（21FZXB017）。出版《〈全元文〉補正》《劉毓崧文集校證》《〈周易玩辭困學記〉校證》《〈純常子枝語〉校證》《杜詩闡》《陳玉澍詩文集箋證》《詩經世本古義》《〈青學齋集〉校證》《〈讀易述〉校證》《陸繼輅集》《〈曝書亭集詩注〉校證》《莊子通》等，並在《圖書館雜誌》、《文獻》、《中國典籍與文化》、《古典文獻研究》、《圖書館理論與實踐》、《中國詩學》等刊物發表論文百餘篇，另有「史源學考易」系列、元明清《春秋》系列、明清《詩經》系列、清代別集系列等待刊。

提　要

　　清人在典籍注釋領域取得了重大成就，他們一方面注重前人典籍，同時也關注本朝典籍。相比於唐集唐注、宋集宋注而言，清集清注數量更為可觀，涉及到詩、文、詞各種文體。其中，錢謙益、王士禛、吳偉業、朱彝尊等人之詩馳譽文壇，也備受注家青睞。

　　四庫提要對吳偉業詩詞評價頗高，稱「其少作大抵才華豔發，吐納風流，有藻思綺合、清麗芊眠之致。及乎遭逢喪亂，閱歷興亡，激楚蒼涼，風骨彌為遒上。暮年蕭瑟，論者以庾信方之。其中歌行一體，尤所擅長。格律本乎四傑，而情韻為深；敘述類乎香山，而風華為勝。韻協宮商，感均頑豔，一時尤稱絕調。其流播詞林，仰邀睿賞，非偶然也。至於以其餘技度曲倚聲，亦復接跡屯田，嗣音淮海。王士禛詩稱『白髮填詞吳祭酒』，亦非虛美」，成就可見一斑。

　　四庫本《梅村集》分體編排，程穆衡《吳梅村詩箋》則改為編年，對瞭解梅村生平頗有意義。成書後，同人「以為不減劉孝標，弗數徐、庾以下」，但未曾刊行，以抄本傳世。乾隆四十六年（1781），楊學沆獲睹其書，並加補注。今有中華書局整理本。但國家圖書館藏有程穆衡原注本，與通行的楊學沆補注本差異頗多。一是原注本中的很多注文，楊學沆補注本中沒有；二是對同一人、事的箋注，兩本徵引文獻不同；三是部分程注，在楊學沆補注本中變成了楊注。因此，程穆衡原注本的文獻價值極高。

　　本書是《吳梅村詩箋》的首個整理本，期於為相關研究提供助益。

第三二至三九冊　梅村詩清人注之二──吳詩集覽

作者簡介

陳開林（1985～），湖北麻城人。2009 年畢業於重慶工商大學商務策劃學院，獲管理學學士學位（市場營銷專業商務策劃管理方向）。2012 年畢業於湖北大學文學院，獲文學碩士學位（中國古代文學先秦方向）。2015 年畢業於華中師範大學文學院，獲文學博士學位（中國古代文學元明清方向）。現為鹽城師範學院文學院副教授、江蘇省「青藍工程」優秀青年骨幹教師培養對象。主要研究元明清文學、經學文獻學。完成江蘇高校哲學社會科學基金項目「錢穆佚文輯補與研究」（2017SJB1529），在研國家社科基金後期資助「《古周易訂詁》整理與史源學考辨」（21FZXB017）。出版《〈全元文〉補正》《劉毓崧文集校證》《〈周易玩辭困學記〉校證》《〈純常子枝語〉校證》《杜詩闡》《陳玉澍詩文集箋證》《詩經世本古義》《〈青學齋集〉校證》《〈讀易述〉校證》《陸繼輅集》《〈曝書亭集詩注〉校證》《莊子通》等，並在《圖書館雜誌》、《文獻》、《中國典籍與文化》、《古典文獻研究》、《圖書館理論與實踐》、《中國詩學》等刊物發表論文百餘篇，另有「史源學考易」系列、元明清《春秋》系列、明清《詩經》系列、清代別集系列等待刊。

提　要

作為婁東詩派的開創者，吳梅村其詩以「梅村體」而著稱，趙翼稱「梅村詩有不可及者二：一則神韻悉本唐人，不落宋以後腔調，而指事類情，又宛轉如意，非如學唐者之徒襲其貌也；一則佗材多用正史，不取小說家故實，而選聲作色，又華豔動人，非如食古者之物而不化也。」（《甌北詩話》卷九）職是之故，梅村詩先後出現了錢陸燦注、靳榮藩《吳詩集覽》二十卷《補注》二十卷，程穆衡原箋、楊學沆補注《吳梅村詩集箋注》十二卷、吳翌鳳《吳梅村詩集箋注》十八卷。其中，錢注類同讀詩札記，並非通注吳詩。

靳榮藩仿傚仇兆鰲《杜詩詳注》之例，撰《吳詩集覽》二十卷、《補注》二十卷。趙翼稱「梅村詩從未有注。近時黎城靳榮藩字介人，以十年之功，為之箋釋，幾於字櫛句梳，無一字無來歷。其於梅村同時在朝、在野往還贈答之人，亦無不考之史傳；史傳所不載，考之府、縣志；府、縣志所不載，採之叢編胜說及故老傳聞，一一詳其履歷，其心力可謂勤矣」。尤其指出「梅村身閱興亡，時事多所忌諱，其作詩命題，不敢顯言，但撮數字為題，使閱

者自得之。⋯⋯題中初不指明某人某事，幾於無處捉摸。介人則因詩以考史，援史以證詩，一一疏通證明，使作者本指，顯然呈露。⋯⋯此等體玩詩詞，推至隱，非好學深思，心知其意，而能若是乎？梅村詩一日不滅，則靳注亦一日並傳無疑也。」其學術價值可知。

《吳詩集覽》初刻本二十卷，有天津圖書館藏本。後有一本，與天圖本版式一致，但墨丁數量增多。（因讀秀有此書，故稱讀秀本）後又增加《補注》二十卷，有哈佛燕京學社藏本。另有一本，版式一致，但墨丁數量增多，《四部備要》本、《續修四庫全書》本即源於此。此本流傳最廣，但錯訛頗多。（簡稱乙本）另有上圖藏稿本。本書係《吳詩集覽》的首次整理，以哈佛本為底本，以稿本、天圖本、讀秀本、乙本為校本。同時，靳榮藩旁徵博引，偶有失誤，亦通過史源考索盡力補正，期於為學界提供一個較為完備的整理本。另有十個附錄，如《吳詩集覽》錢陸燦、翁同書、翁同龢的批註，沈丙瑩《讀吳詩隨筆》，沈德潛《吳詩精華錄》，蔣劍人《音注吳梅村詩》等，以備參考。

第四十、四一、四二冊　梅村詩清人注之三──吳梅村詩集箋注

作者簡介

陳開林（1985～），湖北麻城人。2009 年畢業於重慶工商大學商務策劃學院，獲管理學學士學位（市場營銷專業商務策劃管理方向）。2012 年畢業於湖北大學文學院，獲文學碩士學位（中國古代文學先秦方向）。2015 年畢業於華中師範大學文學院，獲文學博士學位（中國古代文學元明清方向）。現為鹽城師範學院文學院副教授、江蘇省「青藍工程」優秀青年骨幹教師培養對象。主要研究元明清文學、經學文獻學。完成江蘇高校哲學社會科學基金項目「錢穆佚文輯補與研究」（2017SJB1529），在研國家社科基金後期資助「《古周易訂詁》整理與史源學考辨」（21FZXB017）。出版《〈全元文〉補正》《劉毓崧文集校證》《〈周易玩辭困學記〉校證》《〈純常子枝語〉校證》《杜詩闡》《陳玉澍詩文集箋證》《詩經世本古義》《〈青學齋集〉校證》《〈讀易述〉校證》《陸繼輅集》《〈曝書亭集詩注〉校證》《莊子通》等，並在《圖書館雜誌》、《文獻》、《中國典籍與文化》、《古典文獻研究》、《圖書館理論與實踐》、《中國詩學》等刊物發表論文百餘篇，另有「史源學考易」系列、元明清《春秋》系列、

明清《詩經》系列、清代別集系列等待刊。

提　要

　　梅村「以身際滄桑陵谷之變,其題多紀時事,關係興亡」(朱庭珍《筱園詩話》卷二),故其詩不可尋常讀之。在吳翌鳳之前,已有錢陸燦、程穆衡、靳榮藩三家注,然「錢湘靈評本,但摘索過酷,鮮所發明」(程穆衡《吳梅村詩箋·凡例》),程穆衡書「是箋非註」,(同上),靳氏《集覽》「每字必詳出處,繁瑣無當」(《吳梅村詩集箋注·凡例》),以故再行箋注。吳翌鳳自稱「(梅村)集向無注本,愚實創為之」,此注「創始乾隆甲申、乙酉,至今閱五十年矣」(《吳梅村詩集箋注·凡例》),可謂一生心血所萃。該書晚出,能吸收前注之長,而規避前注之失,嚴榮《弁言》稱其「考訂詳密,繁簡得當」,並進而指出「蓋此書出而《集覽》可廢矣」。

　　本書係吳翌鳳《吳梅村詩集箋注》的首個整理本,以清嘉慶十九年(1814)滄浪吟榭主人嚴榮刻本為底本加以整理。

　　清詩清注是當前學界研究的熱點,但基礎文獻整理相對滯後。整理《梅村詩清人注》系列三種,即是為相關研究提供便利。

第四三、四四冊　清代淄博詩集六種

作者簡介

　　尹勇力,男,1999年生,山東淄博人。山東理工大學文學與新聞傳播學院碩士研究生,研究方向為古代文學。

　　鍾雲瑞,男,1990年生,山東壽光。山東理工大學文學與新聞傳播學院副教授,碩士生導師,山東省高校青年創新團隊帶頭人。山東大學儒學高等研究院中國古典文獻學博士,師從許嘉璐先生、杜澤遜教授。主持國家社科基金項目、教育部人文社科青年項目、全國高校古委會項目。發表核心期刊論文五篇,出版專著一部,整理古籍十餘部。

提　要

　　《清代淄博詩集六種》是清代山東淄博地區文人詩集的彙編,包括新城傅屐《伍硯堂集》七卷、《轅轍吟》一卷,淄川袁藩《敦好堂詩集》四卷《詩餘》一卷,淄川張廷敘《香雪園重訂詩》十一卷,新城于桂秀《無夢軒稿》一卷,淄川王佳賓《蒼雪齋稿》一卷。

　　傅扆《伍硯堂集》包括《瀆槻堂近詩》一卷、《燕南日征草》一卷、《瀆槻堂集唐》一卷、《落花詩》一卷、《瀆槻堂詩》一卷、《伍硯堂近詩美芹》一卷、《柳枝詞》一卷。《瀆槻堂近詩》、《燕南日征草》、《瀆槻堂集唐》、《落花詩》，以《四庫未收書輯刊》清順治《瀆槻堂四種》刻本為底本，以山東省圖書館藏清鈔本《伍硯堂集》為參校本；《瀆槻堂詩》、《伍硯堂近詩美芹》、《柳枝詞》，以清鈔本為底本。

　　傅扆《轅轍吟》一卷，以山東省圖書館藏清鈔本《轅轍吟》為底本，以山東省圖書館藏稿本《話雨山房詩草》為參校本，兩書重複詩歌八十首，今依清鈔本《轅轍吟》，將稿本《話雨山房詩草》重複者刪去不錄。

　　袁藩《敦好堂詩集》四卷（卷一至卷三、卷六）、《詩餘》一卷，藏山東省圖書館。此次點校整理，以山東省圖書館藏清三十六硯居鈔本為底本。

　　張廷敘《香雪園重訂詩》，稿本，山東省圖書館藏。此次整理以山東省圖書館藏清稿本為底本。詩集原注均以腳注形式呈現。

　　于桂秀《無夢軒稿》一卷，清代淄川王佳賓鈔本，山東省圖書館藏。此次點校整理，以山東省圖書館藏清淄川王佳賓鈔本為底本。

　　王佳賓《蒼雪齋稿》，以山東省圖書館藏清稿本為底本。

第四五至五二冊　　蔡守集

作者簡介

　　伍慶祿，中國廣東廣州人，1952 年出生。

　　已出版文學類散文集著作五種：《漢鏡堂文選》《味水齋文叢》《我屬解放牌》《味玩》《旅遊漫記》。其中《漢鏡堂文選》中國國家圖書網評論「本書是散文隨筆作品集，作品所寫都是作者親身經歷的趣聞軼事，所見所聞所思，注重考據，追求真實自然，思想性很強。」被國家書庫總庫永久收藏。中國國家圖書館永久保存文獻號：2003\1267\500

　　已整理編著出版古文獻四種：《粵東金石略補注》《廣東名碑集》《廣東金石圖志》《廣東碑刻銘文集》。其中《粵東金石略補注》獲 2013 年度全國優秀古籍圖書獎二等獎。

　　蔡慶高，中國廣東廣州人，1959 年 10 月出生。廣州經濟開發區文員，已退休。蔡守裔孫。蔡守文物收藏家，蔡守研究家。

提　要

蔡守是中國現代史上一個奇人。活躍於 20 世紀上半葉中國社會舞臺上，名重一時。蔡守社會活動能力強，積極參與中國社會政治、文化活動，辛亥革命時參與廣州武裝起義。能詩文書畫篆刻，精古物鑒藏，與于右任、張繼、柳亞子、吳昌碩、王賓虹、袁克文等政學界名流交遊，相互啟發，多有建樹，發表各種文章，對當時中國社會產生了一定影響。

蔡守是廣東順德人，加入同盟會，南社，參與故宮文物鑒定工作。以詩、書、畫號稱三絕。善金石文字，精篆刻。平生著述甚豐，大多數散見於各種報刊，書畫題跋中，未有專集形式行世。

伍慶祿和蔡慶高先生多年收集和整理蔡守的著述，認真進行考證，編注成蔡守的全集。其中有關行跡、交遊等考證尤為細密。此書出版發行，將對推動嶺南文化的發展起到一定作用。

《蔡守集》中引用各種古籍量巨大，既有經典，也有坊間小刻本，書中均有注釋。

另《蔡守集》中古今中外人物眾多，達到兩千多人，使用稱謂千變萬化，有正名，別字、別號、里爵、齋名、室名等等，給讀者帶來一定的閱讀困難。本書附錄《〈蔡守集〉人物考》，是本書一大特點，從前沒人做過。

陳永正教授曰：「伍慶祿和蔡慶高先生整理的《蔡守集》是一部有文學意義和文獻價值的著作」。

第五三、五四冊　傳統中國：文獻學專輯

作者簡介

司馬朝軍，上海社會科學院歷史研究所研究員、中國傳統學術研究中心主任、《傳統中國》主編、《文澄閣四庫全書》總編纂，原任武漢大學國學院經學教授、歷史學院專門史教授、信息管理學院文獻學教授、中國傳統文化研究中心研究員、黃侃研究所研究員、文獻學研究所副所長、四庫學研究中心主任、武漢大學珞珈特聘教授，此外還充任上海交通大學、湖南大學、湖北師範大學、衢州學院等校兼職教授。著有《四庫全書總目研究》《四庫全書總目編纂考》等四庫學系列著作，主編《辨偽研究書系》，此外出版國學系列著作多種。組織主持「經學論壇」與「江南學論壇」，主編學術集刊《傳統中國研究集刊》。

提　要

　　本書為《傳統中國》之「文獻學專輯」，專稿欄目收文 4 篇，重點介紹《文澄閣四庫全書》與《永樂大典「聚珍」》（即《四庫全書》之永樂大典本彙編），並指明四庫學研究的戰略路徑；目錄版本校勘、綜述、札記欄目各收文 2 篇；辨偽、輯佚、地方文獻欄目各收文 1 篇；專題論文欄目收文 4 篇；書評欄目收文 5 篇；序跋欄目收文 7 篇。這些文章涉及文獻學的各個分支，是近年文獻學研究的重要收穫。

第五五、五六冊　傳統中國：江南學專輯

作者簡介

　　司馬朝軍，上海社會科學院歷史研究所研究員、中國傳統學術研究中心主任、《傳統中國》主編、《文澄閣四庫全書》總編纂，原任武漢大學國學院經學教授、歷史學院專門史教授、信息管理學院文獻學教授、中國傳統文化研究中心研究員、黃侃研究所研究員、文獻學研究所副所長、四庫學研究中心主任、武漢大學珞珈特聘教授，此外還充任上海交通大學、湖南大學、湖北師範大學、衢州學院等校兼職教授。著有《四庫全書總目研究》《四庫全書總目編纂考》等四庫學系列著作，主編《辨偽研究書系》，此外出版國學系列著作多種。組織主持「經學論壇」與「江南學論壇」，主編學術集刊《傳統中國研究集刊》。

提　要

　　本書為《傳統中國》之「江南學專輯」，收錄江南學會議的大會主旨報告收文 2 篇；第一場分組討論收文 4 篇；第二場分組討論收文 5 篇；第三場分組討論收文 6 篇；第四場分組討論收文 4 篇；末附「明清江南的人文世界」會議綜述 1 篇。此外，開設「悼念曹之先生專欄」，收錄訃告、唁電唁函、哀辭等，紀念當代傑出的文獻學大師曹之先生。

第五七冊　傳統蒙學文獻研究

作者簡介

　　韓建立，吉林省吉林市人，吉林大學古籍所博士。目前執教於吉林大學

文學院，教授。講授中國語文教育史、唐宋詩詞欣賞等課程。主要研究方向為中國古代文學與文獻、語文課程與教學。

提　要

　　本書是關於傳統蒙學文獻研究的專著，研究的對象，既有識字課本，也有綜合性教本；既有傳授倫理道德的讀物，也有詩歌選本，還有韻對用書，體現了傳統蒙學教育綜合性的特點；其中包括古老的《急就篇》，也有流傳久遠的、著名的「三、百、千、千」，即《三字經》《百家姓》《千字文》《千家詩》。詳細闡述了每部蒙學文獻的作者、成書、內容、體例以及教學功用、教學原則與方法、價值與影響等，還對唐代以前編纂、現在已經散佚的六種識字課本《史籀篇》《蒼頡篇》《八體六技》《凡將篇》《訓纂篇》《勸學》，進行了鉤沉、考辨。

第五八、五九冊　黃孝紓先生編年事輯

作者簡介

　　李振聚，山東單縣人，1985 年生，畢業於山東大學儒學高等研究院中國古典文獻學專業。現為山東大學文學院文獻學教研室研究員。參加《清人著述總目》《十三經註疏匯校》等項目，發表文章 50 餘篇。主要研究方向為目錄版本校勘學、中國經學。

提　要

　　黃孝紓，字公渚，號匑庵。歷任上海正風大學、中國公學、暨南大學、山東大學、北京師範大學、北京大學教授，北京藝術專科學校校長等，1946年 8 月重返山東大學任教，直至去世。著有《先秦金石文選評注》《兩漢金石文選評注》《吳興劉氏嘉業堂藏書紀略》《六朝文榷》《匑厂文稿》《碧廬商歌》《楚辭研究》《清詞紀事》《詞林紀事補編》《碧廬簃詞話》等，且詩、詞、書法、繪畫兼擅。然迭經世變，收藏以及著述手稿半付劫火，故聲光不顯，行歷排比亦難。《黃孝紓先生編年事輯》一書，利用原始檔案資料，復廣為搜集交遊、倡和等材料，將黃孝紓先生行歷考訂年月，依次編排，並附以相關史事，力求形成一份時間考訂明晰，史料搜集豐腴，並能夠反映黃孝紓先生心跡嬗變之因，學術遷改之由的編年史。黃曾源父子，共相薰染，學有共通之處，以是左海黃氏諸人（黃曾源、黃孝先、黃孝平、黃孝綽）相關傳記、評論材料，亦加蒐輯，列為附錄。

第六十、六一、六二冊　四分律「比丘戒法」白話譯注

作者簡介

　　屈大成，香港大學中文系哲學博士，現職香港城市大學中文及歷史學系。研究範圍為漢語佛典和戒律學。專著有《大乘大般涅槃經研究》、《中國佛教思想中的頓漸觀念》、《原始佛教僧團生活導論》、《比丘尼戒之研究》、《四分戒本道宣律師疏鈔譯注》、《法句經今注今譯》、《中國佛教律制要義》、《初期佛典之真確性初探》等多種，以及論文數十篇。

提　　要

　　律藏乃僧尼個人行止和僧團運作規範的總合。漢譯律藏現存多部，其中《四分律》被中土律宗奉為正宗，重要疏釋現存法礪《四分律疏》、懷素《四分律開宗記》、道宣《四分律行事鈔》、讀體《毘尼止持會集》等。可是，在佛學研究中，律藏或少涉義理，向較不受注意；尤其是漢譯律藏的一些術語或觀念，未得充份考察，不時更流於望文生義。本書為《四分律》比丘戒部份的白話譯注，前附引論，介紹律藏的形成和特點，以及《四分律》的結構和內容大略。正文分章分節，加上提要、小標題，有需要時用點列，以清眉目；白話譯寫和注釋，除參考上述各種疏釋外，並對照《巴利律》，提供相對應的巴利語字詞，旨在揭示戒律術語的深層涵義。期望能為對佛教戒律有興趣者提供一易懂又不失學術性的讀本，對佛學研究者而言，也是一方便翻查的參考書。

第六三冊　洛陽橋寶卷研究

作者簡介

　　李姵嬅，桃園人，國立彰化師範大學國文所畢業，現任國中國文教師。

提　　要

　　洛陽橋為中國泉州的一座古橋，在北宋嘉祐四年（1059 年）竣工，是中國重要的跨海大橋，也為當地經濟、交通的支柱。因此，關於洛陽橋的建造過程，在民間衍生出許多傳說，洛陽橋故事更是常被當作創作題材，在小說、戲曲、歌謠、寶卷等，都出現了許多洛陽橋的相關作品。

　　寶卷出現時間約在中國的元末明初，至今已經有了將近八百年的歷史，

是現今中國歷史文化當中非常珍貴的一部份。寶卷是一種信仰、傳教、娛樂三位集於一體的民間講唱文學。

本論文收集了許多有關洛陽橋的歷史文本、小說、戲曲、歌謠等，並且梳理歷朝歷代有關洛陽橋故事的發展脈絡，對比八本洛陽橋寶卷內容，藉此整理出洛陽橋寶卷的特色，並且更進一步地去分析其中人物的形塑意義、宗教思想等。

以洛陽橋故事作為主軸的寶卷多被稱作「洛陽橋寶卷」或是「受生寶卷」，內容是以蔡狀元拯救父親並且建造洛陽橋的故事作為主軸，受到了寶卷文體的影響，「洛陽橋寶卷」已經發展出一條與小說、戲曲等洛陽橋故事截然不同的道路。洛陽橋寶卷透過一種娛樂的方式，向大眾宣揚「行善」以及「虔誠」的重要性，其中有關地獄的描述，除了能夠警惕世人，更有著十足的「勸善」功能。

第六四、六五冊　理雅各《孟子》英譯本注引用儒家《五經》文獻考述

作者簡介

梁鑑洪，男。華中師範大學中國語言文學博士，樹仁大學中文系兼任講師。著作有《中國基督教史——唐代至清代南京條約》，已發表的論文：〈被忽略的唐詩英譯里程碑——理雅各唐詩英譯考察〉、〈論翟理斯對柳宗元散文的創意詮釋〉、〈從《抱朴子》探究《孟子》對葛洪的影響〉、〈理雅各英譯二言詩商榷〉、〈析論理雅各《孟子譯注》對漢學研究的重要性〉、〈宗教背境對語言文化理解的影響——以理雅各《孟子譯注》為例〉、〈析論理雅各《中國經典》對香港語言文化教育的意義〉。

提　要

本書原是華中師範大學中國語言文學系 2017 年的博士畢業論文。研究理雅各的《中國經典》，通常從翻譯著手，本書專門研究理雅各相當重視的英譯《孟子》的注解，為研究西方漢學開闢另一條路向。理氏英譯《中國經典》對西方漢學界有相當影響，所以本書可說是一部漢學研究著作，同時也是《孟子》的選注，並且也對引述的儒家《五經》的經文作出討論，所以本書也有儒家《五經》選注的元素。本書查找出理氏引用了《易經》一篇文獻共兩段

經文，引用《尚書》十六篇文獻共四十四段經文，引用了《詩經》廿六篇文獻共卅五段經文，引用了《周禮》、《儀禮》、《禮記》廿八篇文獻共六十七段經文，引用了《春秋左傳》三段經文，合計引用了《五經》一百五十一段經文。本書分析出理氏的註解可歸納為六個方向，分別是歷史人物生平溯源，文字訓詁，歷史事件探源，政治思想尋源，社會與家庭倫理探索，政治制度淵源探討。而且也指出理氏使用了各種研究方法，包括多音字的審音別義法，譯注互補法，新舊注解並存法，經典文字對比法等。筆者力求不偏不頗，實事求是的指出理氏注解優點與不足之處，客觀地剖析西方漢學界巨擘的著作。

衡門之下：古籍善本與書籍世界的研究（上）

作者簡介

向輝（1980～），男，博士，湖北人。研究館員。研究方向為古典學、經學、版本目錄和社會理論。著有《王陽明的教化哲學研究》《采采榮木：中國古典書目與現代版本之學》《枝條再榮：陽明學書籍世界的研究》等；整理《毛詩原解》《毛詩序說》《周易正解》《易領》《古籍版本十講》等；在《社會理論學報》《國家圖書館館刊》《版本目錄學研究》《民族文學研究》《國學季刊》《國學茶座》《圖書館雜誌》等刊物發表論文 70 餘篇。

提　要

　　書籍世界是人與書互動的人文世界，古籍善本是古代書籍與現代學術溝通的橋樑。本書基於古籍善本之學的歷史發展脈絡，追蹤學術發展，通過對作為古籍中特殊類型的巾箱本、曾經流行的宋代纂圖互註本、曾經引領風潮的明代《文公先生資治通鑒綱目》、作為一代典章的明代《憲綱事類》、作為禮物來傳承的清抄本《詩說》、幾代人刊刻的《水東日記》和作為古籍善本之學經典的《道藏源流考》等若干個案的深入討論，試圖勾勒出傳統書籍世界和當代善本研究的多樣圖景。以傳承至今的書籍和書籍傳承的脈絡為依據，以歷史的古籍和古籍的歷史為旨趣的古籍善本研究，將古籍視為歷史的文化遺存和文化的歷史展開，通過對書籍世界諸個體細節、樣貌、特點和故事的考掘，嘗試建構一種具有思想價值和古典學意義的書籍世界文化景觀。

目次

導論　古籍版本學的回顧與瞻望

　　古籍是古代的典籍。它的價值在當代的市場上受到追捧，一般都具有「稀、奇、古、怪」特點的書。稀，就是存世沒有幾部，像《永樂大典》那樣獨有一部；奇，就是有特色，有傳奇故事，王安石有故事，他的書也有故事；古，就是抄寫、刊刻的時間越早越好，刻本追宋元，抄本追唐宋；怪，就是我們不怎麼常見，內容和形制讓人讚歎。除了商業和歷史之外，知識淵博、見多識廣、精於版本目錄的專家起著顧問、諮詢和權威的作用。有志於成為古籍版本學者，必須浸淫古代書業，才懂得古籍的藝術之美；必須研究古籍，才能對其價值進行合理的評估；必須瞭解當代文化，才能為公眾提供可靠的信息。更重要的，或許是要耐得住寂寞，堅守住初心。因為，大部分古籍和古籍人都不在商業的聚光燈下，而是在冷冷清清的善本書庫、修復室、辦公室。

　　古籍從業人員在各級各類圖書館、博物館中守護大量的古籍，一代又一代人默默奉獻。我國的古籍藏量很大，典守者和研究者的責任重大。近年來，由國務院公布的《國家珍貴古籍名錄》已經著錄全國 485 家古籍收藏機構及個人收藏的古籍珍品 13026 部，其中宋元本 2403 部，明本 7487 部。據不完全統計，我國現存古籍 20 個品種 50 萬個版本，而《國家珍貴古籍名錄》著錄的全國 485 家古籍收藏機構及個人收藏的古籍珍品已達 13026 部。珍藏在各級各類古籍善本書庫中的古籍，需要古籍人的專業守護、科學研究和揭示闡發，才能讓古籍成為當代文化的組成部分。古籍版本的研究就是以這些古籍為基礎展開的，同時具有職業工作性質、學術研究特點、自成系統的文化遺產保護工作。就學術研究來說，對古籍進行調查、收集、歸類、整理、校勘，

對現存的每一部古籍在各個時期、各個地域、各個刊刻機構編刊的情形加以科學的調查和研究，對古籍的編寫、刻印、流傳、保存的情況予以揭示，對古籍的載體、形制、文本內容予以分析，對古籍的製作工藝、生產要素、保存保護加以研究，構成了古籍版本學的主要內容。

　　古籍是人類文明的載體。將文明書寫在祖國的大地上，將歷史記憶保留在祖國的文獻中，是中華文明的特點之一；在典籍中盡可能為未來保留文明的種子，是中華文化延續發展的動力之一。重視典籍、珍視傳統的文明特色，因時因地、歷代延續的文化特質，不僅造就了中華文明的根基，構成了傳統文化的底蘊，也為中國特色社會主義道路提供了歷史的經驗和文化的空間。以古籍作為載體的中國優秀傳統文化是先民們的智慧創造，傳承和弘揚這一文化是大眾參與的歷史進程。就古籍保護而言，優秀傳統、歷史文化、人民事業，在圖書館、博物館、檔案館中以現存的古籍為中心展開；文化遺產保護工作者對經歷史選擇、傳承至今、作為精神文化和民族記憶的物質和精神遺產展開全方位的保護行動。古籍的保護、研究和傳承不能是圖書館、博物館、高等院校、出版單位和宣傳機構單獨的行動，必須是集合了各系統各單位力量，在傳承和弘揚中華優秀傳統文化的具體實踐中展開的文化遺產保護工程，是事關堅定文化自信自強的基礎工作。

一、文化傳承的版本學

　　版本的故事，是人和書的文化歷史。一部古代的書籍由編纂者編寫、出版者刊印後進入書籍世界，交易、交換、流佈、傳承，在閱讀者手中閱讀、鑒賞、傳遞、守護，經歷了時間、人事、自然的重重考驗之後，最終成為我們所認知的古籍。版本，在特定語境中一般指書籍，特別是雕版刷印書籍的不同本子，因此也可以用「板本」一詞。比如《辭源》釋義「版本」一詞：「古以雕板印刷之書為版，手抄之書為本，自雕版通行，泛指不同的刻本為版本。也作『板本』。宋葉夢得《石林燕語》八：『世既一以板本為正，而藏本日亡，其訛謬者遂不可正，甚可惜也。』朱熹《晦庵集》五八《答宋深之》：『張氏（載）之書則蜀中自有版本。』近代稱研究藏書書目及古籍刊印源流的學問為版本之學。參見『板本』。」〔註1〕南宋人葉夢得（1077～1148）、朱熹（1130～1200）在其著述中使用板本、版本說明當時這一概念已較為通行。據古籍

〔註1〕何九盈等主編：《辭源》（第三版），北京：商務印書館，2015年，第2609頁。

調查可知,《石林燕語》沒有宋刻本存世,《晦庵集》有南宋孝宗淳熙年間刻本、理宗嘉熙年間刻本、度宗咸淳年間建安書院刻本《晦庵先生文集》,元明以後新刻本則題為《晦庵先生朱文公文集》。我們可以認為,南宋以來人們談論書籍的本子時,版本即板本。唐代以來,雕版印製書籍成為常態之後,對於版和板的區別就沒有那麼嚴格了,所以在經典文獻中「版」和「板」也作互通,《經典釋文》中即有記載。如今,隨著雕版印刷成為歷史,我們就基本上不再用「板本」這個具有歷史感的詞彙,與此同時「版本」一詞的意義也擴展到書籍之外的其他事物,成為多樣性和差異性的標示詞彙。所以,版本既是書籍的專用名詞,也是日常的通用詞彙。比如,我們說「馬克思主義的中國版本」和「《馬克思主義》的中國版本」,前者表示的是一種社會形態的不同樣式,後者則是說一部圖書出版物的不同表現形式。《中國大百科全書》(第二版)說:「版本 edition,一種書籍經過多次傳抄、刻印或因出版時間、地點不同等其他因素而形成的各種不同本子。」也就是說,傳統的版本即板本。隨著現代文化的發展,作為特指印本書籍的版本廣為人知,廣泛適用於社會生活的諸領域,也就有了更為豐富的內容。〔註2〕《圖書館學情報學大辭典》收錄了兩個「版本」,即①「版本 edition。同一部書因編輯、傳抄、刻版、排版或裝訂形式不同而產生的本子。一般包括書寫或印刷的形式、年代、版次、行款、紙墨、裝訂和內容的增刪與修改以及印記、批校和題識等特徵。在報紙出版中,同一天印刷出版數次,如報紙的早上版、中午版或晚上版等。近年來,版本也開始應用於影視、軟件等事物上。」②「版本 iteration。集成性資源的實例,包括首次發布的版本及其後更新的版本,主要是指計算機軟件或硬件的新版本。」〔註3〕顯然,版本的內涵和外延都從刻印書籍的特指擴展到製作某種事物的泛指,並得到了社會的認同。所以《現代漢語詞典》(第7版)就說:「版本。①同一部書因編輯、傳抄、刻版、排版或裝訂形式等的不同而產生的不同的本子。②指同一事物的不同表現形式或不同說法:這個故事有好幾種版本。」〔註4〕也就是說,我們現在使用的「版本」一詞和前人使

〔註2〕《中國大百科全書》總編委會:《中國大百科全書》(第二版),北京:中國大百科全書出版社,2003 年,第 2 冊第 35 頁。

〔註3〕丘東江主編:《圖書館學情報學大辭典》,北京:海洋出版社,2013 年,第 26 頁。

〔註4〕中國社會科學院語言研究所詞典編輯室編:《現代漢語詞典》(第 7 版),北京:商務印書館,2016 年,第 35 頁。

用的「板本」或「版本」已經是不同的版本了。我們甚至可以說，每一個詞彙的能指和所指皆存在版本的問題，每一個事物的不同表象也有版本的樣式；同一版本之間有細節的不同，不同版本之間更有值得關注的差異。版本，不再單單是考察一部版刻書籍的卷帙的全與闕、文字的誤與確、刊工的工與拙、裝幀的精與粗的學術操作，而成為多樣性的另外一種表達，版本的研究也就是要對事物的這種多樣性予以全面的考察和揭示，並盡可能探尋其多樣性表現原因。

版本的出現和發展，是文化發展繁榮的結果。從甲骨文開始，中國的文字及其書寫以藝術感、秩序感和形式感的特點得以傳承和延續；從竹簡書冊開始，中國的書籍及其製作以無所不包的內容、無遠弗屆的影響、世代延續的發展，構成了中華典籍文明。書籍作為一種信息集合和承載的物品，從其撰述的創作環節到生產的製作環節，從流通的市場環節到遞藏的傳承環節，具體的人對其所見、所持的每一部書都可能帶來直接或者間接的改變，書籍也就具有了人與事、時與勢、地與世的歷史屬性，也就有了我們所見書的可見可知的諸多差異性和多樣性。為了表達這種差異性和多樣性，也就有了版本區分、鑑別和考訂的必要。如果書籍不會因人因時因地而發生變化，能夠保持某種恆定的狀態，也就無所謂版本學。在書籍世界中，變化是常態和必然，書的價值和人們的認識也因時改變，所以版本的鑑定和欣賞也就必不可少。這裡且舉一例，談四大發明時我們會說到印刷術，特別是活字印刷，這見於北宋沈括（1031～1095）的名著《夢溪筆談》的記載。該書卷十八第 307 條說：「板印書籍，唐人尚未盛為之。自馮瀛王（馮道）始印《五經》，已後典籍，皆為板本。慶曆中，有布衣畢昇，又為活板。」〔註5〕很多學者將這一段話作為我國活字印刷從宋代開始就已經發明的史料證據，但很少有人注意到版本的細節問題。版本目錄學家、科技史家胡道靜（1913～2003）告訴我們，《夢溪筆談》中有「畢昇」和「畢升」兩人，畢升是搞過煉金術的鍛造工，畢昇是發明活字的印刷工人，如果混兩人為一人，或者以為北宋發明的活字是鉛字，把鉛活字的歷史從明代中期（十六世紀初年）提前到北宋，或者以為是冶金工人發明膠泥活字，都是有問題的。〔註6〕胡道靜說：「竊疑畢昇乃杭

〔註5〕 胡道靜：《胡道靜文集·新校正夢溪筆談》，上海：上海古籍出版社，2011 年，
　　　　第 130 頁。
〔註6〕 胡道靜：《胡道靜文集·夢溪筆談補正稿》，第 570～571 頁。

州之一雕板良工也，唯其熟操棗梨之藝，深識工程之艱，溫涼甘苦，莫會於心，運思鑄巧，求簡代繁，遂克有此偉大之發明，此亦業精於勤之一理也。」〔註7〕由此可見，版本之學對於學術而言並非可有可無。

　　從葉夢得的書中我們知道，從唐代以來，雕版刷印的書籍被稱為「版本」或「刻本」，與謄抄、手寫的「寫本」或「抄本」相對應。宋代雕版書籍進入黃金時代，人們對於刻印之書也提出了更為嚴格的要求。這一時期，版本的相關概念逐漸清晰起來，很多今人使用的詞彙都是那個時代的學者們的創造。像寫本、善本、板本、藏本、古本、監本、蜀本、杭州本、福建本等，就在葉夢得《石林燕語》中有論及。《石林燕語》一書記載了北宋時期的典章制度、瑣聞趣事、人物逸事等諸多掌故，為瞭解宋朝政治社會文化的重要筆記資料。我們常見的可用的通行版本有中華書局《歷代史料筆記叢刊》本（1984）、三秦出版社《歷代名家小品文集》本（2004）、上海古籍出版社《歷代筆記小說大觀》（2012）和大象出版社《全宋筆記》本（2013）等。這些點校整理本所依據的底本，基本上都出自國內各大圖書館珍藏的古籍善本。宋人陳振孫（1179～1261）《直齋書錄解題》卷十一「小說家類」著錄「《石林燕語》十卷，葉夢得少蘊撰。宣和五年所作也。」〔註8〕據《中國古籍善本書目》和《中國古籍總目》的版本調查，《石林燕語》存世有明正德元年（1506）楊武刻本、稗海本、明刻本、抄本、說郛本、四庫全書本、琳琅秘室叢書本、清抄本、清光緒三十四年（1908）長沙葉氏觀古堂刻本、石林遺書本等多種版本的古籍存世，其中入選《國家珍貴古籍名錄》的有重慶圖書館、華南師範大學圖書館、常熟博物館和南京圖書館藏明正德元年楊武刻本。現今所知的此書最早版本離葉夢得著作成書的南宋建炎年間（1127～1130）已經過去三百七十多年，而正德刻本傳承至今也將近五百二十年，這就是文化的傳承穿越時光之旅進入當代的例證之一。古籍版本所揭示的信息給予我們一種歷史感，而古籍保護的意義就在於這種優秀文化的傳統。

　　葉夢得在《石林燕語》卷八中還提及，寫本盛行於唐代以前，彼時尚未發明摹印之法，也即雕版印刷尚未成為印製書籍的主要手段，世人想要藏書、讀書主要依靠抄寫，書籍數量不多且很珍貴，有珍藏書籍的人往往要對抄寫

〔註7〕胡道靜：《胡道靜文集·夢溪筆談校正》，第451頁。

〔註8〕〔宋〕陳振孫：《直齋書錄解題》，徐小蠻等點校，上海：上海古籍出版社，2015年，第332頁。

之書進行校讎，也就多有善本。顯然，他認為善本就是文字內容盡可能準確的本子。畢竟，書籍是信息的載體，信息要以準確無誤的傳遞為最高標準。因為得到一部書要花費很大的精力、財力，甚至是運氣，人們讀書也就倍加用心。從五代開始，馮道首先以政府的名義主導《五經》的刻板刷印，經過細緻校勘，提供讀者較為準確的權威版本，以便於形成學術共識。北宋初年，《史記》《前漢書》《後漢書》也有中央政府的官刻本，經典著作有了權威的版本，讀者也就可以更為放心的使用。書籍便於獲取之後，它的價值被弱化，士大夫們就不再以收集、抄寫、校勘那些普通的書籍作為一種志業，抄錄一些難得的稀見的版本才有其獨特的價值。但雕版刷印的書籍，也即板本本身，並非絕對準確，沒有訛誤的書籍絕無可能，即便反覆校讎之後的刻本，仍會出現各種疏漏、錯誤，如果以為板本就不會有問題，並以之為唯一的依據，是不嚴謹的，因此校勘之學不僅沒有消失，反而更加深入了。以前那些經過校勘的寫本，也即藏本，大部分會隨著時間的流逝自然消失，前人校勘過的善本也是如此，一代一代的出版人就不斷推陳出新，延續著書籍的文明。如果沒有人去做細緻的校訂工作，如果沒有一代又一代學人的努力，我們如何去判定何者為正確，何者為訛謬？在古籍校勘中，實事求是、去偽存真、旁搜冥索、廣羅異本、見多識廣、鉤深致遠、追根溯源、探賾索隱等原則的應用即因為書籍世界本身具有繁富性和差異性的特點。我們今天之所以要保護古籍，也是出於同樣的理由。在機械複製、數字化的印刷時代，古籍和宋人所知的那些抄本一樣，也會有「藏本日亡，其訛謬遂不可正」的危險，保護古籍也就是在很大程度上為知識的傳承提供更豐富的歷史依據。

　　葉夢得注意到北宋余靖（1000～1064）任秘書丞期間曾建議政府對《前漢書》等加以校勘，皇帝下詔同意他與王洙（997～1057）等共同負責該項工作。他們以秘閣古本，即當時的國家圖書館藏書加以校對，完成校勘即有刊誤的專書問世。歐陽修（1007～1072）為余靖撰寫的《神道碑》中就提到他的著作：《文集》二十卷、《奏議》五卷和《三史刊誤》四十卷。如今我們所能見到的余靖文集是《武溪集》，有國家圖書館藏明成化九年（1473）蘇韠等刻本（名錄編號 08822）、華南師範大學圖書館、浙江大學圖書館藏明嘉靖四十五年（1566）劉穩刻本（名錄編號 05457、08823），而《三史刊誤》或《前漢書刊誤》皆已亡佚。如果沒有明代人對余靖著作的重新整理出版，我們如今就很難知曉余靖的學術成就。收集諸本進行校勘，這是重要的學術傳統。

歐陽修本人曾參與主持《崇文總目》的編訂，又為韓愈文集的編定做過具體的貢獻。他在隨州李氏那裏見到了一種六卷本的《昌黎先生文集》，立即將這部書與他收集到的其他版本加以補綴勘定，形成了後世流傳的韓愈文集的重要版本依據。南宋孝宗時，方崧卿（1135～1194）以歐陽修本為基礎，參校唐令狐澄本、南唐保大本、秘閣本、相符杭州本、嘉祐蜀本、謝克家本等，撰《韓集舉正》。朱熹晚年又在方氏本的基礎上考眾本異同，參考十餘種所見傳本，考訂辯證，撰成《韓文考異》十卷。朱子的這部書有宋刻本多種存世，如南京圖書館藏宋刻本《晦庵朱侍講先生韓文考異》十卷（名錄編號 01046）、山西省祁縣圖書館藏宋紹定二年（1229）張洽刻本《昌黎先生集考異》十卷（名錄編號 01045）。至於以元明以來以《朱文公校昌黎先生文集》（含《朱文公校昌黎先生集》《韓文考異》）為名的刻本也有多種刻本留存，像元至元十八年（1281）日新書堂刻本、元刻本、明初刻本、明洪武十五年（1382）勤有堂刻本明、正統十三年（1448）書林王宗玉刻本、明嘉靖十三年（1535）安正書堂刻本、明刻萬曆三年（1575）重修本、明萬曆間朱崇沐刻本和明刻本等不同版本珍藏在各圖書館的善本室，還有數字化版本、影印版本可供大眾閱覽、研究之用。這些版本的古籍為今人整理朱子文集、韓愈文集，提供了豐富的文獻資源，為我們瞭解唐宋文化提供了具體的明證。從歐陽修、沈括、葉夢得、朱熹、陳振孫等人關於書籍的故事中可知，版本對於歷史文化和學術研究而言都具有不可替代的重要意義。

版本的鑒定和欣賞都是為了文明的傳承。所謂的古籍欣賞，不是僅僅對珍稀的古籍發出驚奇的讚歎，抑或者對古舊的書籍進行價值的判斷，而是指對版本本身所具有的文化信息和藝術價值予以尊重，並在交流、分享和傳播中將我們的歷史文化加以傳承。正如福斯特（Edward Morgan Forster）所說，文化「只有傳承，才能欣賞。」「我們的主要工作是在享受文化愉悅的同時，不忘初心，傳遞文化，因為有些事對我們來說是獨一無二的無價之寶，我們有義務將這些瑰寶推向世界。」〔註9〕為何甲骨文、竹簡帛書、古抄本、版刻書、活字本、鈐印本等諸多不同樣式的古籍能給我們帶來一種文化愉悅感？為何宋代四大書《太平御覽》《太平廣記》《文苑英華》《冊府元龜》、明代的《永樂大典》、清代的《四庫全書》值得我們關心和守護？為何敦煌遺書、司馬光《資治通鑒手稿》、南宋內府寫本《洪範政鑒》、黃善夫刻《史記》、《趙城金藏》、《坤輿萬

國圖》、《全唐詩》等讓人怦然心動？為何《東巴古籍文獻》《清代科舉大金榜》《樣式雷建築圖檔》《黃帝內經》《本草綱目》《甲骨文》等古籍文獻是世界級的記憶遺產？究其原因，除了文獻本身的珍稀性質之外，還有鑒賞家們在美學欣賞上給這些古代書籍賦予了文化、歷史的價值，還有版本學家們通過他們的工作，「抖落了古舊書籍上塵埃，讓它們發出了珍珠般的光芒。」

二、版本學的歷史發展

　　事物的發展推動了知識及相關概念的發展。雖然作為書籍概念的版本在宋代才正式得以確認，但作為文獻之邦的中華大地上很早就有了版本的實踐，版本學作為一門學問自書籍世界形成之時就已經被學者所自覺不自覺地使用。比如，漢代在實現了大一統之後，即著手文化建設，確立了文教立國的國策，以「仁」「禮」的精神塑造古代中國的政治文化傳統，述與作同時展開，一方面對於前人的著作加以保存和整理，一方面又因時因地的創造，書籍世界一直保持著發展的勢頭，制禮作樂、太學制度、博士師法、今文古文等文化、教育和政治的活動與制度，不僅為書籍的生產提供了基本保障，也為書籍的發展提供了人才隊伍，更將一種重視書籍的文化確立成為我們的傳統。在整理藏書方面，劉向等人主持大規模的國家藏書整理工程，收集天下著作，不惜重金，齊備眾本，在此基礎上校訂異同、補訂訛脫、評定優劣，對當時所見的諸多文獻進行系統的整理，完成了大量歷史文獻典籍的勘定工作，形成了一部對國家藏書整體介紹揭示的《別錄》。之後，劉歆又做了分類的編排工作，完成中國歷史上第一部目錄學專著《七略》，班固又因《七略》撰成《漢書·藝文志》，確立了藏書目錄的典範，後世的目錄編製，不論是國家藏書，還是私人收藏，皆以之為源頭和範例，流略之學成為版本目錄學的早期樣式。在版本學進入現代學術之林以前，舉凡書目、目錄、藝文志、藏書志、提要、書志等大量著作構成了一個獨具特色的學術領域，知識階層中的藏書家、校勘家、書肆從業者、書庫管理者、文獻整理者、出版者等從各自不同的角度留下了豐富的版本目錄學文獻，一部中國書籍史也就精彩紛呈起來。

　　宋代雕版印本有諸多精品，在展開古籍的全面調查之前，學者「估計宋代刻本當有數萬部，……傳至今日，國內外所存不過一千部左右。」〔註10〕

〔註10〕張秀民：《中國印刷史（插圖珍藏增訂版）》，韓琦增訂，杭州：浙江古籍出版社，2006年，第44頁。

日本學者阿部隆一於上世紀七十年代所做的初步調查結果顯示，現存宋元版古籍存量，除佛經外有 1600 餘種 2900 餘部，其中中國大陸藏有 1000 餘種 1500 餘部。〔註11〕（阿部隆一《漢籍研究之調查統計》）國家圖書館自上世紀九十年代啟動館藏文獻全面清查以來，摸清宋元版古籍共 1613 種，編輯出版了《國家圖書館宋元善本圖錄》，著錄了每一種書的題名、著者、卷次、刊刻時間、冊次、款式、鈐印、尺寸等信息，為學術研究提供了詳細的資料。至於現存古籍數量，我們的初步調查結果是 20 萬種 50 萬個版本。隨著中華古籍保護計劃的深入推進，未來我們將對現存古籍的版本數量有更為明確的數據。宋代版刻留下來的多是精品，每一種每一部都有其獨特的價值，而更多的是明代和清代刻本，這是我們開展學術工作的基礎，僅《中國古籍總目》著錄的明刻本總量就已經超乎想像，比如永樂刻本有 100 餘部，正德刻本有 600 餘部，嘉靖本有 3100 部，萬曆刻本刻本更多達 6000 多部。如果我們想要瞭解宋元及以前的歷史文化，我們要進行版本的調查、校勘、考察、鑒別等，更多的是圍繞明清以來刊刻的存留的古籍善本展開的。

事實上，書籍世界的景觀在明代呈現出一個新的歷史特徵，版本學也正是在明代成熟和完善起來。不論是當代人著作的刊刻，還是前代書籍的覆刻再版，還是對前人著作的整理編定，中國書籍史都進入另一個黃金時代。從洪武年間開始，明代中央政府就免除了書籍稅，對書籍出版予以鼓勵，從中央到地方的學校建設完備，為書籍提供了巨大市場，不僅中央的藏書「秘庫書數百萬卷，浩無端倪」（《明史·陳濟傳》），各地書院藏書樓也富有藏書，讀書、藏書之風得以成為整個時代的基調。當時，不僅中央各部紛紛編刊書籍，「明時御史、巡茶鹽、學政、部郎、榷關等差，率出俸錢刊書」（清王士禎《居易錄》卷七），各藩府諸王贊助出版，書院編書刻書極為普遍，至於遍布全國的書坊更是數代人延續出版事業，書籍出版達到了前所未有的高度，《永樂大典》等鴻篇巨製也成為書籍史永久的記憶。《文淵閣書目》《內閣藏書目錄》《國史經籍志》《籛竹堂書目》《萬卷堂書目》《天一閣書目》《千頃堂書目》《澹生堂藏書目》《百川書志》等公私書目著錄了數量極大的藏書，至於士人書籍分類、版本著錄、提要分析等逐漸完善。

正因為書業興盛，藏書、鑒書方成為一時風尚，古籍版本作為一門學問因時而起，不斷成熟，《經義考》《明史·藝文志》等目錄學巨著著作即因明

〔註11〕轉引自田建平：《宋代出版史》，北京：人民出版社，2017 年，第 1124 頁。

代的書業繁榮得以完成，版本目錄的總結性著作——《四庫全書總目》和《天祿琳琅書目》——則在清代乾隆時期出現，而以鑒藏善本、考訂古籍著稱的大家學者及其著述也因此成為乾嘉學術的組成部分。比如前述明成化九年刻本《武溪集》，國家圖書館存有黃丕烈（1763～1825）舊藏本。黃氏題跋說：「明刻黑口宋人集，世以為珍。余《武溪集》向曾置一部，係黃紙者，質粗而墨氣淡。茲書友攜此來，居然勝一籌矣。命工重為易其面，餘仍舊也。堯翁。甲子十月有三日。」〔註12〕甲子歲為清嘉慶九年（1804），黃丕烈四十二歲。江標（1860～1899）《黃丕烈年譜》記載，黃丕烈本年收得宋刻本《鑒誡錄》、影宋本《春秋繁露》、明鈔本《茅亭客話》、陸敕先校宋本《易林》、明刻本《雅頌正音》、宋鈔本《東京夢華錄》、舊鈔本《尹河南集》、舊鈔本《唐語林》、影宋寫本《孫尚書大全文集》、殘宋本《太平御覽》、北宋本《駱賓王文集》、宋本《洪氏集驗方》等書，並有跋文。〔註13〕王欣夫（1901～1966）補訂黃氏年譜時已注意到黃丕烈於十月十三日為《鑒誡錄》《武溪集》和《張伯南先生集》三書寫了題記。〔註14〕黃丕烈得到這部印本時，離成化九年初刻已經過去330餘年。數百年的傳承，此書後來曾為大藏書家傅增湘（1872～1949）插架之物，鈐有「雙鑒樓珍藏印」。民國時入藏北平圖書館，如今珍藏於國家圖書館善本室。該書已完成數字化，公眾可以在國家圖書館（國家古籍保護中心）建設的「中華古籍資源庫」上免費查閱該書的全文影像數據。

版本學作為一門具有學術色彩的中國傳統學問起源甚早，其繁榮則肇端於明代。版刻書籍經唐、五代到宋元，編纂者、贊助者、寫手、刻工、書坊主、藏書家共同協作，為後世留下了精妙絕倫的諸多藝術珍品，數百年間的書籍藝術和典籍製造讓古籍版本成為可能和必須。至明代，人們繼續將典籍收藏、守護和傳承視為國之大事，把書寫文明與國家文脈之勢、個人精神之學相關聯。誠如王陽明在《稽山書院尊經閣記》中所說的：「通人物，達四海，塞天地，亙古今，無有乎弗具，無有乎弗同，無有乎或變者也，是常道

〔註12〕〔清〕黃丕烈：《黃丕烈藏書題跋集》，余鳴鴻等點校，上海：上海古籍出版社，2013年，第458頁。

〔註13〕〔清〕江標：《黃丕烈年譜》，王大隆補，馮惠民點校，北京：中華書局，1988年，第35～37頁。

〔註14〕〔清〕江標：《黃丕烈年譜》，1988年，第119頁。

也。」〔註15〕所謂常道，是和人民生活相關的大道，從文化傳統而言就是以書籍形式傳承下來、不曾間斷的《易》《詩》《書》《樂》《禮》和《春秋》，以及其他經史子集文獻。六經被視為中華優秀傳統文化的典範，經典不再僅僅被當作裝飾性的古董，知識性的讀本，粉飾性的文字，而是被當成具有社會教育意涵的典範，文化傳承意義的準則，以及自我覺醒意義的典籍。研讀古書、欣賞古籍、傳承古典，也就具有了特殊的意義。古籍、目錄，不再僅僅是一種記錄古代人種種色色「產業庫藏」的冊子，不再僅僅記錄「名狀數目」而已。版本、校勘，在書籍的刊刻、收藏、鑒賞、研究的基礎上成了學術的關注點和出發點。宋濂（1310～1381）《文憲集》、楊士奇（1365～1444）《東里文集》、吳寬（1435～1504）《家藏集》、祝允明（1460～1526）《懷星堂集》、文徵明（1470～1559）《甫里集》、陸深（1477～1544）《儼山集》、郎瑛（1487～1566）《七修類稿》、楊慎（1488～1559）《升菴集》、鄭曉（1499～1566）《今言》、何良俊（1506～1573）《四友堂叢說》、王世貞（1526～1590）《弇州山人四部稿》、焦竑（1540～1620）《玉堂叢話》、沈德符（1578～1642）《萬曆野獲編》等多有收藏、鑒賞、傳播古籍的文章。至於《文淵閣書目》《南雍志・經籍考》《古今書刻》《行人司重刻書目》《澹生堂藏書目》《百川書志》《內版經書紀略》《內閣藏書目錄》《汲古閣校刻書目》等公私藏書刻書目錄編纂出版，古籍版本已由文史附庸，而蔚為大國。

　　清代的版本目錄學是清代學術之林的一個門類，校勘目錄學與經學、小學、史學、考史學、地理學、金石學、諸子學、治事學、曆算學、博物學等共同構成了清代樸學景觀。從朱彝尊（1629～1709）、錢曾（1629～1701）、徐乾學（1631～1694）、章學誠（1738～1801）、何焯（1661～1722）、盧文弨（1717～1795）、紀昀（1724～1805）、鮑廷博（1728～1814）、彭元瑞（1731～1803）、吳騫（1733～1813）、丁傑（1738～1807）、陳鱣（1753～1817）、秦恩復（1760～1843）、黃丕烈（1763～1825）、阮元（1764～1849）、顧廣圻（1766～1835）、周中孚（1768～1831）、張金吾（1787～1829）、譚瑩（1800～1871）、錢熙祚（約1801～1844）、張文虎（1808～1885）、莫友芝（1811～1871）、丁丙（1832～1899）、張之洞（1837～1909）等，直到晚清民國時代的楊守敬（1839～1915）、繆荃孫（1844～1919）、葉昌熾（1849～1917）、葉

德輝（1864～1927）、章鈺（1864～1937）、張元濟（1867～1959）、陶湘（1871～1940）、傅增湘（1872～1949）、丁福保（1874～1952）、孫殿起（1894～1958）等，以藏書、鑒書、校書、刻書、印書為志業，鑒賞與校讎並重，著述與爭鳴並進，推動了版本學的繁榮，傳統的版本學問被系統總結和提高，《天祿琳琅書目》《四庫全書總目提要》《讀書敏求記》《經義考》《愛日精廬藏書志》《善本書室藏書志》《書目答問》《涵芬樓燼餘書錄》《藏園群書題記》《販書偶記》等都已是版本學的經典名著。

　　直到晚清為止，版本學基本上都是一種極具精英文化活動特點的小眾事業，尚未形成一種職業的工作隊伍，未曾形成一門具有學科意義的共識，更沒有版本學家的想像力，版本學也就更多的具有某某人的版本學意涵，一人一學，一書一學，一時之學，是他們的特點。以古籍的鑒藏來推動社會文化的發展，以古籍收藏推動教育學術的發展，以保護古籍作為傳承文明的事業則是下一個時代，即公共圖書館成為古籍重鎮時才成為可能。

三、圖書館與古籍版本

　　如今，大眾查閱的珍貴古籍多依靠圖書館藏書，圖書館與古籍已密不可分。近代以來，古籍版本作為一種學問，在圖書館事業發展中地位特殊。比如，書目文獻出版社在 1984 年出版盧子博（1936～）、倪波（1936～2017）兩位學者主編的《圖書館業務基礎知識答問叢書》，包括《圖書分類基礎知識問答》《藏書建設基礎知識問答》《圖書流通基礎知識問答》《圖書編目基礎知識問答》《科技情報基礎知識問答》《古籍基礎知識問答》和《參考諮詢基礎知識問答》等七個部分。由此可見，古籍工作和藏書、流通、編目、情報等和圖書相關的工作構成了現代圖書館的基礎業務，有其獨特的地位。曾任江蘇省立國學圖書館館長的蔣鏡寰（1896～1981）曾撰《板本學答問》一文，明確表示：「板本學為研究書籍之板刻年代、印刷情形及編纂、校讎等事之專門學問。近世列為圖書館學之一種。」〔註16〕現當代的版本學大家，諸如繆荃孫（1844～1919）、葉德輝（1864～1927）、傅增湘（1872～1949）、張元濟（1867～1959）、陶湘（1871～1940）、王重民（1903～1975）、顧廷龍（1904

〔註16〕蔣鏡寰：《板本學答問》，江蘇省立蘇州圖書館：《江蘇省立蘇州圖書館年刊》1936 年 6 月，載本社編：《近代著名圖書館館刊薈萃續編》第 14 冊，北京：北京圖書館出版社，2005 年，第 428 頁。

～1998）、趙萬里（1905～1980）、張秀民（1908～2006）、魏隱儒（1916～1993）、冀淑英（1920～2001）、宿白（1922～2018）、黃永年（1925～2007）、李致忠（1938～）等大多為圖書館古籍從業者，或者與圖書館古籍工作密切相關者。可以說，沒有現代圖書館就沒有現代的古籍版本學，古籍版本的當代發展正是在化私為公的圖書館建設中不斷推進的。國家以公共的力量推動著古籍的保護和文化的傳承，圖書館從業人員以職業的方式參與著古籍的保護，研究者也就有了自由閱覽和利用傳統文化典籍的機會。確保安全的相對集中、對公眾的公開、創造性的傳承，這是新時代古籍工作的特點之一。在這種情況下，當代的版本目錄學就不再是傳統的鑒賞之學、雅玩之好、附庸之學和家族傳承，而是變成了一種具有日常工作和終身職業性質的長期開展的專業活動，編目著錄、版本調查、個案考訂、提要撰寫、展覽宣傳等得以在圖書館的依託之下順利開展，古籍中的文字活起來也成了新時代古籍工作的宗旨和具體的實踐。

　　近代以來，圖書館作為社會文化教育事業的機構，被人民寄予厚望，從中央到地方，從政府到民眾，都將圖書館事業視為民眾教育和文化傳承的重要機構。杜定友（1898～1967）說：「圖書館是一個文化機關，利用書籍以發揚文化，是現代新進事業之一。」〔註17〕他認為，圖書館負有文化保存、科學處理圖書、利用圖書館增進人民的智識和修養的職責。「我們要考求一時代的文化，最重要的來源，就是圖書。圖書館是保存圖書的唯一機關，所以間接就是保存文化的機關。只是保存圖書，也沒有多大用處。所以圖書館一方面要保存文化，一方面要發揚文化。傳佈圖書，使一地方的文化，可以普及各處。一時代的文化，永留世間。」〔註18〕1926 年，杜定友在《教育雜誌》發表《圖書館學的內容和方法》一文，指出：「歷來中國學者，凡是飽學之士，沒有不研究目錄、版目之學。可見圖書館學在中國本來是發達很早，而且是很普遍的。不過我們所學的都不出目錄、版目之門。這兩門科學雖然是圖書館學中的重要部分，卻萬不能稱為圖書館學的全部。我們向來以為圖書館學，除了目錄、版目之外，就別無長物，不必深究，所以數千年來，圖書館事業還是不發達。而且目錄之學，都是學者自己研究的，素來沒有設科教

〔註17〕杜定友：《圖書館學概論》，陳源蒸等主編：《20 世紀中國圖書館學文庫 7》，
　　　　北京：國家圖書館出版社，2014 年，第 1 頁。
〔註18〕杜定友：《圖書館學概論》，2014 年，第 2 頁。

授。所以目錄之學，非但不能發達，而且不絕如縷，這是很可惜的。」〔註19〕
「中國的版目學，原為專門學問。但向無專書，又無科學的研究。所以這種
學問，不絕如縷。現在研究圖書館學的人，正宜切實研究，以期保存國粹。
其餘我國固有的校讎學、目錄學、提要學等等，都於世界學術上有極大之貢
獻。」〔註20〕杜氏所謂的版目學即我們今天所說的古籍版本目錄之學，在他
看來，中國傳統的圖書館學問的精華就在於目錄和版本，因此作為一門現代
學術的圖書館學要發展起來也必須繼承這種優良的傳統。

　　圖書館的古籍工作，圍繞古籍的保存保護和文化的傳承展開。首先，將
工作經驗轉化為明確的概念術語。一門學問的不斷發展必有其不斷完善的概
念術語體系，沒有專業的術語就沒有專業的學問。古籍的諸概念的確認和明
確，其直接的意義在於讓古籍之為古籍，版本之為版本得到了多方位的標示，
談論版本也就不再僅僅以紙白墨黑、字大如錢、校勘精良、珍品神物之類詞
彙的泛泛論之，而是逐漸形成了一套話語體系。就古籍的概念而言，國立北
平圖書館（國家圖書館前身）李文裿先生〔註21〕於上世紀三十年代先後發表
《中國書籍裝訂之變遷》《板本名稱釋略》〔註22〕兩文，將古籍版本研究帶
入了科學的軌道。前者注意到了書籍裝訂的演變以書籍制度為轉移，「書籍制
度，自有文字以來，迭有變易，因之裝訂式樣，亦隨之而異。」李文裿曾為
京師圖書館（國家圖書館前身）善本室職員，他說：「昔年餘典京師圖書館善
本書室時，日沉湎於古本舊籍中，實地考其變遷，又旁搜群籍而互證之。」
正是有了這樣的研究認識，今人對古籍的界定才多以是否具有「傳統裝訂形
式」作為判定標準之一。《板本名稱釋略》則為古籍著錄提供了六七十種名
稱。這些名稱的匯總歸納與圖書館古籍編目著錄有關。李文裿說：「蓋板本之

〔註19〕錢亞新、白國應編：《杜定友圖書館學論文選集》，北京：書目文獻出版社，
　　　　1988年，第10頁。
〔註20〕錢亞新、白國應編：《杜定友圖書館學論文選集》，第42頁。
〔註21〕劉瑞忍：《李文裿的圖書館生涯、著述與貢獻》，《大學圖書館學報》，2019年
　　　　第4期，第111～120頁。
〔註22〕李文裿：《中國書籍裝訂之變遷》，《圖書館學季刊》，1929年第3卷第4期，
　　　　第539～550頁，載中華圖書館協會《圖書館學季刊》編輯部編：《圖書館學季
　　　　刊》第3卷，北京：國家圖書館出版社，2009年，第585～596頁；李文裿：
　　　　《板本名稱釋略》，《圖書館學季刊》，1931年第5卷第1期，第17～37頁，
　　　　載中華圖書館協會《圖書館學季刊》編輯部編：《圖書館學季刊》第5卷，北
　　　　京：國家圖書館出版社，2009年，第29～49頁。

所以著錄者，不僅表明其刊印年代而已，甚且涉及書之內容與其價值，因之著錄時所用板本名稱遂有不同之定名矣。然此不同之定名，為數甚繁。溯其淵源，其來有自者固屬不少，揣摩附會者，亦未嘗無有也。惟沿用既久，無大軒輊者，類皆成為固定之名稱，隨手拈來，凡得六七十種，因而旁搜群籍，益以考訂，以期就正於從事登錄編目者。」李文裿當年考訂的諸多古籍版本名稱，如今多以進入教科書成為學人常識，而如今我們更是以國家標準（《漢文古籍特藏藏品定級第 1 部分：古籍》GB／T 31076.1〜2014）的形式對古籍的各種基本概念做了明確的規定。

　　其次，編定古籍目錄，彙集古籍信息。所謂的編目著錄就是將館藏古籍的內容和形式特徵，包括書名、著者、版本、稽核（頁數、冊數、函數、圖表、裝幀形式等）、附注等項目加以客觀描述，以便確認一部古籍的基本信息。「圖書館古籍編目，是對圖書館所收藏的古籍進行著錄、鑒定版本、分類、典藏，以便向讀者提供所需要的古代文獻資料，這可以說是廣義的古籍整理的一個初步的、基礎的工作。圖書館通過對古籍的編目，一方面正確地揭示、反映、宣傳圖書館中所藏有的古籍，使讀者迅速、準確地檢索，以得到所需要的資料，讓蘊藏在古籍中的豐富而有價值的資料得到充分的利用，為兩個文明建設服務；另一方面，做好古籍藏書保護工作，使祖國寶貴的文化遺產得以安全、完整的保藏，使其不受損壞，而有利於長期使用。圖書館古籍編目工作做好了，對古籍進行標點、注釋、今譯、輯佚、彙編等古籍整理工作將提供良好條件。」〔註23〕李文裿說：「書籍之入藏圖書館也，凡登錄編目，莫不於板本一項，作詳細著錄。」在編目著錄的基礎上，古籍目錄由此形成。不管是各收藏幾個的館藏目錄，還是全國性的大型目錄，還是《中國通俗小說書目》《晚明史籍考》《中國文言小說書目》《中國中醫古籍總目》等專科目錄，都離不開編目員的日常工作。

　　第三，以古籍目錄、圖錄、提要、書志、影印等成果揭示傳統文化底蘊。古籍珍藏在各藏書機構的善本庫房之中，公眾和研究者獲知相關信息只能通過目錄查詢。從清末以來，圖書館古籍工作者在實踐中形成一套行之有效的編目方法，形成了館藏基本目錄，並由此產生了《中國古籍善本書目》和《中國

〔註23〕北京大學圖書館學系、武漢大學圖書館學系編：《圖書館古籍編目》，陳源蒸等主編：《20 世紀中國圖書館學文庫 39》，北京：國家圖書館出版社，2014 年，第 2 頁。

古籍總目》。2007年「中華古籍保護計劃」啟動以來，國家古籍保護中心編製了《古籍普查規範》，近三千餘個古籍收藏單位參加古籍普查，各單位在「中華古籍普查平臺」編製《普查登記目錄》，出版館藏普查目錄，經審核的數據發布在中國古籍保護網的「全國普查登記基本數據庫」，供公眾查詢使用，未來將形成覆蓋全國古籍收藏的《中華古籍總目》。古籍的圖錄可以為鑒賞、考訂提供必要的依據，從《中國古籍版刻圖錄》到《國家珍貴古籍名錄圖錄》，越來越多的珍貴古籍被系統揭示出來；從《故宮善本書影初編》、《明代版本圖錄初編》和日人編拍《舊京書影》等早期的古籍圖錄，到分單位分門類的《善本書影》《明代版刻圖典》《清代版本圖錄》《中國古籍稿抄校本圖錄》《國家圖書館宋元善本圖錄》《國家珍貴古籍題跋叢刊》等，為公眾和學界提供了直觀瞭解傳統典籍文化的豐富資料。至於古籍收藏機構與出版界密切合作，影印了大量古籍，從單本零冊到《中華再造善本》等大型影印項目，珍藏善本化身千百，進入學人書架，傳本揚學成為可能。

四、古籍工作者的學問

近代以來，古籍越來越多成為公藏機構的珍藏，古籍工作者往往終其一生在做一些默默無聞的工作，他們中間大多數人不是什麼圖書館名家，但他們的工作成果卻為這門學問的發展帶來了可見的推進。從上世紀五十年代以來，古籍版本這門學問在圖書館和高校中有序發展。上世紀九十年代初，中國圖書館學會學術委員會古籍版本研究組編輯出版了《版本學研究論文選集》一書，精選上世紀五十年代以來的版本學研究者撰寫的論文41篇，計有趙萬里（1905～1980，國家圖書館）、劉國鈞（1899～1980，北京大學）、冀淑英（1920～2001，國圖）、丁瑜（1926～2020，國圖）、張秀民（1908～2006，國圖）、王重民（1903～1975，國圖）、肖東發（1949～2016，北大）、茆意宏（1966～，南京農業大學）、曹之（1944～2021，武漢大學）、梁靜波（1956～，中華書局）、何禹光（1925～，華中師範大學）、顧廷龍（1904～1998，上海圖書館）、張舜徽（1911～1992，華中師範大學）、吳則虞（1913～1977，中科院哲學所）、李致忠（1938～，國圖）、郭松年（1928～，北京大學圖書館）、邵勝定（1934～，上海大學）、劉尚恒（1937～，天津圖書館）、宋效先（吉林大學圖書館）、崔富章（1941～，曾任職浙江圖書館）、朱澤吉（1921～1986，河北師範學院）、徐孝宓（1926～，湖北省圖書館）、衛揚春（不詳，湖北省圖）、

韓錫鐸（1940～，遼寧省圖書館）、方原（不詳）、葉桔（不詳）、沈津（1945～，曾任職上海圖書館）、宋平生（1951～，中國人民大學）、陳培榮（不詳，北京師範大學）、何槐昌（1930～，浙江圖書館）、李國慶（1958～，天津圖書館）、王競（不詳，哈爾濱市圖書館）、廖延唐（1932～2010，十堰大學）、杜凱（河北教師進修學院）、佟鎮鎧（1925～，河北大學）、王元才（1956～，無錫市圖書館）、謝國禎（1901～1982，中國社會科學院）、師道剛（不詳，山西大學）、謝德雄（安徽大學）、王皓（武漢圖書館）、胡道靜（1913～2003，曾任職中華書局）、劉國珺（不詳，南開大學）、石洪運（1951～，湖北省圖書館）、桂勝（1961～，武漢大學）等人的論述。〔註24〕以上撰有古籍版本學論文的學者，有圖書館工作經歷的占絕大多數，由此可窺古籍版本研究的主體組成人員即在圖書館的工作人員之中產生。故而，我們可以認為古籍版本之學的當代發展是以圖書館為中心展開的。劉國鈞、謝國禎、王重民、顧廷龍、趙萬里、張秀民、張舜徽、胡道靜、魏隱儒、冀淑英、宿白、來新夏、丁瑜、李致忠、韓錫鐸、楊成凱、曹之、肖東發、陳先行等圖書館、高等院校、科研院所、出版機構等單位的從業者，皆有古籍研究論著行於世，構成了新中國古籍版本學的新樣貌。傳承和弘揚中華優秀傳統文化，為文化自信提供豐厚且堅實的精神資源，成為新中國古籍工作的基本特徵。

上世紀七十年代以來，全國古籍工作者全體動員，集全國之力完成了新中國古籍版本研究的代表性成果——《中國古籍善本書目》。冀淑英在該書後記中寫道：「它將從一個重要方面體現我國古代光輝燦爛的文化和豐富珍貴的典籍，有利於古為今用，為四化服務，為促進兩個文明建設發揮作用；對瞭解現代所存古籍善本概貌和流傳情況，對今後鑒別和整理古籍善本，都有很大參考價值。」〔註25〕不止如此，這項工作確定了古籍的基本概念，區分了古籍的基本屬性，對古籍善本的著錄、分類、編目等都做出了更為明確的區分，更重要的是，通過這項工作的開展，一批古籍從業人員成長起來，為其後的中華古籍保護計劃的開展培養了專家隊伍。由此可知，古籍版本之學的特點之一即在具體的古籍工作實踐中推進，在古籍保護的事業中學術得以發展。

古籍版本之學具有較強的經驗性和實踐性特徵。這是古籍編目作為一項圖書館日常工作所具有的基本特點。圖書館古籍從業者在古籍編目日常作業

〔註24〕陽海清主編：《版本學研究論文選集》，北京：書目文獻出版社，1994 年。
〔註25〕冀淑英：《冀淑英文集》，北京：北京圖書館出版社，2004 年，第 181 頁。

中對古籍的認識得到了加強，在編目中發現版本的問題，也推動了版本學的進展。編目的成果發布之後，又為學術研究提供了必要的導引。上世紀六〇年代，顧廷龍（1904～1998）曾在《版本學與圖書館》一文說：「什麼叫作版本之學？有人把它看得很狹。好像僅僅限於講究宋、元舊刻。講究宋、元舊刻，固然是版本之學的一項內容。但是在雕版以前的簡策、縑素，一寫再寫，不也就是不同版本嗎？現代鉛印和影印的出版物，一版再版，不也又是不同版本嗎？依我看來，版本的含義實為一種書的各種不同的本子，古今中外的圖書，普遍存在這種現象，並不僅僅限於宋、元古籍。在九世紀以前，經過不斷的傳寫，在印刷術發明以後，經過不斷的刻印，因而產生了各種不同的本子。有了許多不同的本子，就出現了文字、印刷、裝幀等等各方面的許多差異。研究這些差異並從錯綜複雜的現象中找出其規律，這就形成了版本之學。所以版本學的內容實在是相當豐富的，如關於圖書版本的發生和發展，各個本子的異同優劣，製版和印刷的技術，版本的鑒別，裝訂的演變以及研究版本學的歷史等等，應該可以成為一門專門的科學。」〔註26〕時至今日，我們已經將版本之學擴展到對古籍的整體研究之中了。2017 年，《海峽兩岸中華古籍保護論著提要（2011～2015）》〔註27〕出版，收錄了 3857 個條目，包括古籍保護的各個方面，諸如普查、編目、修復、存藏、整理出版、縮微複製、數字化、保護科技、宣傳推廣，以及版本研究等，這是「中華古籍保護計劃」以來古籍事業發展的見證之一。

　　總之，書籍的版本是典籍生產的結果，版本學是典籍繁榮的產物。古籍版本學是中國版本學的主幹，是現代圖書館學術發展的成果。在現代學術話語的範疇中，版本與目錄往往並稱，即談目錄離不開版本，而談版本必由目錄。從上世紀初以來，版本學業已成為現代學科體系中的圖書館學、文獻學、中文、歷史和國學等學科的核心課程。在史學中，鄧廣銘先生提出的「四把鑰匙說」廣為人知，版本目錄之學也成為歷史研究者必須掌握的科學方法。〔註28〕在文

〔註26〕顧廷龍：《顧廷龍文集》，上海：上海科學技術文獻出版社，2002 年，第 454 頁。

〔註27〕編委會：《海峽兩岸中華古籍保護論著提要（2011～2015）》，北京：國家圖書館出版社，2017 年。

〔註28〕鄧廣銘說：「在五十年代中期，為了培養學生『向科學進軍』的本領，我曾參照清代乾嘉學者的意見而向學生提出研治史學的四把鑰匙，即職官制度、歷史地理、年代學和目錄學四者。」參加：鄧廣銘：《鄧廣銘全集第 10 卷》，石家莊：河北教育出版社，2005 年，第 183 頁。

獻學中，張舜徽（1911～1992）先生把版本目錄視為是「整理古代文獻的基礎
知識」。〔註29〕在圖書館學中，「圖書館是知識的寶庫，目錄是寶庫的鑰匙」的
比喻也為學人所熟悉。〔註30〕不僅如此，上世紀三四十年代中華圖書館協會編
輯《圖書館學季刊》已將圖書館學和目錄學視為現代圖書學術的一體兩翼，即
離開了圖書館的目錄學，不足以成為現代的圖書之學；離開了目錄的圖書館
學，不足以成為現代的圖書服務。現代的圖書館必須用科學的方法、學術的研
究、文獻的揭示、書籍的典藏為現代學術服務，為文化傳承服務，為現代社會
服務。在國學中，王錦民（1963～）認為目錄就是文獻與學術的結合點，「古
典目錄所顯示的是一個傳統的整體途徑，在這個圖景中的各種學術既有自己
的位置，又可以相互會通。」〔註31〕新世紀以來，圖書館員和學者們的古籍版
本研究成果在文物保護、文化遺產研究、文化、出版、科技、教育、法律、農
業、中國哲學、中醫藥、傳統文化、經學、古典學、中國學、美學、閱讀、國
際交流、古籍保護等學術領域中也有一席之地。古籍版本既有「輔助性科學」
〔註32〕的特點，也隨著古籍工作的開展形成了一個有自身理論和方法特徵的
學問，是一門以傳承中華優秀傳統文化為宗旨、以保護古籍為要旨的實踐之
學，也是一門思考傳統文化如何可能的理論之學，在人文社會科學中有著廣闊
的發展天地。

〔註29〕張舜徽：《中國文獻學》，上海：上海古籍出版社，2005 年。

〔註30〕楊昭悊：《圖書館學》，陳源蒸等主編：《20 世紀中國圖書館學文庫4》，北京：
　　　　國家圖書館出版社，2013 年，第 199 頁。

〔註31〕王錦民：《古典目錄與國學源流》，北京：中華書局，2012 年，第 399 頁。

〔註32〕李致忠：《中國版本學及其研究方法》，《文獻》，2006 年第 1 期，第 10 頁；李
　　　　致忠：《古書版本鑒定（重訂本）》，北京：北京聯合出版公司，2021 年，第 161
　　　　頁。

第一章　見餘軸有遺絃：巾箱與
　　　　巾箱本考

　　今年，公在并州，余守吳門，相去回遠，而音徽如近。且有書來抵曰：
「三川守白君編錄與吾子贈答，緘縹囊以遺餘。白君為詞以冠其前，號曰《劉
白集》。悠悠思與所賦，亦盈於巾箱。盍次第之，以塞三川之誚。」於是緝綴
凡百有餘篇，以《彭陽唱和集》為目，勒成兩軸。爾後繼賦，附於左云。大和
七年二月五日，中山劉禹錫述。

——劉禹錫《彭陽唱和集引》

　　古籍善本研究要對存世的書籍進行人文歷史的考察。知識的歷史形塑著
我們的想像，而我們的想像又對歷史進行著知識的形塑。我們理解歷史不僅要
依靠現實的實物和知識的積累，也要面對推理的想像和歷史的建構，所以當我
們把某一理所當然的事物及其概念當作一種專業的知識加以歷史的考察時，
我們就會發現：「一個具體存在的世界，⋯⋯擁有其偶然擁有的內容及多樣性
的性質和範圍。」〔註1〕而我們的任務在於通過我們的歷史想像和文獻推理將
這種多樣性和偶然性用具體的存在予以揭示。
　　古籍善本由實物、概念、人物和歷史所構成。如同人類社會的其他事物
一樣，很多古籍善本的概念會在歷史的演進過程中得到選擇性的使用，舊有
的含義褪色，新意涵重新著色，或者變成歷史的想像，或者成為隱喻的典故，
或者進入教科書常識，構成了我們認識現實和理解歷史的基礎工具。但是，
正如學者所強調的「格物以致知，致知以窮理」，通過眼前的事物，追溯其歷
史的演進，將有助於我們形成更豐富的知識圖景。本章所關注的「巾箱」即
其中之一。在寫本時代，書籍並不易得，擁有書籍裝具，即我們今天所謂的

〔註1〕〔美〕洛夫喬伊：《存在巨鏈》，張傳友等譯，北京：商務印書館，2015年，第
　　446頁。

書箱，在一定程度上就代表著某人某家的藏書量達到了一定規模，這是知識權力的象徵，因此裝具也可以直接用來形容學問，「青箱」和「巾箱」就是其中的兩個為人熟知的詞彙。這兩個詞都和六朝人有關，前者出自南朝沈約（441～513）的《宋書》，後者出自梁元帝蕭繹（508～554）《金樓子》。〔註2〕

青箱，或許因青史而來。《宋書・王淮之傳》：「王淮之字元曾，琅邪臨沂人。高祖彬，尚書僕射。曾祖彪之，尚書令。祖臨之，父納之，並御史中丞。彪之博聞多識，練悉朝儀，自是家世相傳，並諳江左舊事，緘之青箱，世人謂之『王氏青箱學』。」〔註3〕（《宋書》卷六十）唐張讀《宣室志》四：「（沈）約指（其子）謂（陸）喬：『此吾愛子也，少聰敏，好讀書，吾甚憐之，因以青箱為名言，欲使繼吾學也。』」唐王勃《上明員外啟》：「趨庭洽訓，共歌朱萼之篇；避席承歡，猶守青箱之業。」〔註4〕劉禹錫（772～842）在其兩首詩中皆提及青箱，其一是《衢州徐員外使君遺以縞紵兼竹書箱因成一篇用答佳貺》：「爛柯山下舊仙郎，列宿來添婺女光。遠放歌聲分白紵，知傳家學與青箱。水朝滄海何時去，蘭在幽林亦自芳。聞說天台有遺愛，人將琪樹比甘棠。」〔註5〕（《全唐詩》卷三五九）其一是《南海馬大夫見惠著述三通勒成四帙上自邃古達於國朝採其菁華至簡如富欽受嘉貺詩以謝之》：「紅旗閱五兵，絳帳領諸生。味道輕鼎食，退公猶筆耕。青箱傳學遠，金匱納書成。一瞬見前事，九流當抗行。編蒲曾苦思，垂竹愧無名。今日承芳訊，誰言贈衰榮。」〔註6〕（《全唐詩》卷三六三）從劉禹錫詩篇中可知，唐人把書箱、青箱並用。青箱是書箱，也指代學問本身。

唐代史學家李延壽《南史》中既保留了《宋書》中的「青箱」故事，還製造了「巾箱」典故。後者經過唐宋人的推廣使用，逐漸演變成一種書籍的版本術語，至今仍在使用中。它在長期的使用過程中，具體的意涵和早期的緣起故

〔註2〕袁紅軍：《巾箱本小考》，《蘭臺世界》，2015年第33期，第104～105頁。
〔註3〕〔梁〕沈約：《宋書》，北京：中華書局，2011年，第1623～1624頁。《南史》卷二十四與此略有字句改動：「王淮之字元曾，尚書僕射彬玄孫也。曾祖彪之，位尚書令。祖臨之，父納之，並御史中丞。彪之博聞多識，練悉朝儀，自是家世相傳，並諳江左舊事，緘之青箱，世謂之『王氏青箱學』。」（〔唐〕李延壽：《南史》，北京：中華書局，2011年，第663頁。）
〔註4〕何九盈等主編：《辭源（第三版）》，北京：商務印書館，2015年，第4419頁。
〔註5〕《全唐詩》（增訂本），中華書局編輯部點校，北京：中華書局，2013年，第4057頁。
〔註6〕《全唐詩》（增訂本），第4106頁。

事並不直接相關，出現了歷史的變化，這值得我們思考。

一、問題的提出

　　1944 年，作家、藏書家周越然（1885～1962）的《書書書》由中華日報社在上海初版。這部書以一篇題為《書・書・書》的文章為書名，該文收錄周氏關於書的日記多則。其中，1937 年 5 月 5 日的日記記錄「小版書籍」多種。〔註7〕周氏說，他記得清末有書店賣銅版《四書》，是小冊子，「高約三寸，廣約二寸；可謂書本之至小者矣。此種書專為場屋之用，字小如蟻，非用顯微鏡不能讀其正文或注釋。」周氏說，那時還是科舉時代，這種小版的書籍的用途是什麼呢？他斷定是「場屋之用」，也就是為了考試作弊用的。這裡略有問題的是，顯微鏡傳入中國是相當晚近的事情。中國人雖然在晚明就有了「顯微鏡」的歷史記錄，但真正引進顯微鏡是進入民國之後的事情。〔註8〕晚清時代參加科舉考試的考生，顯然是沒有辦法買一顯微鏡並帶進考場的。而且，無論是 1652 年列文虎克發明的第一臺實用顯微鏡，或者 1665 年羅伯特・胡克發明的顯微鏡，還是 1889 年科勒發明的顯微鏡都是體積較大的設備，絕無可能讓應考的人帶進考場。〔註9〕如果周越然的說法只是文學的修辭，那麼這個說法也不能證明微型書籍就是作弊用的冊子。如果考生連四書都不能熟悉，還能參加何種科舉考試呢？周氏也在其回憶錄中說，在晚清科舉時代，他們想要斬獲「秀才」，需要《四書》爛熟，「湖諺云，『《四書》熟，秀才足』，意謂在前清科舉時代，凡欲獲取此為小功名者，非先將《大學》《中庸》《論語》《孟子》之正文及其小注，仔細記誦不可也。五經固亦重要，但最吃緊之院試（道考），其首題總出自《四書》，而《四書》不熟者，因無書可帶，無從翻閱，則不能下手矣。」〔註10〕所以，我們認為把巾箱本的流行與考試作弊的夾帶關聯起來，並以之為小開本書籍廣為流傳的主因來討論並不準確。周越然本人熟稔版本之學，但並沒有使用「巾箱本」這一版本學術語描述小開本的小冊子，而是用「小版書籍」這一新說法，或

〔註7〕周越然：《書書書》，上海：中華日報社，1944 年，第 207～208 頁；周越然：
　　　　《書與回憶》，瀋陽：遼寧教育出版社，1996 年，第 189～190 頁；周越然：
　　　　《周越然書話》，杭州：浙江人民出版社，1999 年，第 27～28 頁。
〔註8〕戴吾三：《顯微鏡在中國》，《科學》，2015 年第 6 期，第 43～47 頁。
〔註9〕〔美〕亥文：《改變世界的發明》，青島：青島出版社，2014 年，第 55 頁。
〔註10〕周越然：《書與回憶》，第 215 頁。

許有其別樣的考慮。

至於他珍藏的小版書，最值得一說的是元刻本《山堂先生章宮講考索》。該書行款格式是，半葉十三行，行二十字，白口，左右雙欄，板框高約四寸，廣約二寸。周氏還說，他見到西文書《新約》，也是小版本，高一英寸之四分之三，廣一英寸之八分之五，厚一英寸之八分之三。〔註11〕據《第一批國家珍貴古籍名錄圖錄》，中國書店存有《新刊山堂先生章宮講考索甲集》十卷（即《山堂考索》），為南宋金華曹氏中隱書院刻巾箱本，框高 10.6 釐米，廣 6.9 釐米，半頁十三行，行二十字，白口，左右雙欄；北京大學圖書館、上海圖書館、天津圖書館、福建省圖書館等館藏元延祐七年（1320）圓沙書院刻《山堂先生群書考索》則是大開本，框高 16.3 釐米，廣 10.7 釐米，半葉十五行，行二十四字，黑口，四周雙邊。〔註12〕《山堂考索》有巾箱本和常規版本，其中較為有名的是中隱書院巾箱本，不知周氏為何不曾使用這樣的術語。我們細讀周氏文字可以發現，他只是認為書籍中的這類尺寸較小的比較特殊而已。周氏在日記中還說，他知道常熟瞿氏也曾有一部元刻本《山堂考索》，但對方著錄的是十五行，二十四字，「想與余家所藏者不同也。」豈止是不同。瞿氏所藏之本是元刻本，周氏所藏是宋刊巾箱本。若以今日古籍善本價值而論，不可以道里計。〔註13〕周氏回憶清末書店售賣的《四書》，是小版本，他覺得是考試用書；對於他收藏的元刻本和英國人收藏的《新約》小版本的用途就沒有做過多的推測。周氏還說，他印象中宋刊元槧之類的古書大都是尺寸高大的，小版本就比較罕見了。

由此可見，周氏雖然記錄了他對小版本古書的所見所思，但限於所識所知，不可避免有偏差。周越然先生的書話多次再版，流傳頗廣，讀者有古籍善本的愛好者，也有專家學者。專家學者們若是引用周氏關於小版本書籍的記錄來論證其說，或許就會因此進一步發生偏差。〔註14〕我們注意到，周炳輝輯周

〔註11〕周越然：《書書書》，第 207～208 頁；周越然：《書與回憶》，第 189～190 頁；周越然：《周越然書話》，第 27～28 頁。

〔註12〕國家古籍保護中心：《第一批國家珍貴古籍名錄圖錄》（第 3 冊），北京：國家圖書館出版社，2008 年，第 252～253 頁。

〔註13〕周越然：《書書書》，第 208 頁；周越然：《書與回憶》，第 189～190 頁；周越然：《周越然書話》，第 27 頁；周越然：《言言齋古籍叢談》，周炳輝輯，瀋陽：遼寧教育出版社，2001 年，第 9 頁。

〔註14〕其中一個較為明顯的例子是：程千帆、徐有富《校讎廣義‧版本編》中對雕版

越然《言言齋古籍叢談》也收錄了前述周氏日記，並題「古書之小者」。這裡沒有收錄清末《四書》小版本及其用途的文字，或者編集者認為那是周氏的想像文字就不予採納？此書文字還表明，周氏所藏的《山堂考索》準確題名是《新刊山堂先生章宮講考索》，「新刊」二字在周氏《書書書》一文中缺失，而且周氏所存僅僅為該書「卷九《丙集‧禮門》第一葉」而已。〔註15〕

　　我們認為，實有必要由此出發展開對小版本書籍也就是古籍善本中的「巾箱本」的歷史考察。要回答關於巾箱本的諸多問題，比如，巾箱是存放頭巾的小箱子嗎？巾箱有多大？它的用途是什麼？巾箱對於書籍來說意味著什麼？唐宋時期是否還有其他關於巾箱及巾箱本的記載？從寫本時代至刻本時代，人們對於巾箱本的認識有何種變化？這種變化意味著什麼？瞭解巾箱本對於我們理解古代的書籍制度有何價值？

　　近年來已有研究者注意到巾箱本的問題。檢索文獻可知，學者關注了《春秋經傳集解》《孟子趙注》《廣韻》《袖珍四書》《荀子》《史記菁華錄》《孔叢子》《本草綱目》《清真集》《三蘇先生文粹》《琵琶記》《儒林外史》等書的巾箱本，撰寫過版本的考證文章。〔註16〕他們的文章或者對具體的版本展開論

───────────

　　　時代古籍進行了多種層級的分類，以刻書時代、地域、刻書單位、形式、刻印情況、流通情況等對古籍善本進行區分。其中，形式的分類包括巾箱本（袖珍本）、大字本中字本小字本、寫刻本、朱印本藍印本、朱墨本套印本、插圖本和兩節版三節版等七種類型。他們認為，巾箱本是古籍善本的一種特殊形制。在他們看來，巾箱本之所以從宋代流行到清代，其中一個原因是這類書便於科舉考試的作弊使用，「這種挾帶之風一直延續到清末，因而巾箱本也仍然流行不衰。」他們佐證其說的資料就是周越然在《書書書》一文的推想。（程千帆：《程千帆全集第一卷　校讎廣義版本編》，石家莊：河北教育出版社，2000年，第184頁；程千帆、徐有富：《校讎廣義　版本編》（修訂本），北京：中華書局，2020年，第191～192頁。）

〔註15〕周越然：《言言齋古籍叢談》，第9頁。
〔註16〕趙燏黃：《本草綱目的版本》，《中國藥學雜誌》，1955年第8期，第354～357頁；吳則虞：《清真詞版本考辨（附版本源流表及清真集考異）》，《西南師範學院學報》，1957年，第55～69＋127頁；高正：《〈荀子〉宋槧考略》，《文獻》，1991年第2期，第232～244頁；沙虹：《巾箱本與清代文言小說的傳播》，《文史雜誌》，2008年第6期，第24～25頁；高正偉：《〈孟子趙注〉版本源流考述》，《圖書館雜誌》，2012年第2期，第75～81＋74頁；林琳，傅亞庶：《〈孔叢子〉宋代刻本考》，《蘭臺世界》，2015年第33期，第117～118頁；方韜，劉麗群：《國圖藏宋刊巾箱本〈春秋經傳集解〉考論》，《文獻》，2017年第1期，第49～60頁；李致忠：《宋刊巾箱本〈萬卷菁華〉考論》，《山東圖書館學刊》，2019年第4期，第1～4頁；楊麗：《南宋〈三蘇先生

述，或者對此一類型的版刻予以解釋。〔註17〕這些個案的考察以及類型的思考，為我們展開巾箱本的考證提供了豐富的學術資源。從上述現代學者論著可知，關於巾箱本緣起的歷史資料，來自葛洪集《西京雜記》、李延壽《南史》、戴埴《鼠璞》及佚名《漢武內傳》等文獻。涉及宋元以來的各種古籍善本，既有考試用書，也有非考試用書；既有嚴肅的學術著作，也有日常閱讀的戲曲小說。這些考證文章為我們進一步討論巾箱本提供了不少資料。

　　巾箱本不僅有古代的遺存，更有當代人的再造，可見這一類型的書籍不僅具有歷史的考證價值，也有藝術市場的價值。那麼，我們當如何認識巾箱本呢？清乾隆五十五年（1790）沈峙庵刊《西樓記》巾箱本，他說該書「向有舊本，不便取攜，爰付剞劂，改為短幅，庶幾閱者登山臨水，取之袖中，隨時可探其秘妙也。」〔註18〕傅旋琮《崇賢館巾箱本序言》說：「巾箱本，具有這種袖珍樣式並便攜的特點。因其被置於巾箱中，則見巾箱本並非主人僅限於書房閱覽，而是更可於閑暇休憩間隨手翻閱品讀的小書，亦可能是主人極為珍視、須臾不可離的珍愛之作。」〔註19〕據李勇慧《王獻唐著述考》可知，王獻唐先生曾在1932年4月9日寫了日記，考證了「巾箱本」的本義。李勇慧說：

　　　　《「巾箱」詞義考》手稿本，文載《顧黃書僚日記》。原無題名，
　　筆者（李勇慧）輯自《顧黃書僚日記》並擬名。成於1932年4月9
　　日，乃考古籍「巾箱本」之本義，以及「巾箱本」古今詞義之不同。
　　王獻唐通過考證《華嚴經音義》《文選‧西京賦》《宋孝武宣貴妃誄》
　　《齊宗室傳》等歷史文獻資料，認為《西京賦》《宣貴妃誄》兩文記
　　載的「巾箱」只是指書箱，不限巨冊小本。而當今所見之「巾箱本」，
　　版冊皆極小，或因傳言「細寫《五經》」一語推演為之。今之巾箱本，
　　實即夾袋本，美其名曰「巾箱」，名實並不相符者也。王獻唐對古籍

　　　文粹〉版本考》，《文化創新比較研究》，2019年第3期，第48～49頁；徐
　　　洋：《宋巾箱本〈廣韻〉校讀札記》，《齊魯師範學院學報》，2019年第5期，
　　　第144～149頁；高巖：《從巾箱本看〈琵琶記〉古今版本演變及戲曲史意義》，
　　　《勵耘學刊》，2019年第2期，第322～341頁。
〔註17〕李鵬：《略說巾箱本》，《文史知識》，2010年第8期，第49～53頁；陸華、李
　　　業才：《「巾箱」考略》，《南北橋》，2011年第7期，第1～2頁；袁紅軍：《巾
　　　箱本小考》，《蘭臺世界》，2015年第33期，第104～105頁。
〔註18〕蔡毅：《中國古典戲曲序跋彙編》，濟南：齊魯書社，1989年，第1458頁。
〔註19〕傅璇琮：《崇賢館巾箱本序言》，《尋根》2015年第2期，第111頁；《天一閣
　　　文叢》第13輯，2015年，第247頁。

「巾箱本」的這一觀點，應引起古籍界的重視。〔註20〕

　　據此可知，王獻唐先生在民國時已注意到「巾箱」值得進行溯源式的歷史考證，他提出的名不副實的巾箱為何又為人民所喜愛呢？我們認為有必要進行深入考察，為人們提供一種更為細緻且豐富的歷史文獻知識。

二、頭巾箱中

　　古籍善本最為直觀的是書本的大小各異。大者為字大如錢，開本宏闊；小者則為頗如毫髮，巾箱袖珍。在諸正常書冊之外，小巧的本子別有其書冊淵源。諸多有關古籍善本的書籍以及有關傳統文化的辭書中，大都立有「巾箱本」條目。比如，《辭海文化體育分冊（第2版）》「巾箱本」條：「巾箱本。版本較小的古書。南宋戴埴《鼠璞》：『今之刊印小冊，謂巾箱本起於南齊衡陽王（蕭鈞）手寫《五經》置巾箱中。……今巾箱刻本無所不備。』巾箱是古時裝頭巾的小篋；因書型特小，可裝在巾箱裏，便於攜帶，故名。」〔註21〕

　　《簡明古籍辭典》「巾箱本」條：「版本較小之古書。南宋戴埴《鼠璞》：『今之刊印小冊，謂巾箱本，起於南齊衡陽王（蕭鈞）手寫《五經》置巾箱中。』巾箱為古時裝頭巾之小篋，因書型特小，可裝在巾箱裏，便於攜帶，故名。後世亦稱巾箱本為袖珍本。」〔註22〕

　　《古籍版本知識500問》「巾箱本」條：「巾箱本：指古時開本極小，可以放在巾箱裏的書本」，「無論是手寫本書，還是刻印書，只要是開本較小，於隨身攜帶的巾箱小篋中能夠裝下，就都可以成為巾箱本。在實踐上，與袖珍本概念極難區分。」〔註23〕

〔註20〕李勇慧：《王獻唐著述考》，濟南：山東教育出版社，2014年，第319頁。王獻唐之所以注意巾箱本，或與他本年年底為齊魯大學講授目錄版本之學有關，但查閱《王獻唐年譜長編》，本日未見有相關記錄。詳：張書學、李勇慧：《王獻唐年譜長編1896～1960》，上海：華東師範大學出版社，2017年，第248頁。

〔註21〕辭海編輯委員會：《辭海　文化、體育分冊（第2版）》，上海：上海辭書出版社，1981年，第25頁。《辭海（第六版彩圖本）》對「巾箱本」的解釋做了修訂：「巾箱本。版式短小的書本。巾箱，古時裝頭巾的小篋。因書型短小，可裝在巾箱裏，方便攜帶，故名。南宋戴埴《鼠璞》：『今之刊印小冊，謂巾箱本，起於南齊衡陽王（蕭鈞）手寫《五經》，置巾箱中。……今巾箱刻本無所不備。』」（夏徵農等主編：《辭海：第六版彩圖本》，上海：上海辭書出版社，2009年，第1118頁。）

〔註22〕胡道靜：《簡明古籍辭典》，濟南：齊魯書社，1989年，第66頁。

〔註23〕李致忠：《古籍版本知識500問》，北京：北京圖書館出版社，2001年，第393頁。

《中國古籍版刻辭典》「巾箱本」條：「巾箱本。巾箱是古代裝頭巾的小箱子。凡書的版型特小，可裝在巾箱裏面（形容其小的程度）的，稱為巾箱本。語見戴埴《鼠璞》。參見袖珍本條。」〔註24〕

《辭源（第三版）》「巾箱本」條：「巾箱本。小板本的古書。《西京雜記》葛洪序：『後洪家遭火，書籍都盡，此兩卷在洪巾箱中，常以自隨，故得猶在。』南齊衡陽王蕭鈞常手寫五經為一卷，放巾箱中，以備遺忘，名巾箱五經。見《南史・齊衡陽王道度傳附蕭鈞》。此指有刻本以前的手寫小本，後因稱刊印的小冊為巾箱本，至南宋時尤盛行，多作科場夾帶之用。參閱宋戴埴《鼠璞・巾箱本》。因其可藏於袖內，故又稱袖珍本。如清刊《古香齋袖珍十種》。」〔註25〕

從以上知識條目我們可以知道，「巾箱本」是對特定形制的古籍的一種稱謂，其主要特點是：（1）它是中國古代書籍的一種樣式，是對一類書籍的傳統稱謂。（2）這類書的特點是小冊或小本，主要是開本比較小，至於它的小的尺寸上限和下限是多少並不清楚。（3）它的命名源自中古時期，能找到的源頭是南北朝時期南朝齊的宗室蕭鈞，他首創了巾箱五經，是他親手書寫的小字版本，而記錄這一歷史故事的作者是唐代的史學家李延壽。（4）它在雕版刷印成熟之後有特定的讀者群，即參加考試的學生，其中一項作用可能是考試夾帶作弊。（5）最早記錄「巾箱本」這一概念的是南宋理宗時期（1225～1264）的作家戴埴所著《鼠璞》一書。該書完整版本已佚，只有宋咸淳年間（1265～1274）的《百川學海》一書中保存了98條，「巾箱本」為其中一條。（6）之所以叫巾箱本，原因是小本書籍可以裝進存放頭巾的小箱子裏面。這種書的得名是因為存放工具而有了一個奇特的稱呼。（7）放頭巾的箱子就是巾箱，這一說法沒有任何史料來源，是當代人根據「巾箱」二字拆解訓讀的。

以上就是一般辭書給我們的「巾箱本」的當代知識。這些具有時代特點的解釋不管是《辭海》《辭源》之類的大型辭書，還是版刻類的專業辭書，內容在很大程度上是「重複」的，按理說，「一個被不斷重複卻從未遇到駁難的陳述必定是真的」，〔註26〕而且又有各種古籍文獻作為支撐，其真實性

〔註24〕瞿冕良：《中國古籍版刻辭典》（增訂本），蘇州：蘇州大學出版社，2009年，第23頁。

〔註25〕何九盈等主編：《辭源（第三版）》，第1298頁。

〔註26〕〔美〕施特勞斯：《迫害與寫作藝術》（2版），劉峰譯，北京：華夏出版社，2020年，第18頁。

更不容置疑。但哲人提醒我們要注意這種重複，往往是時代的聲音，因為古人是否也與我們一樣理解同樣的詞彙並不清楚，至少我們從辭書引用的文獻中沒有辦法得到一一的印證，唯一可以確定的是「巾箱本」這個詞彙並非當代人的新詞，能夠追溯的文獻起源在寫本時代向刻本時代過渡的時期。我們知道的是，當代辭書的知識大都來自諸多專業學者們的解釋。既然「巾箱本」和古代書籍有關，那麼有關它的知識就出自古籍版本的專家著作。〔註27〕我們且以其中幾種為例說明之。

　　毛春翔（1898～1973）《古書版本常談》一書曾經廣為流傳，有各種不同的版本。1962 年，《古書版本常談》一書初版，在該書中毛氏將巾箱本作為一種特殊的版本樣式加以揭示。在介紹宋、遼、金、明、清刻本之後，毛氏列「巾箱本」條，其後為活字本、套印本、書帕本、抄本、稿本、校本等等。〔註28〕毛氏說，本子小的古籍就是版本學上所謂的巾箱本，當代人則稱之為袖珍本。也就是說，巾箱本其實是讀者根據書本的大小而論的。從目前古籍的著錄來說，善本的著錄多注意的是板框大小，板框小的一般而言均是小本，但板框只是書板的大小，並不是書本的大小，因此，需要注意的是，「巾箱本」是指「書

〔註27〕當然，並非當代的所有版本學教材都會討論巾箱本，比如嚴佐之：《古籍版本學概論》（1989）、黃永年《古籍版本學》（2009）、曹之《中國古籍版本學》（2015）等基本上對此並未予以過多的關注。其中，嚴佐之只是在版本名稱的分類介紹中提及巾箱本是一種按裝幀形式特點來類分的版本概念，他認為裝幀特點定義的古籍有「卷子本、簡冊本、蝴蝶裝本、包背裝本、經摺裝本、梵夾裝本、旋風裝本、線裝本，以及書帕本、巾箱本、袖珍本等。」（嚴佐之《古籍版本學概論》，上海：華東師範大學出版社，1989 年，第 16 頁）。而曹之則不同意嚴氏這種「裝幀說」，他提出了「版式說」，即「以版式區分，有巾箱本、兩節版本、三節版本、百衲本、黑口本、配本等。」曹之對巾箱本做了簡單定義，即「巾箱本──指那些版式較小、便於攜帶的本子。『巾箱』之名始於漢代，《漢武內傳》云：帝見王母巾箱中有一小卷書，盛以紫錦之囊。（〔隋〕虞世南：《北堂書鈔》卷一三五）」而巾箱本則是南北朝時期的蕭鈞曾寫巾箱五經。（曹之：《中國古籍版本學》（3 版），武漢：武漢大學出版社，2015 年，第 47 頁）黃永年專門提及了書冊制度，他說「書冊制度，是指書籍的形式，再具體點可以說是單指書籍的外形，而不包括書籍的內容，也不包括書籍的材料，以及抄寫、刊刻或其他印刷的方法。」他認為書冊制度是隨著書籍的材料和抄印的方法演變而演變的，具體而言中國古代的書冊制度經歷了簡冊（簡策）、卷軸（卷子）和冊葉等三大制度的時間演變。（黃永年：《古籍版本學》（2 版），南京：江蘇教育出版社，2009 年，第 49 頁。）

〔註28〕毛春翔：《古書版本常談》，中華書局上海編輯所編輯，上海：中華書局，1962 年，第 66～67 頁；《古書版本常談（插圖增訂本）》，上海：上海古籍出版社，2002 年，第 86～87 頁。

本」而非「書板」。毛氏說，從文獻考據的角度來說，巾箱本的說法，在正史和雜記中皆有。正史中最早的可見的是唐人李延壽《南史·齊衡陽王鈞傳》，雜記則出自晉朝人葛洪《西京雜記序》。

毛氏提醒我們，不管是早出的《西京雜記》，還是《南史》皆非後世古籍善本學者所確認的巾箱本。其說有幾個方面：第一，《西京雜記》的作者並不明確，將其視為葛洪著作是唐代人的說法，所以所謂的葛洪序中說將手抄本放在巾箱中云云，未必就是晉朝故事。第二，史傳中南朝齊王蕭鈞的故事，僅僅提及他將抄本五經放在巾箱中，是為巾箱五經，並沒有「巾箱本」這個概念。第三，將「巾箱五經」改為「巾箱本」是南宋人戴埴的首創。他在《鼠璞》一書中列出「巾箱本」的條目，溯源至南朝齊王蕭鈞。另外，戴氏還對南宋時巾箱本的流傳情況作了描述，即到了南宋時，各種書籍皆有巾箱本的樣式，遠不止「巾箱本五經」。由於這種巾箱本中的某些版本甚至影響到了科舉考試，所以有寧宗嘉定年間學官楊璘報請朝廷對小板的舉業用書予以禁燬，他的請求得到了政府的批准。第四，元明時期，巾箱本的書籍所見較少，清代又開始流行起來。比如乾隆時期姚培謙刻《世說》，長工部尺一寸八分，寬一寸一分。

與毛春翔《古書版本常談》類似，施廷鏞（1893～1983）《中國古籍版本概要》一書也將巾箱本提到了重要的版本學位置。該書將版畫和套版印本、餖版與拱花、百衲本、巾箱本、活字本、抄寫本、手稿本、描潤本等同列一章，題「各種版本」。施廷鏞亦引戴氏《鼠璞》說，並說：「巾箱本之名，始於南齊，而盛於宋。」施氏說，版本學家公認的巾箱本有《九經白文》，板框高 15.5 釐米。宋元明清刊刻書籍中，他所知的有《婺本點校重言重意互注尚書》，宋刻，版框高 10.5 釐米；《新編事文類聚翰墨全書》，元大德十一年麻沙坊刻，鐵琴銅劍樓舊藏，版框高 15.5 釐米；《詳注東萊先生左氏博議》，元刻本，板框高 14 釐米；《花間集》，明萬曆三十年玄覽堂刊本，板框高 10.6 釐米。清代乾隆時期有武英殿《古香齋十種》，和碩親王明善堂《易本義》，蘭陵孫氏嘉慶三年刻《岱南葛從書》、鮑廷博《知不足齋叢書》等。〔註29〕施廷鏞說，從所見的古籍善本來說，小型的本子，均為巾箱本，也可稱之為袖珍本，這種類型的古籍「多至不可勝數」，因此可以視為一種較為典型的版本樣式。

1983 年，為了讓圖書館系學生初步掌握古代書籍史知識和版本鑑別知識，

〔註29〕施廷鏞：《中國古籍版本概要》，張秀民校，天津：天津古籍出版社，1987 年，第 88～89 頁。

使之能夠勝任圖書館的古籍整理工作，並為版本學研究和古籍整理能力的培養打下基礎，上海大學圖書館學系編印了《古籍整理與版本》一書。〔註30〕這部油印的版本教學資料側重中國古代書籍史和版本的鑒別，編者認為圖書館古籍整理工作必須要有此兩種知識才堪勝任。該書第二章「宋代刻本」分為概述、官刻本、坊刻本、私刻本、巾箱本、著名珍本、行款版式裝幀特點以及關於宋版書的評價等八個部分。該書將「巾箱本」與「纂圖互注本」放在一起加以介紹。他們認為，巾箱本的書籍從寫本時代到刻本時代都存在，特點是形制小，類似國外的口袋書（pocket edition）。至於歷史的記錄，可知的至少有兩條，即《南史》中的《齊衡陽王鈞傳》「鈞嘗自手書《五經》為一卷，置於巾箱中」，「巾箱中有五經」，「諸王效為巾箱五經。巾箱五經，自此始也」和葛洪輯錄的《西京雜記》「此二卷在洪巾箱中，常以自隨」。他們認為，這兩條史料中所謂的巾箱，是形制小的箱子，在這類箱子中存在的書籍也自然是形制較小的手抄本。而刻本的巾箱本則是宋代故事，有一條史料見於南宋人戴埴《鼠璞》。戴氏首次將巾箱本的起源歸於南齊王室蕭鈞，並聲稱他所知的是到了南宋時「巾箱刊本無所不備」，被學官相璘注意到，他曾專門上疏報告，請求禁止某種類型的小板。雖然戴埴說「第挾書，非為巾箱之藏」。但當代的解讀者卻無不由戴氏的記錄推斷，當時的巾箱本或者至少小冊子「是為了科場舞弊之用，一直鬧到被禁止的地步。但又未被禁絕，蓋名利之所在，趨之者若鶩，為達目的而不擇手段的。後來巾箱本書的刊刻目的，已非蕭鈞當時備小本五經的初衷了。」〔註31〕

　　圖書館學者注意到，宋元明以來刊本巾箱本存世者不止經書，子史集皆有：「有不分卷《九經》。婺州刻本《點校重言重意互注尚書》，此本長四寸，寬不及三寸。《京本點校附音重言重意互注禮記》，長三寸半，寬二寸半。《纂圖附音重言重意互注尚書》，長三寸一分，寬二寸。淳熙三年阮氏種德堂刊《春秋經傳集解》三十卷，十行行十八字，高四寸八分，寬三寸四分。〔註32〕《名

〔註30〕上海大學圖書館學系編：《古籍整理與版本（上）》，油印本，1983 年。據陳先行先生介紹，該書由邵勝定先生編寫，曾為編寫教材到上海圖書館向顧廷龍先生請教過。

〔註31〕上海大學圖書館學系：《古籍整理與版本（上）》，第 64 頁。

〔註32〕據陳先行先生指點，楊守敬、繆荃孫、葉德輝等版本學家所認定的「宋淳熙三年阮氏種德堂刻本《春秋經傳集解》」並非小字本。現存宋蜀刻本為大字本，匡高 23.5 釐米，廣 16.5 釐米，半葉八行，行十六字，注文小字雙行，行二十一字，白口，左右雙邊。而小字本是明代的翻刻本。詳，陳先行：《古籍善本》，上海：上海人民出版社，2020 年，第 77 頁。

公增修標注隋書詳節》，高三寸半，寬二寸。元刊巾箱本有黑口《新刊東垣先生蘭室秘藏》。明代也有小冊書的刊刻。葉德輝藏明刻《永嘉八面鋒》，長只清工部尺二寸六分，寬一寸七分。」〔註33〕這些「巾箱本」類型的古籍善本，板框尺寸從近三寸至近五寸，即 10～16 釐米左右；寬則在二寸至三寸之間，即 6.5～10 釐米左右。清代的小版書尺寸有小於宋元巾箱本尺寸的，比如：「乾隆十三年姚培謙刻《世說》，長只工部尺一寸八分（約 6 釐米），寬一寸一分（不及 4 釐米）。又乾隆中蘇州彭氏刻《論語》和《孟子》注疏兩種，行、字極細密，長二寸二分（約 7.5 釐米），寬一寸七分（約 6 釐米）。」彭氏刻本相當精緻，大概是仿照了前代的版本加工，有書商將刻書序文撤去，冒充宋版賣予那些想要收集珍本的買主，據說甲骨文的發現者王懿榮曾從北京琉璃廠的舊書店畫重金購買過其中一部，他以為是宋刊本。一般來說，清代的小版本古籍要比上述宋元刻巾箱本更小一些，所以又有袖珍本的稱呼；由於以前宋元巾箱本多藏於深宮，或被藏書家秘不示人，清代藏書市場流通的更多是清人製造的這種袖珍本小冊，故而人們往往將袖珍本與巾箱本視為同類型古籍的不同稱呼。

至於巾箱本的特色，他們認為，它無外乎兩條：其一，由於可以隨身攜帶，它自然是擁有者較為重視的書，也是常翻閱的書，因此其用途就是便利閱讀。據說「弘曆屢遊江南，所讀《通鑑纂要》，為了便於攜帶，命內廷寫工牛毛用小楷寫成，筆劃極清晰工整，用巾箱裝。」其二，既然宋人已經記錄過有考生夾帶小冊子，那麼也應該有這方面的用途。〔註34〕

除了古籍版本學著作在論及宋元刻本時要花一定篇幅來談巾箱本之外，印刷史研究者也會將這一類型的書籍作為古代印刷的特例加以介紹。比如張秀民《中國印刷史》〔註35〕在談及雕版印刷黃金時代的宋朝時，對宋代刻書地點、刻本內容、宋板特色、書禁與板權、蠟板的創始、官私藏書以及報紙、紙幣等其他印刷、印刷物料等皆有詳細的解說。在「宋版特色」之「字體」時曾說，從字體的大小而言，宋版書有四種規格，即細字、小字、中字和大字。大字本的好處是便於老眼，但從經濟角度來說就不划算了。板料、紙墨等等

〔註33〕上海大學圖書館學系編：《古籍整理與版本（上）》，第 64～65 頁。
〔註34〕上海大學圖書館學系編：《古籍整理與版本（上）》，第 64～65 頁。
〔註35〕張秀民：《中國印刷史》，上海：上海古籍出版社，1989 年，第 161～162 頁；張秀民：《中國印刷史（插圖珍藏增訂版）》，韓琦增訂，杭州：浙江古籍出版社，2006 年，第 117～118 頁。

成本高，又不便於攜帶，為了滿足一般讀者的需要，出版者往往會在完成大字本之後再改為小字本，比如北宋官刻的醫書，剛開始就是大字大開本，這類書對於普通醫生來說價格較高，難以購置。為了讓更多的醫生能買得起，官本刻書機構會重刊小字本。更多的則是經書，因為大部分讀書人未必有財力購買開本闊大的書，大冊書的銷路也不會太好，刻書機構就會刊行小字本。但對於不少人來說，巾箱本的字太小，會影響閱讀效果，於是就有了所謂的「不大不小之中字體」，改中字體刊行的，往往會是以盈利為目標的機構，比如淳熙三年廣德郡齋刊《史記》，就是用蜀刻小字本改為中字的。王安石的《百家詩選》也是此種小字版本，可以直接放在懷袖之中。它的特點是「本小價廉，攜帶便利。」張先生所經眼的有《石壁精舍音注唐書詳解》《新編分類增注正誤決疑韻式》《太學分門增廣聖賢事實》等。這些小開本的書籍，因為可以納入到手袖，所以也可以稱之為袖珍本。〔註36〕這裡，我們可以看到張先生將袖珍本與巾箱本等同視之。

　　總之，古籍研究的學者們在介紹中國古籍善本的時候，為我們提供了關於「巾箱本」在內的各種知識，同時也讓我們知道了巾箱本這一類型的古籍中多有世傳善本，這些善本為我們瞭解古代歷史文化提供了寶貴的資料。我們看到，以上這些著作中關於「巾箱本」的價值判斷和清代至民國時期版本學家的論述密切相關。

三、藏諸巾箱

　　巾箱，也可以指代尚未出版的書。如明郝敬《史漢愚案跋》謂：「諸條，皆披卷時隨筆草創，狼藉巾箱，棄之可惜。潤色又久無暇時，漫付兒曹，存吾手澤云爾。」出版前的手稿，就是「狼藉巾箱」，版印之後則未可為巾箱矣。又如，清楊宜崙《〔嘉慶〕高郵州志》卷之十云：「李基簡字雍南，號雪鄰。鄉賢必恒子。天性敦篤，木訥蹇言辭而善屬文。家故饒，後中落。基簡不問生計，日取先世藏書讀之，手錄蠅頭細字，高二尺許，名曰《巾箱脞錄》」（清道光二十五年范鳳諧等重校刊本）又，民國楊肇基《〔民國〕邯鄲縣志》卷十云：「王琴堂字韻泉號嘯山，光緒甲辰（1904）成進士。……會本縣修志，先生任總纂，方竣稿而先生卒。遺書數種，曰《唾餘軒文集》二卷，曰《嘯山

〔註36〕張秀民：《中國印刷史》，第 161～162 頁；張秀民：《中國印刷史（插圖珍藏增訂版）》，第 117～118 頁。

散體尺牘》一卷，曰《讀鑒地理匯鈔》六卷，曰《說文分韻附注》五卷，悉藏諸巾箱中，洵不朽之盛業。」（民國二十八年刊本）從這幾條記錄我們可以知道，這裡的巾箱，其實指代的是未刊刻的寫本。也就是說，凡是經作者手書，未曾刊刻的寫本皆能與「巾箱」聯繫起來。這也就提醒我們，關於巾箱及巾箱本的考察必須分圍繞寫本與印本兩個範疇展開討論，否則無法對這一概念有較為深入的理解，也無法解釋前人為何要在不經意間使用這一詞彙。首先，我們可以從最早記錄「巾箱五經」的作者李延壽所處的唐代開始梳理相關史料。周勳初主編的新版《唐人軼事彙編》《宋人軼事彙編》中有三條與此相關的文獻：

其一，唐皇甫枚《三水小牘》上記載：「丞相元稹之鎮江夏也，嘗秋夕登黃鶴樓，遙望河（漢）江之湄，有光若殘星焉，乃令親信某往視之。某遂棹小舟直詣光所，乃釣船中也。詢彼漁者，云適獲一鯉，光則無之。親信乃攜鯉而來。既登樓，公庖人剖之，腹中得鏡二，如古大錢。以面相合，背則隱起雙龍，雖小而鱗鬣爪角悉具。既瑩，則常有光耀，公寶之，置臥內巾箱中。及相公薨，鏡亦亡去。」〔註37〕（《太平廣記》二三二引，《唐人軼事彙編》卷二十）元稹將寶鏡藏於「臥內巾箱中」，說明巾箱乃是物主人看重的藏寶箱子，這種箱子是達官貴族使用的日常用具。它也是士人收藏文字相關物品的設備。

其二，唐范攄《雲溪友議》下：「盧渥舍人應舉之歲，偶臨御溝，見一紅葉，命僕搴來。葉上乃有一絕句，置於巾箱，或呈於同志。及宣宗既省宮人，初下詔，許從百官司吏，獨不許貢舉人，後亦一任。范陽獲其退宮，睹紅葉而籲怨久之，曰：『當時偶題隨流，不謂郎君收藏巾篋。』驗其書，無不訝焉。詩曰：『水流何太急，深宮盡日閒。殷勤謝紅葉，好去到人間。』」〔註38〕（《太平廣記》一九八引，《詩話總龜》前集二三，《唐詩紀事》五九。《唐人軼事彙編》卷二十七）盧渥將寫有詩句的紅葉藏於巾箱，文中又提及「巾篋」，說明巾箱與巾篋是同一物，唐人也有稱箱篋、箱笥的，是藏詩文的箱子，也就是書箱。紅葉絕句的故事傳播很廣，主人公除了盧渥之外，還有另外一位唐人叫李茵者。李茵的故事出自宋人孫光憲《北夢瑣言》卷九，其云：「進士李茵，襄陽人。嘗遊苑中，見紅葉自御溝流出，上題詩云：『流水何太急，深宮盡日

<hr />

〔註37〕周勳初：《唐人軼事彙編》（2版），上海：上海古籍出版社，2015年，第1107頁。

〔註38〕周勳初：《唐人軼事彙編》（2版），第1501頁。

閒。殷勤謝紅葉，好去到人間。』茵收貯書囊。」〔註39〕（《唐人軼事彙編》卷二十八）宋代人將故事時，不僅換掉了主人公，還把「巾箱」改成了「書囊」。這說明宋代作家在寫作時根據當時的習慣把同一對象的名稱做了改動。

其三，宋岳珂《桯史》卷十載：「山谷在宜州，嘗大書《後漢書・范滂傳》，字徑數寸，筆勢飄動，超出翰墨逕庭，意蓋以悼黨錮之為漢禍也。後百年，真蹟逸人間，趙忠定得之，寶置巾篋，縉紳題跋，如牛腰焉。既乃躬蹈其禍，可謂奇讖。嘉定壬申，忠定之子崇憲守九江，刻石郡治四說堂。」〔註40〕（《宋人軼事彙編》卷二十四）趙忠定得到了黃庭堅墨書手跡，藏於巾篋，也就是巾箱之中，「寶置巾篋」說明巾箱是用來收藏與文物古籍有關的珍貴物品的。

從上述三條史料可知，所謂巾箱在唐宋時期的士人作家那裏，是收藏其所珍惜物品的容器，或藏寶鏡、或藏紅葉絕句、或藏前人翰墨。無一例外的，這些都是收藏者非常看重的對象。唐代人的作家、詩人等知識分子把書箱寫成巾箱，似乎是很常見的情況。今檢索《全唐詩庫》〔註41〕可知，「巾箱」也有被唐代詩人寫進詩句的。雖然只有三首提及巾箱，無一例外皆與書箱有關，分別是：

元積《表夏十首》之二：「初日滿階前，輕風動簾影。旬時得休浣，高臥閱清景。僮兒拂巾箱，鴉軋深林井。心到物自閒，何勞遠箕潁。」〔註42〕（《全唐詩》卷四〇二）

皮日休《新秋即事三首》之三：「露槿風杉滿曲除，高秋無事似雲廬。醉多已任家人厭，病久還甘吏道疏。青桂巾箱時寄藥，白綸臥具半拋書。君卿唇舌非吾事，且向江南問鱸魚。」〔註43〕（《全唐詩》卷六一四）

徐鉉《以端溪硯酬張員外水精珠兼和來篇》：「請以端溪潤，酬君水玉明。方圓雖異器，功用信俱呈。自得山川秀，能分日月精。巾箱各珍重，所貴在交情。」〔註44〕（《全唐詩》卷七五五）

〔註39〕周勳初：《唐人軼事彙編》（2版），第1567～1568頁。
〔註40〕周勳初：《宋人軼事彙編》，上海：上海古籍出版社，2015年，第1728～1729頁。
〔註41〕鄭州大學網絡管理中心：《全唐詩庫》，http://www.16.zzu.edu.cn/qtss/zzjpoem1.dll/query〔2021-01-25〕
〔註42〕《全唐詩》（增訂本），中華書局編輯部點校，北京：中華書局，2013年，第4505頁。
〔註43〕《全唐詩》（增訂本），第7134頁。
〔註44〕《全唐詩》（增訂本），第8677頁。

　　巾箱，有直接稱箱者。如唐房玄齡《晉書·郗超傳》：「（郗超）將亡，出一箱書，付門生曰：『本欲焚之，恐公年尊，必以傷愍為弊。我亡後，若大損眠食，可呈此箱。不爾，便燒之。』」〔註45〕（《晉書》卷六十七）這裡的「一箱書」是一書箱子的信件，是珍藏的重要文件。

　　巾箱，又有省略作「巾」者。《文選》卷二十顏延之「皇太子釋奠會作詩」「纓笏匝序，巾卷充街」，唐人李善的注為：「纓笏，垂纓秉笏也，皆朝臣之服，故舉服以明人。《爾雅》曰：『東西牆謂之序。』巾，巾箱也，所以盛書。」〔註46〕卷五十七謝希逸《宋孝武宣貴妃誄》有「巾見餘軸，匣有遺絃」，李善注為「巾，巾箱也。匣，琴匣也。」〔註47〕這裡的巾，都和讀書有關，所以李善認為詩句中的「巾」就是巾箱，用以指代家有藏書，大概也有表明有學識的意思。有書讀，能讀書，自然也就有了學識了。

　　本來，李善對於巾與巾箱的問題已經解釋清楚了，六朝人理解的巾箱就是主要用於藏書的箱子，巾箱也就可以指代藏書和學問。但是到了清代，有人提出了疑問，比如清人何焯（1661～1722）在其《義門讀書記》卷四十六中「巾卷充街」提出了新說，何氏以為既然「《宋書·禮樂志》：『國子太學生，冠葛巾，服單衣，以為朝服。執一卷經，以代手板。』此所謂巾卷也。注未審細。胡三省於王儉事下注巾卷，則尤憒憒矣。」〔註48〕那麼，巾卷就不是巾箱中的書很多，而是太學生們上朝的描寫。何焯以《宋書·禮樂志》為據，提出「巾」是頭巾，是太學生的正式裝束。他們還沒有取得官職，如果上朝的話，不能拿著記錄的手板（笏），就用頭巾捲起來做類似於手板用，這就是所謂的巾卷。其後，桂馥（1736～1805）在其《札樸》卷七中也持類似的看法：「巾卷。余題齋額曰『巾卷』，蓋取顏延年詩『巾卷充街』也。見者多依李善解為巾箱書卷。惟袁簡齋知是頭巾，為作跋尾，欲舉解巾二事而往其人名。案，《後漢·韋彪傳》『解巾之郡北』，《北史·高柔傳》『解巾司空行參軍』是也。《南齊書·王儉傳》『監試諸生，巾卷在庭，劍衛令史，儀容甚盛』；顏延年《秋胡詩》『脫巾千里外，結綬登王畿』，李善注云：『巾，處士所服綬，仕者所佩。今欲宦於陳，故脫巾而結綬也』；《通鑒》『宋文帝令雷次宗以巾褠侍講』，胡三省引蜀注

〔註45〕〔唐〕房玄齡：《晉書》，北京：中華書局，2011年，第1804頁。
〔註46〕〔梁〕蕭統：《文選》，上海：上海古籍出版社，2007年，第969頁。
〔註47〕〔梁〕蕭統：《文選》，第2481頁。
〔註48〕〔清〕何焯：《義門讀書記》，崔高維點校，北京：中華書局，1987年，第890頁。

『巾謂巾幘』。」〔註49〕桂馥將這一見解歸於「匡謬」範疇，他認為很多人把「巾卷」理解為巾箱中的藏書是錯誤的，他與何焯一樣，都從歷史中找到了新的證據，說明巾卷是曾經流行過的一種頭巾，而是是那些沒有做官的人戴在頭上的，用以區分官員與預備官員的。

對此，胡紹煐（1792～1860）《文選箋證》卷二十二說：「注善曰：『巾，巾箱也，所以藏書。』何氏焯曰：『《宋書・禮樂志》：國子太學生冠葛巾，服單衣，以為朝服。執一卷經，以代手板。所謂巾卷也。』《旁證》（梁章鉅《文選旁證》）云：『《南齊書王儉傳》：監試諸生，巾卷在庭。』紹煐按，本書《宋孝武宣貴妃誄》云『巾見餘軸』注『巾，巾箱也』。《齊書》：衡陽王鈞，常手自細書，寫五經，部為一卷，置於巾箱中，以備遺忘。並足證善注之確，何說非。」〔註50〕我們認為胡紹煐的說法更準確。問題是，巾箱在唐代人看來和藏書有關，而書籍對他們來說是十分貴重的物品，有藏書是一種身份地位的象徵。

當然，何焯也提醒我們，在唐代及以前的中古中國社會，巾箱之巾不是「頭巾」，到了宋代的時候，這種關於「頭巾」的說法都已經成為傳說，有作家還將它記錄在案：

> 余見大父時，家居及燕見賓客，率多頂帽而繫勒帛，猶未甚服背子。帽下戴小冠簪，以帛作橫幅約髮，號「額子」。處室中，則去帽見冠簪，或用頭巾也。古者士皆冠，帽乃冠之遺制。頭巾，賤者不冠之服耳！勒帛，亦有垂紳之意，雖施之外不為簡。背子，本半臂，武士服，何取於禮乎？或云，勒帛不便於搢笏，故稍易背子，然須用上襟，披下與背皆垂帶。余大觀間見宰執接堂吏，押文書，猶冠帽用背子，今亦廢矣。而背子又引為長袖，與半臂制亦不同。頭裹，賤者巾；衣，武士服。而習俗之久，不以為異。古禮之廢，大抵類此也。〔註51〕（葉夢得《石林燕語》卷十）

葉夢得說頭巾不是讀書人的隨身物品，因此也就沒有讀書人把書箱稱為

〔註49〕〔清〕桂馥：《札樸》，趙智海點校，北京：中華書局，2006（1992）年，第290頁。

〔註50〕〔清〕胡紹煐：《文選箋證》，蔣立甫校點，合肥：黃山書社，2004年，第536～537頁。

〔註51〕葉夢得：《石林燕語》，朱易安等：《全宋筆記》（第二編十），鄭州：大象出版社，2006年，第146頁。

巾箱的說法了。高承《事物紀原》中也有頭巾的記載：「頭巾。古以皁羅裹頭，號頭巾。蔡邕《獨斷》曰：『古幘無巾，王莽頭禿，乃始施巾之始也。』《筆談》曰：『今庶人所戴頭巾，唐亦謂之四腳，二系腦後，二系頷下，取服勞不脫，反繫於頂上。今人不復繫頷下，兩帶遂為虛設。後又有兩帶四帶之異，蓋自本朝始。』」〔註52〕該書還說：「襆頭。《二儀實錄》曰：『古以皁羅三尺裹頭，號頭巾，三代皆冠列品，黔首以皁絹裹髮，亦為軍戎之服。後周武帝依周三尺，裁為襆頭，此得名之始也。至唐馬周交解為之用，一尺八寸，左右三褶法三寸，重繫前腳法二儀。』《唐會要》曰：『故事，全幅皁向後襆髮，俗謂之襆頭。周武帝建德中裁為四腳。貞觀中，太宗謂侍臣曰：襆頭起於周武，蓋取便於軍容。其巾子則自武德中始用。』按，穆宗朝，帝好擊鞠，而宣喚不以時，諸司供奉人急於應召，始為硬裹裝於木圍之上，以待倉卒。五代梁高祖始布漆於紗，施鐵為腳，作今樣也。《筆談》曰：『唐惟人主用硬腳，晚唐方鎮擅命，始僭用之。宋有直腳等五等，惟直腳貴賤通服也。』《續事始》云：『隋大業十年，牛弘請著巾二，以桐木為之。武德中，初置平頭小樣。』又云：『武后內宴，賜百僚絲葛巾子。』」〔註53〕如果說巾箱是存放頭巾的箱子，那麼這樣的說法應當是在王莽以後，因為這時才有頭巾的說法。而且高承也和葉夢得一樣談到庶人才帶頭巾，這些人大概也沒有專門準備一個箱子存放頭巾，還美其名曰巾箱。頭巾，特別是葛巾，是魏晉以後庶人、隱者所用的東西，這從史籍中就能看出來，比如《宋書・陶潛傳》「郡將候潛，值其酒熟，取頭上葛巾漉酒，畢還復著之。」〔註54〕而王維詩《酬賀四贈葛巾之作》有「野巾傳惠好，茲覿重兼金嘉此幽棲物，能齊隱吏心」〔註55〕的說法。總之，將巾箱視為頭巾箱子是不太準確的。

　　巾箱作為藏書箱子，可以放多少書頁呢？陸游曾在他的一首詩中的注解中提到了唐代詩人杜牧的詩句。陸氏《旬日公事頗簡喜而有賦》：社近樓臺晝已長，豐年頗減簿書忙。雨催樹綠吹簫陌，日射塵紅擊鞠場。農事漸興初浸種，吏衙早退獨焚香。晚來別有歡然處，檢教兒書又一箱。（原注：杜牧之《寄

〔註52〕〔宋〕高承：《事物紀原》，北京：中華書局，1989年，第140頁。

〔註53〕〔宋〕高承：《事物紀原》，第137～138頁。

〔註54〕袁行霈：《陶淵明集箋注》，北京：中華書局，2011年，第418頁。

〔註55〕〔唐〕王維撰，陳鐵民校注：《王維集校注》，北京：中華書局，2019年，第554頁。

小侄阿宜》詩云：「一日讀十紙，一月讀一箱。」）〔註56〕（《劍南詩稿》卷十
八）杜牧說一天看十紙，一個月能讀完一書箱子，也就是三百頁的樣子。如
果杜牧所述為詩史實錄的話，這大概是唐代人巾箱藏書的基本情況。所以，
字用細書，也就能裝更多的書了。

四、袖珍秘笈

巾箱本在乾隆時代得到了很高的評價，備受皇室及其大臣們的重視。《天
祿琳琅》書目著錄的巾箱本有《東萊家塾讀詩記》《五經》《南華真經》《太學
新編排韻字類》《玉臺新詠》《聖宋文選》《選青賦箋》《九經》《十七史詳節》
《博古圖》《類編標注文公先生經籍文衡》《詳注東萊先生左氏博議》《東坡集》
《類編層瀾文選》《新編古賦題》《埤雅》《老泉先生文集》《六家文選》《文苑
英華纂要》等，《天祿琳琅書目後編》著錄巾箱本有《增修東萊書說》《呂氏家
塾讀詩記》《九經》《韋蘇州集》《南豐曾子固先生集》《重廣分門三蘇先生文粹》
《蜀本標題三蘇文》《春秋經傳集解》《瀛奎律髓》等。〔註57〕據天祿館臣所
記，其中多有乾隆題識。天祿君臣對巾箱本的珍視，對近代藏書家有很大的啟
發。自此以後，巾箱本開始成為古籍善本中較為重要的一類。

辛亥革命前後，劉世珩（1878～1926）刊刻了一部《影宋巾箱本叢書》。
〔註58〕他請到京師圖書館（今國家圖書館）原任監督繆荃孫（1844～1919）為
之序。繆氏說：

> 昔讀《南史》，至《齊衡陽王傳》云：「王手寫《五經》，部為一
> 卷，置於巾箱中。賀玠曰：『家有墳索，〔註59〕何須蠅頭細書？』答
> 曰：『檢閱既易，且手寫不忘。』諸王聞而爭做為巾箱《五經》。宋
> 戴埴《鼠璞》曰：『書坊刊印小冊，謂巾箱本，起於南齊。今世盛行，
> 無所不備。』是宋時巾箱本大行於世。天祿琳琅收《南華真經》十
> 卷，云：『版高不及半尺，而字畫加倍纖朗，紙質墨光，亦極瑩緻。』

〔註56〕錢仲聯：《劍南詩稿校注》，上海：上海古籍出版社，1985 年，第 1440 頁。
〔註57〕〔清〕于敏中：《天祿琳琅書目》；〔清〕彭元瑞：《天祿琳琅書目後編》，上海：
　　　　上海古籍出版社，2007 年。此處信息以劉俊文編纂《中國基本古籍庫》檢索而
　　　　來。
〔註58〕劉氏刊書頗多。詳見：許藝光：《劉世珩藏書刻書研究》，山東大學碩士研究生
　　　　學位論文，2016 年。
〔註59〕注：墳索，《南史》原文為墳素。然《天祿琳琅書目》卷二之《南華真經》條
　　　　即為「墳索」，下文繆氏又引館臣語，或即從此條目鈔撮而來亦未可知。

乾隆御題：『大內宋鏒《南華經》，傳自永樂間人，蠅頭細書，紙香墨古，誠寶跡也。古人有巾箱《五經》，便於行役登臨觀覽，斯其類歟。』〔註60〕此巾箱本之最佳者，然皆在南宋時。至彙刻叢書，《古香齋十種》最著名，然未有彙影宋元刻者。楚園五兄，於經，刻《周禮》《左傳》；於史，刻《晉書詳節》《隋書詳節》；於子，刻《淮南子》；於集，刻《西漢文鑒》《東漢文鑒》《清真詞》，附以《琵琶》《荊釵》兩記，共十種。傳袖珍之秘笈，為墨海之雅觀，誠今古所罕見者。楚園主人意味深長，荃孫謂其舉動有迥不猶人之慨，即此小板，亦可見其一斑矣。（原注：按《漢武內傳》，帝見王母巾箱中有一卷小書，盛以古錦囊。然《內傳》係六朝人偽造，仍在齊衡陽王之後，不能舉以為證。）」〔註61〕（《藝風堂文漫存·癸甲稿·劉楚園影宋巾箱本叢書序》）

繆荃孫對巾箱本既有知識上的瞭解，也有收藏此類書籍，其《藝風藏書記》中著錄巾箱本多種，如《周禮》（宋刊，日本曼殊院舊藏）、《名公增修標注隋書詳節》（宋刊）、《西漢文鑒》《東漢文鑒》（明慎獨齋刊）、《爾雅》（元大德刻本）等，又見過《夷堅志》《筆譜》的巾箱本。〔註62〕繆氏並沒有著錄清代人新刊的巾箱本。可見，藏書之家雖然有很大的熱情刊刻書籍，但他們足以為傲的藏書並不將新刊本納入範圍。此與南宋藏書家陳振孫《直齋書錄解題》不錄巾箱本當是同一心理。

從繆氏序文可知，他認為巾箱緣起的記錄出自《南史》的記載和南宋人戴埴《鼠璞》之說。同時，他又引用乾隆君臣對巾箱本的論斷說明這一版本類型有「蠅頭細字，紙香墨古」等特點，他更以「袖珍秘笈」「墨海雅觀」來形容其價值。繆氏雖然擔任過京師圖書館監督和清史館總纂，還曾協助張之洞編纂《書目答問》，精於版本目錄之學，有《藝風藏書記》這樣的傳統的藏書志書傳世，但他並未專門為版本目錄學寫過教材，所以繆氏關於巾箱本的這一主張並不廣為學人熟知，其於巾箱本的價值判斷也未成為一種常識。

民國初年，由楊守敬（1839～1915）作序的《藏書絕句》出版。〔註63〕該

〔註60〕〔清〕于敏中：《天祿琳瑯書目》，上海：上海古籍出版社，2007年，第46頁。
〔註61〕繆荃孫：《繆荃孫全集詩文一》，張廷銀等主編，南京：鳳凰出版社，2014年，第555頁。
〔註62〕繆荃孫：《藝風藏書記》，上海：上海古籍出版社，2007年。
〔註63〕上海蟫隱廬在1920年代出版《藏書絕句》三十二首鉛印本，有楊守敬序；詩

書以絕句詩加注釋的形式對各種古籍善本的版本及相關文獻做了簡要介紹。
《藏書絕句》32 首，談及殿本、監本、公庫本、郡庠本藩府本、書院本、經廠
本、家塾本、榷場本、書棚本梵夾本、道藏本、支那本、足利本、唐卷子本、
蜀大字本、巾箱本、書帕本、五色本、百衲本、黑口本、焦尾本、麻沙本、活
字本、密行小字本、纂圖互注本、校本抄本、孤本、殘本、滿漢合璧本、中西
石印本等。其中，對巾箱本的解說是：

> 鈔本精鈔巧配成，漢文聯璧古魂驚。秘函近有詩山出，收並經
> 余付品評。

> 《開有益卷讀書志》：余得元刻巾箱本《爾雅注》，每葉十六行，
> 行二十五字，皆附《音釋》。惟中卷自「釋天」至「釋水」八篇，乃
> 鈔配成書。大德間平水曹氏本。《四庫未收書目提要》：《漢文鑒》二
> 十一卷，與前次所錄《東漢文鑒》同為宋時巾箱本，合之成全璧云。
> 《經眼錄》：宋巾箱本《萬寶詩山》三十八卷。每卷首題云「書林葉
> 氏廣勤堂新刊」。首唯有「田耕堂藏」一印，知藏書家所不尚。然《四
> 庫》未著錄，不能不以為秘函也。《汲古閣珍藏秘本書目》有巾箱本
> 小宋版《東萊書說》十六冊。《孟子注疏校勘記》引據經注本：有鄭
> 氏所藏宋本劉氏丹桂堂巾箱本，闕《公孫丑》《告子》二冊。《儀顧
> 堂續跋》：余先得《周禮》纂圖互注本，今又得宋巾箱本《周禮》，
> 一經善本不少矣。〔註64〕

楊氏注意到，巾箱本有《爾雅注》《周禮》《孟子注疏》《東萊書說》等經
部書籍，還有《漢文鑒》《萬寶詩山》等集部書籍。值得一提的是，他們注意
到此前的藏書家記載巾箱本《萬寶詩山》一書只有一方藏印，可見前人對此類
巾箱本並不珍視。從晚明開始，藏書家才把巾箱本作為一種重要的版本類型加
以珍藏。他們還注意到了巾箱本與纂圖互注本之間存在某種關聯，其「纂圖互
注本」詩云：

中十九首及序於 1913 年刊於《文史雜誌》第二、三、五期。有人以為是楊守
敬作品，經寧可考證《藏書絕句》應該不是楊守敬的作品，作者究竟為誰尚不
能十分準確確定，但因蟬隱廬本序後署名為楊守敬，《楊守敬集》也收錄了這
一作品。上海古籍出版社《中國歷代書目題跋叢書》也署楊守敬之名，故我們
可以稱「題楊守敬撰」。

〔註64〕謝承仁主編：《楊守敬集（第8冊）》，武漢：湖北人民出版社、湖北教育出版
社，1997 年，第 458 頁；楊守敬：《藏書絕句》，《中國歷代書目題跋叢書·澹
生堂藏書約（外八種）》，上海：上海古籍出版社，2005 年，第 17～18 頁。

重言重意豁心胸，活字巾箱點綴工。諸子群經富藏本，不辭臚列老書叢。

《經籍跋文》：宋巾箱本《尚書孔傳》，題曰：《婺本點校重言重意互注尚書》。與唐石經、相臺本合。勝今本處不可殫述，余得之。《孫氏祠堂書目內篇》：纂圖互注宋巾箱本《荀子》二十卷。又《法言》十卷，《老子》二卷，《莊子》十卷。《儀顧堂題跋》：此本在宋時為善本。《經籍訪古志》：纂圖互注《老》《莊》《列》三子，板心有六子二字，知是六子合刻者。《經籍跋文》：宋本《毛詩》，首題《監本纂圖重言重意互注點校毛詩》。俱用規識，與家藏《尚書》婺本同，即岳氏《沿革例》云監中現行本也。《經義考》載之。刻畫工整，紙墨精良。又小字本《纂圖互注周禮》，吾鄉拜經樓藏宋刻巾箱本《纂圖互注周禮》，王蘭泉司寇有跋，大致與此刻同。余有纂圖互注《詩》《書》二經，得此而三。《儀顧堂題跋》：余所藏建本有纂圖互注《周禮》《禮記》，婺本有《尚書》、《周禮》殘本、《周禮圖》凡三十卷。與《禮記》大略相同，但於釋文加圖加圍有別，非一家刻也。余所藏宋刻《禮記》四五本，此本在十行本《正義》之上。《儀顧堂續跋》：余先得《周禮》纂圖互助本，又得宋巾箱本《周禮》，一經善本不少矣。《左傳注疏校勘記》引據本有宋纂圖本，每半葉十行，注文雙行，每行字數不一。《經眼錄》有宋巾箱本《京本點校重言重意春秋經傳集解》三十卷。〔註65〕

纂圖互注本作為一種比較重要的版本類型，只有正經（《尚書》《毛詩》《周禮》《禮記》《春秋》等）和諸子（《荀子》《揚子法言》《老子》《莊子》《列子》等），這些書的刊行當與宋代國子監有關。從公私藏書目錄的著錄來看，傳於後世的若干纂圖互注本書籍既有官刻本，也有坊刻本；既有正常形制的版本，也有巾箱本類型。這說明宋代刊刻巾箱本的出版機構，不僅僅有書坊這類私家機構，也有政府刻書機構。

不管是前述繆荃孫所撰寫的巾箱本叢書跋文，還是楊守敬的巾箱本絕句詩，都是傳統的藏書家和版本學家的作品，他們還沒有將巾箱本納入到古籍善本的學術體系之中，他們的論述也就僅僅影響著一部分藏書之家，沒有變成一

〔註65〕謝承仁主編：《楊守敬集（第8冊）》，武漢：湖北人民出版社、湖北教育出版社，1997年，第462頁；楊守敬：《藏書絕句》，《中國歷代書目題跋叢書‧澹生堂藏書約（外八種）》，上海：上海古籍出版社，2005年，第23～24頁。

種現代學術的常識。

　　古籍善本作為一門專業的學問加以系統講述的書，當屬葉德輝《書林清話》（1920）。周越然先生在講述版本時，就極為推重這部書。他認為我們瞭解古籍善本除了書目、書影等工具之外，尚不得不讀此書。〔註66〕關於「巾箱本」，葉德輝從其名稱的緣起、早期的記載及其特徵、現存的善本以及趣聞軼事等四個方面對它進行了介紹。〔註67〕首先，葉氏認為，巾箱本這個名詞不是刻本的專用，在寫本時代就已經有了「巾箱本」的概念。他舉出了晉朝人葛洪與唐代人李延壽的兩種文獻為證。前者是葛洪為《西京雜記》一書所做的序文，葛洪說劉歆（劉子駿）所著《漢書》部頭大，以天干次序分十帙，一帙有十卷，總百卷。帙是簡帛時代常用的詞彙，可以寫作袟、袠、裹等，《說文解字》在「巾部」收錄這個字，解釋是：「帙，書衣也。從巾，失聲。」段玉裁的再解釋為：「書衣，謂用裹書者，亦謂之幒。陸德明撰《經典釋文》三十卷，合為三帙。今人曰函。」〔註68〕時至今日，我們基本上不再用帙作為書籍包裝的名稱，我們改稱函套或者書盒。

　　簡單而言，葛洪說的是，他所見的《漢書》有十大包，閱讀不便，於是就動手抄了其中一些他認為比較有趣的，成兩卷新書。後來，葛洪家失火，十大包《漢書》和其他大部分藏書皆化為灰燼，只有手抄卷子因存在「巾箱」中，隨身攜帶，保存下來了。這部書經歷如此，葛洪覺得有必要在書後記錄一番。葛洪說，他家還藏有《漢武帝禁中起居注》一卷和《漢武故事》二卷。這兩種書也是不為外人所知的書，他把這兩部書加上他抄錄的《西京雜記》二卷彙集在一起，成為一帙。這就成了後來傳世的《西京雜記》。世傳《漢書》為班固所作，劉歆的百卷本《漢書》不見於其他記載，因此《西京雜記》的作者到底是漢代的劉歆，還是魏晉時期的葛洪，當代學人仍在爭議中。〔註69〕當然，即

〔註66〕周越然說，「研究版本，與研究其他的學術相同，非有工具不可。工具者何？就是書目與書影。最完備的書目，當然是《四庫全書總目》。」「除了書目和書影之外，初學者又不得不讀一種談版本的書籍，最簡易的，是葉德輝的《書林清話》。」（周越然：《書與回憶》，第30頁；周越然：《周越然書話》，第78頁）

〔註67〕葉德輝：《葉德輝詩文集一·書林清話》，長沙：嶽麓書社，2010年，第33～34頁。

〔註68〕《說文解字注》，〔漢〕許慎撰，〔清〕段玉裁注，許惟賢整理，南京：鳳凰出版社，2007年，第628頁。

〔註69〕邵穎濤：《〈西京雜記〉二卷本版本考述》，《天中學刊》，2020年第6期，第73～77頁；韋希：《〈西京雜記〉研究》，山東大學研究生學位論文，2017年；陳

便是有人肯定葛洪只是輯錄了劉歆的書，也不能把「巾箱」這一詞彙歸於漢代。巾箱是六朝至唐代才有的新詞。

除了葛洪《西京雜記序》之外，葉德輝也與天祿館臣一樣引用李延壽《南史》中的宗室蕭鈞傳記。葉氏以為，這兩則關於書籍的歷史故事充分說明在寫本時代，「巾箱本」這個名詞已經有了。不過，葉氏在其文字中混淆了「巾箱」和「巾箱本」兩個概念，前述兩條歷史記載皆是「巾箱」，並非「巾箱本」。這並非葉氏的首創。

接下來，葉氏舉出一條天祿館臣也提及到的史料，即南宋人戴埴的《鼠璞》中關於「巾箱本」的記載。戴氏即已將巾箱與巾箱本聯繫起來，並認為巾箱起源於南齊宗室蕭鈞之「巾箱五經」故事。據此，葉氏認為南宋時民間出版機構把刻本中的小版本叫做「巾箱本」，而且這類書大多是為了考試夾帶用的，與巾箱的抄本概念全然不同了。葉氏說，這些書坊小冊子，玷污了巾箱本的美名，我們也不必去關注這類抄襲用書。葉氏認為，談論古籍善本，要如天祿館臣那樣，關注於存留至今的古籍善本，不必為前人的判斷所誤導。

《書林清話》中提及的巾箱本包括清代皇室與私家藏書著錄，以及他本人的藏書，當然他沒有宋版的巾箱本，只有一部明代的刻本。葉氏根據書目記載詳細著錄了他所知的幾種比較重要的巾箱本。

表　葉德輝《書林清話》著錄的巾箱本

版　本	書　　名	長寬尺寸	著　錄	備　註
宋版	《九經》不分卷		《天祿琳琅後編》三	《天祿琳琅書目後編》卷三
宋婺州本	《點校重言重意互注尚書》	卷止四寸，寬不及三寸	《瞿目》	瞿鏞《鐵琴銅劍樓藏書目錄》卷二

芳：《〈西京雜記〉新探》，武漢大學研究生學位論文，2017 年；王守亮：《〈西京雜記〉作者問題述考》，《臨沂大學學報》，2012 年第 2 期，第 56～58 頁；李文娟：《〈西京雜記〉文獻價值研究》，山東師範大學研究生學位論文，2008 年；李文娟：《〈西京雜記〉「葛洪說」補證》，《安徽文學（下半月）》，2008 年第 3 期，第 197～198 頁；丁宏武：《〈西京雜記〉非葛洪偽記考辨》，《圖書館雜誌》，2005 年第 11 期，第 68～75 頁；程章燦：《〈西京雜記〉的作者》，《中國文化》，1994 年第 2 期，第 98～101 頁；躍進：《倪豪士論〈西京雜記〉作者為蕭賁》，《文學遺產》，1992 年第 2 期，第 105 頁。

宋刻本	《纂圖附音重言重意互注周禮鄭注》	長三寸一分，幅二寸	《森志》	森立之《經籍訪古志》卷一
宋刻本	《京本點校附音重言重意互注禮記》	長三寸半，寬二寸半	《楊譜》	楊守敬《留真譜》卷一
宋淳熙三年阮氏種德堂刻本	《春秋經傳集解》三十卷	高四寸八分，廣三寸四分	《繆續記》	繆荃孫《藝風藏書記續記》卷一
宋刻本	《名公增修標注隋書詳節》二十卷	高三寸半，寬二寸	《繆續記》	繆荃孫《藝風藏書記》卷四
明刻本	《永嘉八面鋒》	長止今工部尺二寸六分，寬一寸七分	葉德輝藏	葉德輝《郎園讀書志》卷五
乾隆十三年姚培謙刻本	《世說》八卷	長止今工部尺一寸八分，寬一寸一分		
乾隆中蘇州彭氏刻本	《論》《孟》注疏兩種	長止今工部尺二寸，寬一寸七分		

　　由此可見，宋刻巾箱本絕非文獻記載中的傳聞，其傳本一直到晚清民國時仍為藏書家所珍視，它也是古籍善本中一種比較特殊的類型，值得藏家珍重。「佞宋主人」藏書家黃丕烈（1763～1825）《蕘圃藏書題識》中提及「巾箱本」多種。比如「《纂圖互注重言重意周禮》二十卷，宋京本」條記載：「宋刻《周禮》所見有三本：一為余仁仲本，藏於小讀書堆，係中版，獨缺《秋官》；倚樹吟軒有蜀本，止《秋官》二卷，則大版也，現為余有；陶筠椒有『纂圖互注本』，卻無缺卷，有缺葉，版子適中。惟此又係巾箱中本。余所見《左傳》題曰『婺本』，此《周禮》題曰『京本』，蓋同一例矣。惜少《春夏官》，安得匯而敘之，如百衲《史記》乎。為古書發一歎云。抱沖作古書籍不輕假人，筠椒以待賈而沽，未能借校。致令槎翁之書留余百宋一廛中，僅得與蜀殘本一校，未盡其善，又可惜也。還書之日，書數語於尾，以質諸槎翁，槎翁想亦同慨已。時嘉慶丙寅穀雨後二日，黃丕烈識。」〔註70〕如是，則黃丕烈所見的《周禮》有大中小三種不同的「纂圖互注本」，可見此一類型的經書曾廣為流傳。值得注意的是，黃氏已經將「纂圖互注本」與未標「纂圖」的經書加以比勘，似乎注意到了二者之間存在某種關聯。黃氏又在「《禮記鄭

〔註70〕〔清〕黃丕烈：《黃丕烈藏書題跋集》，余鳴鴻等點校，上海：上海古籍出版社，2015年，第36頁。

注》二十卷，校宋本」條記錄了他對勘「巾箱本」事，黃氏曾得到一宋刻《禮記鄭注》，原是朱秋崖舊藏。朱氏僅僅題跋一行：「此本頗善，未識自蜀石經本出否。癸酉六月用此宋本《正義》校一過，南宋本間亦參焉，稱完善矣。」而黃丕烈則不同，他先後用多種古今刻本、校本來反覆比勘，「一校再校」。據黃氏跋文所述，清代武英殿曾仿照岳珂本翻印過，號稱是仿宋本。但這一宋刻本《禮記鄭注》卻來歷不明：「此本未識從何本翻刻，間或闌入釋文」。〔註71〕其後，黃氏得到另一宋版《禮記》，即以之對勘：

> 《附音重言古注禮記》，《曲禮》至《月令》凡五冊。宋刻巾箱本之殘者也。每葉十六行，行十六字。大小俱如此。余數年前業見之。略校半卷，議價未妥還之。今夏，鄭雲枝復攜來，易余刻《國語》《國策》五盒去。因遂手校於此本上。佳處間有，雖殘本亦可珍。且余舊藏殘北宋本，僅《月令》起，茲又多四卷矣。惟是巾箱本分卷與各本異。《檀弓下》合與《檀弓上》為第二卷，故《王制》為第三，《月令》為第四。以此分卷，其實《曲禮》為上下，《檀弓》分上下，《王制》《月令》各自為第，仍自不差。惜卷數不全，無從審其由爾。書之經部，日少一日。余故收之，幸毋誚我佞宋之癖。戊辰四月十有八日，黃丕烈。○以張古餘新刻撫州《禮記》經注本校巾箱本，之合者加圈以識之。覆翁。〔註72〕

黃氏發現「纂圖互注本」中有一《禮記》的巾箱本，這一版本與他所見的另外幾種宋刻本不惟版式上有區別，在分卷上也有不同。雖然黃氏並不清楚這些「巾箱本」到底刻於何時，但因為是宋代人刊行的古籍善本，用它來校對宋人的其他版本，往往會有新的發現，對於藏書家而言，這是藏書之樂事。在黃丕烈之後，藏書家傅增湘也存有多種宋刻「巾箱本」，其《藏園群書題記》第一條即「宋刊巾箱本八經書後」。後世有刻本諸經正文巾箱本，傅增湘曾見其八，分別是《周易》22葉，《尚書》28葉，《毛詩》40葉，《禮記》93葉，《周禮》55葉，《孝經》3葉，《論語》16葉，《孟子》34葉。傅氏稱宋刻巾箱本諸經「行密如櫛，字細如髮」「精麗方峭」。〔註73〕至於葉氏所藏明刻巾箱本《永嘉八面鋒》，他說「曩見邵懿辰《批註簡明目錄》，臚載諸本有巾箱本，恒以未

〔註71〕〔清〕黃丕烈：《黃丕烈藏書題跋集》，第38頁。
〔註72〕〔清〕黃丕烈：《黃丕烈藏書題跋集》，第39頁。
〔註73〕傅增湘：《藏園群書題記》，上海：上海古籍出版社，2022年，第1、2頁。

得一見為恨。頃書估持來一冊，亟以四金購之。」他說，該書「行款極精，不知何人所刻。喜其便於行筒，重加裝池，朝夕撫摩，如讀葫蘆中異書，致足樂也。」〔註74〕

最後，葉德輝談了一則不懂版本的笑話。乾隆時期，蘇州一位彭姓出版人刻了《論語注疏》和《孟子注疏》的小版本，開本極小，做工精細。後來，北京琉璃廠的古舊書店收集了一些，把原書中彭氏的序跋撤掉，冒充古舊書賣給不懂行的古書愛好者。甲骨文的發現者，大名鼎鼎的考古學者王懿榮看到之後，驚為秘籍，當作宋版高價收藏。後來他仔細研究才發現上了當。葉氏說，王懿榮購買清代巾箱本當宋版的故事已在版本學者圈內傳為笑談。其實，誤判版本的絕非王懿榮一人而已。我們看到，清乾隆年間的天祿琳琅藏書中以明代版本作為宋本的不少，巾箱本也難免。比如明嘉靖年間覆宋巾箱本《五經》，曾為清宮天祿琳琅舊藏，著錄為宋刊。這一套書的開本是，高24.6釐米，寬14.2釐米；板框高15.6釐米，寬10釐米。〔註75〕清宮尚存有一套巾箱本《九經》，亦著錄為宋刊本，經學者考證乃是明代的覆刻本，開本高24.3釐米，寬15.1釐米；板框高15.6釐米，寬10釐米。〔註76〕這兩種書的前一種，天祿館臣稱：「巾箱本。行密字展，朗若列眉。中構字闕筆，慎字、瑗字不闕，乃高宗時刊。」〔註77〕後一種，館臣稱：「巾箱本，不分卷。……諱眘，不諱惇，淳熙、乾道間刻也。」又說：「《九經》之名，始見《宋史》。神宗用王安石之言，士各占治《易》《書》《詩》《周禮》《禮記》一經，兼《論語》《孟子》。是時，《儀禮》《春秋》皆廢，不立學官。元祐初，復《春秋左傳》。此所刊《九經》，蓋南宋之制。」〔註78〕天祿館臣已經發現「九經」的名義是元代人寫作《宋史》時提出的，又發現王安石時代立於學官的經書是七經，即便後來恢復，也只是八經，而非九經，而巾箱本《九經》包括了《易》《書》《詩》《周禮》《禮記》《左傳》《孝經》《論語》《孟子》等九種，與他們考察的宋代歷史不眸。但他們既然已據避諱字等確定了版本，對於其中的問題也

〔註74〕葉德輝：《郋園讀書志》，上海：上海古籍出版社，2010年，第227、228頁。

〔註75〕徐媛婷：《古人掌中書：院藏巾箱本特展》，臺北：「國立」故宮博物院，2019年，第30頁。

〔註76〕徐媛婷：《古人掌中書：院藏巾箱本特展》，第336頁。

〔註77〕〔清〕于敏中：《天祿琳琅書目》，上海：上海古籍出版社，2007年，第14頁。

〔註78〕〔清〕彭元瑞：《天祿琳琅書目後編》，上海：上海古籍出版社，2007年，第438頁。

就視而不見了。清代的學者和藏書家對於巾箱本有很高的熱情，所以他們沒有根據歷史的判斷，而是根據避諱字斷定了這兩套書的版本。從這裡也可以知道，古籍善本研究絕非易事。當然，我們並不能因為天祿館臣判斷版本錯誤就認為這兩種巾箱本的價值不高，事實上明刻本能保存至今的，也具有其歷史文物價值，況且此種巾箱本的藝術價值也不低。

由此可見，在葉氏看來，他並不認為戴埴所謂巾箱本多為夾帶書的評斷準確的，事實上戴氏的說法也僅僅為一面之詞。他與乾隆君臣、繆荃孫等人一樣，認為巾箱本具有特殊的版本價值，把它作為書籍版印歷史中的重要典故，故而將「巾箱本」列入《書林清話》第十七條，即該書第二卷第二條，隨後才介紹書肆、圈點、字體、禁翻板等項。從這裡也可以看到，作為藏書家的版本學者葉德輝是很看重巾箱本的。然而，我們如果細讀葉氏關於巾箱本的歷史考證就會發現，他所據的史料並未超過乾隆時代的天祿館臣們。接下來，我們要對他們引用的史料做進一步的考辨分析。

五、細書小本

葉德輝及其後的文獻學家們〔註 79〕無不引用的南宋人戴埴《鼠璞》一書中關於「巾箱本」的解說。對此，我們有必要加以細緻辨析。這一記載如下：

> 今之刊印小冊，謂巾箱本。起於南齊衡陽王鈞，手寫五經，置巾箱中。賀玠曰：「家有墳素，何須蠅頭細書？」答曰：「檢閱既易，且手寫不忘。」諸王從而傚之。古未有刊本，雖親王亦手自抄錄。今巾箱刊本，無所不備。嘉定間，從學官楊璘之奏，禁燬小板。近又盛行。第挾書，非備巾箱之藏也。〔註80〕

首先，戴埴明確表示雕版刷印的小冊子就是巾箱本。這種經刷印而來的小冊子是南宋時期的人們所知的巾箱本。那麼，手抄的小本是不是也是巾箱本呢？南宋時期，雖然雕版盛行，但寫本並未退出市場，抄書還是很多窮學者在

〔註79〕如張秀民：《中國印刷史》，上海：上海古籍出版社，1989 年，第 161～162 頁；張秀民：《中國印刷史（插圖珍藏增訂版）》，韓琦增訂，杭州：浙江古籍出版社，2006 年，第 117 頁；瞿冕良：《中國古籍版刻辭典（增訂本）》，蘇州：蘇州大學出版社，2009 年，第 23 頁；李致忠：《古籍版本知識 500 問》，第 393 頁。

〔註80〕〔宋〕戴埴：《鼠璞》，《叢書集成初編》，上海：商務印書館，1939 年，第 27 頁；上海師範大學古籍整理研究所編：《全宋筆記第八編四》，鄭州：大象出版社，2017 年，第 84 頁。

未完成科舉之前必須的作業。他們為了節約用紙，抄小冊子，是不是巾箱本？如果按照戴氏這一記載看來，他似乎不認為當時人抄書製作的小本為巾箱本。他認為抄本時代基本上已經結束，彼時的巾箱本已經無所不有，但凡有錢大概都能買得起了。

同樣是南宋人，葉廷珪《海錄碎事序》說：「始予為兒童時，知嗜書，家本田舍，貧，無書可讀。……後肄業郡學，升貢上庠，登名桂籍，牽絲入仕，蓋四十餘年。見書益多，未嘗一日手釋卷帙，食以飴口，怠以為枕，雖老而不衰。每聞士大夫家有異書，無不借，借無不讀，讀無不終篇而後止。嘗恨無貲不能盡寫，間作數十大冊，擇其可用者手抄之。」〔註81〕葉氏讀書靠借、靠抄，所謂「無貲不能盡寫」，說明當時即便是抄書也相當不易。即便如此，他也有數十大冊珍藏。這些書都是細字。傅自得為葉氏書作序說：「予嘗得見侯所謂《海錄》者，凡十數大冊，皆親書蠅頭，細字惟謹，蓋無慮十餘萬事，大抵皆詩才也。」〔註82〕《海錄碎事》一書中記錄了各種巾的典故，比如巾車、白綸巾、葛巾、角巾、鹿耳巾等，不過並沒有巾箱。抄本為巾箱本，那是南朝故事。這一故事見於唐人李延壽所著《南史》。李延壽在《南史》中說：

> 衡陽元王（蕭）道度，齊高帝長兄也。始與高帝俱受學於雷次宗。宣帝問次宗二子學業，次宗答曰：「其兄外朗，其弟內潤，皆良璞也。」仕宋位安定太守，卒。齊建元元年（479），高帝追加封諡。無子，高帝以第十一子（蕭）鈞繼。鈞字宣禮。……性好學，善屬文。……鈞常手自細書寫《五經》，部為一卷，置於巾箱中，以備遺忘。侍讀賀玠問曰：「殿下家自有墳素，復何須蠅頭細書，別藏巾箱中？」答曰：「巾箱中有《五經》，於檢閱既易，且一更手寫，則永不忘。」諸王聞而爭傚為巾箱《五經》，巾箱《五經》自此始也。……延興元年，為明帝所殺。〔註83〕（《南史卷四一·列傳第三十一·齊宗室》）

《南史》之前的《南齊書》對蕭鈞的記載中沒有「巾箱五經」的故事。《南齊書》卷四十五載：

〔註81〕〔宋〕葉廷珪：《海錄碎事》，北京：中華書局，2002年，第1頁。

〔註82〕〔宋〕葉廷珪：《海錄碎事》，第3頁。此一史料，胡道靜先生研究類書時曾注意過。見胡道靜：《中國古代的類書》，北京：中華書局，1982年，第20頁。

〔註83〕〔唐〕李延壽：《南史》，北京：中華書局，2011年，第1037～1038頁。

衡陽元王道度，太祖長兄也。與太祖俱受學雷次宗。宣帝問二兒學業，次宗答曰：「其兄外朗，其弟內潤，皆良璞也。」隨宣帝征伐，仕至安定太守，卒於宋世。建元二年（480），追加封諡。無子，太祖以第十一子鈞繼道度後。鈞字宣禮。永明四年（486）為江州刺史，加散騎常侍。母區貴人卒，居喪盡禮。六年（488），遷為征虜將軍。八年（490），遷驍騎將軍，常侍如故，仍轉左衛將軍。鈞有好尚，為世祖所知。兄弟中意遇次鄱陽王鏘。十年（492），轉中書令，領石頭戍事。遷散騎常侍，秘書監，領驍騎如故。不拜。隆昌元年（494），改加侍中，給扶。海陵（蕭昭文）立，轉撫軍將軍，侍中如故。尋遇害，年二十二。〔註84〕（《南齊書卷四十五·列傳第二十六·宗室》）

《南齊書》只記載了南朝齊的王室成員的生平履歷。蕭鈞出身貴冑，在他七歲時就出繼給皇帝長兄為嗣。後來，他還任職秘書監。不過據李延壽的記載，「延興元年（494），為明帝所殺」，具體原因不明。或許是因為蕭鈞支持了其他宗室成員稱帝也未可知。公元494年，南齊皇位繼承出現相當大的變動，一歲有三號，先後為蕭昭業隆昌、蕭昭文延興和蕭鸞建武。李延壽說，蕭鈞為齊明帝所殺卻用齊恭王蕭昭文年號，或許表明了蕭鈞乃是他的支持者。《南齊書》中的記載就更明確，蕭鈞在齊恭王繼位時任撫軍將軍，齊明帝準備上臺之前將其誅殺，蕭鈞的確死於齊恭王延興元年。

李延壽對蕭鈞的其他生平事蹟記載簡略，卻專門記錄了一段書籍史的故事，這說明歷史學家對於這一歷史事件的重視。「巾箱《五經》自此始」這一事件，自然是值得大書特書的歷史。《南史》整理說明表示：「李延壽自序說他補充的史料很多出於當時的雜史，即所謂小說短書，故事性較強，且多口語材料，增補入傳，常常能使人物形象更加生動，更能反映當時真實情況。」〔註85〕馬宗霍《南史校正》說，李延壽《南史》中「鈞嘗手自細書寫《五經》」云云這一段在其他書籍中也有，如「《太平御覽》卷七一一《服用部》一三巾箱條引《齊書》云云全與之同。」〔註86〕不過，我們並不知道《太平御覽》

〔註84〕〔南朝梁〕蕭子顯：《南齊書》，北京：中華書局，2011年，第787頁。
〔註85〕中華書局編輯部：《南史北史出版說明》，《南史》，北京：中華書局，2011年，第6頁。
〔註86〕馬宗霍：《南史校正》，長沙：湖南教育出版社，2008年，第666頁。

所引《齊書》是否為李延壽所本。不論李延壽所本為何書，「巾箱五經」的故事自此開始流傳。

李延壽說，南齊宗室衡陽王蕭鈞曾手抄《五經》，採用的是細字書寫，他把五經全部抄完，集為一卷。這一卷的《五經》應是白文無注解的版本，即便如此，抄本《五經》也不會是小冊子，因為《五經》字數加起來超過三十萬字（《周易》12207 字，《尚書》25800 字，《毛詩》39244 字，《禮記》99020 字（《周禮》45806 字），《左傳》196845 字）。蕭鈞抄寫在絹帛上的《五經》，應為一大卷。葉德輝說這是「小帙，便於隨行」，比起葛洪所說的百卷鉅帙《漢書》，自然是小。

還需要注意的是，透過《南史》中記錄的賀玠與蕭鈞的對話，我們知道蕭鈞手抄五經用的是絹帛而非紙張，所謂的「墳素」就是《中經新簿》中「盛以縹囊，書用緗素」。李國鈞先生說：「在悠久的歲月裏，作為書籍材料的帛有許多中名稱，如繒、縑、絹、素等等都是。戰國前漢，帛書簡策並行，後漢則簡、帛、紙同用，但都以簡策為主。三國以後，紙書漸多，簡策逐漸不用，而帛書仍然通行。至南北朝，用帛作書籍的漸少，但仍用以通信和作畫。隋唐以來，絹素專用於作畫，而書籍都為紙製。」〔註87〕唐魏徵等《隋書・經籍志一》：「魏氏代漢，採掇遺亡，藏在秘書中、外三閣。……大凡四部合二萬九千九百四十五卷，但錄題及言，盛以縹囊，書用緗素。」〔註88〕唐姚思廉《梁書・昭明太子統傳》：「括囊流略，包舉藝文；遍該緗素，殫極丘墳。縢帙充積，儒墨區分；瞻河闡訓，望魯揚芬。」〔註89〕唐李延壽《北史・高道穆傳》：「秘書圖籍及典書緗素，多致零落，可令道穆總集帳目，並牒儒學之士，編比次第。」〔註90〕唐劉知幾《史通・曲筆》：「夫以敵國相讎，交兵結怨，載諸移檄，用可致誣；列諸緗素，難為妄說。苟未達此義，安可以言於史耶。」〔註91〕總之，南北朝時期紙張已經開始廣泛應用，但皇室貴族藏書仍以絹帛為主，我們可以確定蕭鈞的「巾箱五經」是抄寫在絹帛之上的。他貴為皇室成員，用絹帛抄寫

〔註87〕劉國鈞：《中國古代書籍制度史話》，陽海清：《版本學研究論文選集》，北京：書目文獻出版社，1994 年，第 11 頁。

〔註88〕〔唐〕魏徵等：《隋書》，北京：中華書局，2011 年，第 906 頁。

〔註89〕〔唐〕姚思廉：《梁書》，北京：中華書局，2011 年，第 170 頁。

〔註90〕〔唐〕李延壽：《北史》，北京：中華書局，2011 年，第 1828 頁。

〔註91〕〔唐〕劉知幾：《史通箋注》，張振珮箋注，貴陽：貴州人民出版社，1985 年，第 262 頁。

書卷，是很正常的事情。

第二，戴埴認為書坊刷印的小本書籍為考試作弊者提供了便利。在寫本時代，不僅一般的讀書人要抄書，宗室親王也親手抄書。但到了印本時代，市面上能見到各種書籍的印本，幾乎是無所不備了。歷史上曾經因為親自抄書而有名的「巾箱本」概念，到了南宋時卻成了不道德的行為的代名詞，著實讓人有今不如古的慨歎。戴埴觀察到，南宋的書坊曾刊行了不少細書小本，作為考試夾帶，幾乎是無所不備，得到了應考士子們的青睞，即便有禁令，仍就是有需求就有市場。雖然戴埴的著作是能夠見到的宋代人專列單條記錄巾箱本起源及其弊端的文獻，但值得注意的是，原文中對於巾箱本的起源記錄和南宋巾箱本的濫用，有明顯的諷刺意味。戴埴感歎的是，在南朝時即便是皇室親王也要親自抄寫書籍，而到了雕版時代，普通士人也能家有藏書，曾經的「巾箱本」歷史已經不復存在了。對戴埴來說，他追慕的手抄本時代那種將經書作為智慧的時代，而到了雕版時代，雖然小冊子的內容遠遠不止經書，但早已經沒有了蕭鈞那樣的價值，它甚至淪落成為令人不齒的抄襲作弊工具。

戴埴聲稱的南宋巾箱本是夾帶書冊，並有楊璘的上疏為證。楊氏是如何說的呢？在《宋會要輯稿》中保留了這一歷史資料：

> （嘉定十六年，1223）七月十日，國子博士楊璘言：「恭惟陛下光履帝位，今三十年，慕道益勤，求才益切。迨茲大比，登進多士，親策於廷，豈曰應故事而已。邇來士習卑陋，志在苟得，編寫套類，備懷挾，一入場屋，群趨簾前，以上請為名，移時方散。人數叢雜，私相檢閱，抄於卷首，旋即擲棄。巡案無從檢察，所作率多雷同，極難選取，僥倖者眾。今書坊自經子史集事類、州縣所試程文，專刊小板，名曰夾袋冊，士子高價競售，專為懷挾之具，則書不必讀矣。竊見科舉條制，懷挾殿五舉，不以赦原。見有三數舉前犯人，並從實殿，不與放行，而書坊公然抵禁。若不約束，將見循襲，學不務實，文不該理，科目之設，愈難得人。乞申嚴〔懷〕挾之禁，仍下諸路運司，令州縣拘收書坊挾袋夾小板，並行焚毀，嚴立罪賞，不許貨賣。自臨安府書坊為始。」後批送禮部看詳。（原注：既而禮部、國子監據太學博士胡剛中等言：「懷挾之禁非不嚴

切，近來場屋違庚，書坊規利，撰印小冊，名曰夾袋，以便其用。
若不痛革，此弊日滋。欲從禮部行下諸路運司，遍州縣，應書坊夾
袋小板懷挾，日下焚毀，不許貨賣。嚴立罪賞，務在必行。」本部
欲從國子監看詳施行。從之。）〔註92〕（《宋會要輯稿・選舉六》）
我們看到，楊璘及胡剛的報告中明確了夾袋的小冊子。這種小冊子是書坊製作
的專為應考士人準備的，其內容豐富「自經子史集事類、州縣所試程文」等，
主要是考試參考資料類的書。他們稱之為「夾袋冊」或者「夾袋」。這種夾袋
書是否被當時的人稱為巾箱本，不得而知。至少楊璘並未把這種夾帶冊子與巾
箱本相關聯。這至少可以說明，巾箱本與夾帶冊子雖然都有小版的樣式，但並
不能等同起來。而那些流傳到今天的巾箱本是否就有類似的夾袋冊子也不可
考。不止宋代人曾經記錄過夾帶的小冊子，清代人也有記錄，如清英匯《科場
條例》卷二十九云：

> 道光二年奉上諭：御史邱家煒《奏請申禁士子懷挾，並著禁坊
> 刻小本書籍售賣》一折。鄉會試為掄才大典，有志之士束身自愛，
> 何至故犯科條？據該御史奏稱，近有倩人寫成小卷，或將坊刻小本
> 書籍攜帶入場。甚至有貢院夫役包攬，代為帶入者。殊屬大幹功令。
> 嗣後著辦理科場，及搜檢各官，凡遇考試，務遵科場條例，認真查
> 辦，不得視為具文，亦不得任聽搜檢人役有意裁害。其坊刻小本講
> 章、策略等書，著該地方官出示嚴禁，以杜弊端。至本年鄉試年分，
> 邱家煒違例條奏科場事宜，著交部察議，欽此。（清英匯《科場條例》
> 卷二十九，清咸豐刻本）

清代在奏疏中也沒有把用於考試作弊的小版本書籍視為巾箱本，他們說
的是「坊刻小本書籍」「坊刻小本講章、策略等書」。也就是說，版本的概念與
法律的概念之間並不一致。我們不能把巾箱本與違反考試規定的小冊子等同
起來。巾箱本是一種特定的版本類型，它是小本書籍的一種。

第三，戴埴並非最早將「巾箱本」的歷史追溯到南朝的人。戴氏關於巾箱
本的記錄是不是確定從《南史》記載而來呢？我們看到，比戴氏稍晚一屆成進
士的王應麟（1223～1296）也曾記錄了「巾箱五經」故事。戴埴是理宗嘉熙二
年（1238）進士，王應麟在淳祐元年（1241）成進士。王氏在《玉海藝文》中

〔註92〕〔清〕徐松：《宋會要輯稿》，劉琳等校點，上海：上海古籍出版社，2014年，
第5384～5385頁。

有「齊巾箱五經」條。〔註93〕在該書的「經解‧總六經」類目中，王氏《玉海》擇取了魏晉六朝的「晉十九博士太學石經」「晉《五經通論》」「晉《五經同異論》」「晉《五經音訓》」「晉《五經鉤沉》」「晉《五經大義》」「齊巾箱五經」「梁《五經講疏》」「後魏《五經疑問》」等著作與事項。其中，王氏書中的「齊巾箱五經」條文字，除了沒有將夾袋與巾箱本相聯繫之外，內容與戴氏所述相差無幾。這意味著，王應麟與戴埴的文獻來源或許出自同一部書。這部書可能是什麼書呢？王應麟在《玉海‧藝文》中的另外一條，為我們提供了史料來源的線索。這一關鍵的信息是：

> 《元豐事物紀原》。《書目》：十卷（即《中興館閣書目》著錄十卷）。元豐中，高承以劉存、馮鑒《事始》刪謬除複，增益名類，皆援摭經史，以推原初始。凡二百七十事。〔註94〕

關於《事始》，王氏的記錄為：

> 唐吳王諮議與長史房德懋等集經史諸書，以類分門，為《事始》三卷（原注：《唐志‧小說家》：《事始》三卷，劉孝孫、房德懋。又三卷，劉睿續。後蜀馮鑑採群書，續《事始》五卷。宣和中，朱繪以《事始》疏略，撰《事原》三十卷。《北史》：劉懋撰諸器物造作之始，十五卷，名曰《物祖》。《唐志‧雜家》：謝昊《物始》十卷。〔註95〕

由此可見，《事物紀原》這部書是從唐代人編輯的《事始》一書而來。從唐代開始就有學者編集類書，這類書得到了學者們的好評，從五代到北宋皆有人做進一步的加工。高承的《事物紀原》一書就是在唐人著述的基礎上修訂而來的。高承生平不可考。唯一可以確定的是，高承在神宗元豐年間（1078～1085）編集了《事物紀原》一書。〔註96〕中華書局點校本《事物紀原》十卷本

〔註93〕〔宋〕王應麟撰，武秀成、趙庶洋校證：《玉海藝文校證》，南京：鳳凰出版社，2013年，第372頁。

〔註94〕〔宋〕王應麟撰，武秀成、趙庶洋校證：《玉海藝文校證》，第1026頁。

〔註95〕〔宋〕王應麟撰，武秀成、趙庶洋校證：《玉海藝文校證》，第1027頁。

〔註96〕《事物紀原》是一小型類書，又名《事物紀原集類》。南宋陳騤《中興館閣書目》著錄十卷，陳振孫《直齋書錄解題》著錄二十卷，明初胡儼曾有藏本，明代有正統九年（1444）陳華刻本、正統十三年（1448）閻敬刻本、成化八年（1472）李果刻本、弘治十八年（1505）魏氏仁實堂刻本、萬曆間胡文煥刻《格致叢書》本等。國家圖書館存有宋刻本《重修事物紀原集》殘本，日本靜嘉堂文庫藏有二十卷全本。兩部宋刻本應為同一版本，即南宋寧宗慶元三年（1197）

（1989）以明代人重新整理的版本為基礎，學者甚至為該書是否曾為宋代人編集產生了爭議。〔註97〕幸運的是，高承《事物紀原》一書的宋刻本尚有存世。其中，國家圖書館藏殘卷一冊，日本靜嘉堂文庫存有完整的南宋慶元三年（1197）刻本。不論國家圖書館藏殘本，還是日本靜嘉堂藏全本，此前皆不為學界熟知，今國家圖書館藏宋刻殘本與日本靜嘉堂皆有電子版本公布，可供我們據影像版本比勘。

　　日藏宋刻本《事物紀原》題《重修事物紀原集》，共二十卷五十五門。該書第七卷第十七門「經籍藝文門」列四十四條，前八條分別為：「文字」「圖書」「書契」「五經」「四部」「巾箱」「石經」「印板」。其中「巾箱」條說：

> 巾箱。《南史》「齊衡陽王鈞嘗親手細書《五經》，部為一卷，置巾箱中。侍讀賀玠曰：『殿下家有墳素，復何細書，別藏巾箱？』鈞曰：『巾箱中檢閱既易，且更手寫，則永不忘矣。』諸王聞之，爭做為巾箱。」今謂經籍之細書小本者為巾箱，此其始也。〔註98〕（《事物紀原集》卷七）

　　更有趣的是，《事物紀原集》原本或許就是「細書小本」的「巾箱」冊子。宋版《重修事物紀原集》的目錄分為上下兩卷，目錄上之後有刊書牌記四行，云：

> 此書系求到京本，將出處逐
> 一比校，使無差繆，重新寫作
> 大板雕開，並無一字誤落。嘗
> 慶元丁巳之歲建安余氏刊。

　　這裡的「大板雕開」四字說明，之前的版本是京本「小板」，或許就是一

建安余氏刊本。詳見：查雪巾：《〈事物紀原〉版本源流新考——以靜嘉堂文庫所藏南宋慶元刻本為中心》，《域外漢籍研究集刊》，2018 年第 1 期，第 365～399 頁。

〔註97〕張志和：《〈事物紀原〉成書於明代考》，《東方論壇》，《青島大學學報》，2001 年第 4 期，第 59～65 頁；朱仙林、曹書傑：《〈事物紀原〉初本成於宋代考》，《歷史文獻研究》，2012 年，第 218～225 頁。

〔註98〕國家圖書館藏殘本與靜嘉堂文庫同，觀其版刻，應為同一版本。明人重訂十卷本保留此條，但卷次略有不同。中華書局以清道光年間李錫齡《惜陰軒叢書》本點校整理，是據明李果刻本覆刻，李氏將宋本「經籍藝文門」改作「經籍藝文部」，且列入第四卷。見：〔宋〕高承：《事物紀原》，〔明〕李果訂，金圓等點校，北京：中華書局，1989 年，第 182 頁。

「巾箱本」。這裡的「巾箱」條是否即出自唐人手筆已不可考。若是出自唐人，那麼我們可以認為在《南史》完成之後，即有學者對其中的史料加以利用。若非唐人所為，其著作權歸高承的話，也要早於南宋末期的戴埴《鼠璞》一書。按照《事物紀原》的說法，巾箱冊子就是那種「細書小本」。它之所以有「巾箱」之名，最開始是與藏書的裝具有關的。

總之，戴埴《鼠璞》是最早將正史中的巾箱五經與版刻書籍相聯繫的著作。但在他之前已有北宋高承《事物紀原》一書將南朝故事引入。我們注意到，剛開始時，「巾箱」冊子是和書籍的裝具有著密切關係的。

我們再看最早記錄「巾箱」的文獻，即梁元帝蕭繹《金樓子》。〔註99〕這部書在唐宋的史志目錄，如《隋書卷三四・經籍志》《舊唐書卷四七・經籍志》《新唐書卷五七・藝文志》等書目中皆著錄為十卷。明代人編集《永樂大典》時曾予以抄錄，之後未見單行傳本，所以清乾隆時編修《四庫全書》，館臣只能從《永樂大典》中輯錄出，是為六卷。〔註100〕該書有《聚書篇》，明確表示巾箱就是藏書的箱子。蕭繹說：「又聚得細書《周易》《尚書》《周官》《禮記》《毛詩》《春秋》各一部。又使孔昂寫得《前漢》《後漢》《史記》《三國志》《晉陽秋》《莊子》《老子》《肘後方》《離騷》等，合六百三十四卷，悉在巾箱中，書極精細。」〔註101〕很明顯，這裡的巾箱就是書箱。

從《金樓子》《南史》到《事物紀原》《鼠璞》關於「巾箱」的認識有了比較明顯的變化：

南朝，《金樓子》：《離騷》等，合六百三十四卷，悉在巾箱中，書極精細。

唐代，《南史》：蠅頭細書，別藏巾箱；

北宋，《事物紀原》：經籍之細書小本者為巾箱；

南宋，《鼠璞》：刊印小冊謂巾箱本。

巾箱並非秦漢及以前的詞彙。唐宋以來使用它表述和著述有關的事，它就

〔註99〕 李洣：《書林清話校補》（1936）一文已指出《金樓子》的記錄要早於「巾箱《五經》」：「案《金樓子》卷二：『使孔昂寫得《前漢》《後漢》《史記》《三國志》《晉陽秋》《莊子》《老子》《肘後方》《離騷》等，合六百三十四卷，悉在巾箱中，書極精細』云云。其為細字小帙，又過於衡陽王鈞《五經》本矣。」（葉德輝：《書林清話》，吳國武等整理，北京：華文出版社，2012 年，第 338 頁。）

〔註100〕 鍾仕倫：《金樓子研究》，北京：中華書局，2004 年，第 37～39 頁；龔斌：《南蘭陵蕭氏文化史稿》，上海：上海古籍出版社，2015 年，第 271～272 頁。

〔註101〕 〔南朝梁〕蕭繹撰，陳志平等疏證校注：《金樓子疏證校注》，上海：上海古籍出版社，2014 年，第 372 頁。

成了一個歷史的典故。余嘉錫說，「後人詩詞所用典故，縱或引自雜書，亦多原出經史也。在博觀而慎取之耳。」〔註102〕如果我們認為巾箱典故出自《南史》亦是無可厚非。但必須注意的是，《金樓子》及《南史》皆強調巾箱藏書皆為精細的手書特徵；《南史》及《事物紀原》皆著重強調巾箱書籍的「細書」特點，而《事物紀原》則更進一步加上了「小本」；到了《鼠璞》，他保留了「小本」，將其改為「小冊」，同時加上了「刊本」。這就是從「巾箱」到「巾箱本」的認識演變，也即從寫本到印本的演變。從北宋開始，作為一種書籍類型的「巾箱」或「巾箱本」已經與作為裝具的「巾箱」沒有直接的關聯了。

　　至於當代的圖書館學者，則無一例外地將巾箱本與古籍善本中的小版本聯繫起來，如穆衡伯（1896～1970）說：「巾箱本，今人亦稱袖珍本。古稱帽為頭巾，人外出旅行，必須攜帶小箱，以備安放頭巾之用。巾箱本者，言書本之小，可以隨時閱讀也。或云古稱手帕亦曰巾，古人重視手帕，以小箱貯之，名曰巾箱。無論其義為何，其為小本則一也。」〔註103〕來新夏（1923～2014）說：「人們為了珍藏圖書，常將心愛之書藏在巾箱中，稱巾箱細書，類似今之袖珍本。」〔註104〕當代的圖書館學者或許已經注意到了前代文獻中的重複故事，但是他們在不經意間就用常識的重複來思考。我們要注意的是，「復述傳統觀點的目的是要在復述中把非傳統觀點隱藏起來。這樣看來，重要的不是不斷重複的傳統觀點本身，而是對傳統觀點本身所作的省略性處理。」〔註105〕從上面的文獻記錄我們可以看到，雖然是重複，但是每一次都對上一個陳述做了修改，直到它成為新的常識為止。

六、何謂巾箱？

　　何以認為巾箱是書箱，且是六朝至唐代的說法呢？我們可以從一則史料入手進行考察。如前所述，繆荃孫《劉楚園影宋巾箱本叢書序》和李致忠先生《古籍版本知識 500 問》中都注意到了《北堂書鈔》卷一百三十五「王母巾箱」條引《漢武內傳》。我們看到，馬宗霍《南史校正》中提及宋李昉《太平

〔註102〕余嘉錫：《古書通例》，北京：商務印書館，2011 年，第 263 頁。
〔註103〕穆衡伯：《古籍雜談》，南京：鳳凰出版社，2010 年，第 189 頁。
〔註104〕來新夏等：《中國古代圖書事業史》，上海：上海人民出版社，1990 年，第 78 頁。
〔註105〕〔美〕施特勞斯：《迫害與寫作藝術》（2 版），劉峰譯，北京：華夏出版社，2020 年，第 63 頁。

御覽》卷七百一十一《服用部》十三即引用了《齊書》「巾箱五經」事。該書「巾箱」條，第一則史料即為：「《漢武內傳》曰：武帝見西王母巾箱中有一卷書。王母曰：此《五嶽真形圖》。昨青城諸仙就我求之，今當付之。」（《四部叢刊三編》影宋本）

　　《漢武內傳》即《漢武帝內傳》，關於該書的作者和成書年代尚有爭議，有六朝說、魏晉說、東漢末年說等推論。〔註106〕學者據文本內容、道教歷史、歷代書目著錄及相關書籍引用等多重考證，六朝時期的可能性會更大。如果我們從「王母巾箱」來考證的話，也能為該書的成書年代做一旁證。《漢武故事》曾廣為流傳，其中的故事被很多書籍採用，「王母巾箱」即其中之一。我們看到唐代人虞世南編輯的《北堂書鈔》一書就有引用，它值得我們注意。該書卷一百三十五有「巾箱」多條，包括「王母巾箱」「朱護巾箱」「巾箱內菓」「巾箱內藥」「巾箱微覺有聲」「巾箱有韓角響」「有小書」「有金鏡」，可見唐人對於巾箱一次頗為熟悉。其中「王母巾箱」條在唐宋以來的各種書籍中多有引用，最能反映作為書箱的「巾箱」的語言歷史演變過程。《北堂書鈔》卷一百三十五「服飾部四」之「巾箱」條云：

> 王母巾箱。《漢武內傳》云：帝見王母巾箱中有一卷小書，盛以
> 紫錦之囊。○今案，守山閣本《漢武內傳》「箱」作「笈」，「一卷」
> 作「卷子」，餘同。其夾註云：《廣記》無小字。又云：《類說》作巾
> 箱。陳俞本刪「盛以」句，添引「王母曰」四句。〔註107〕（《北堂書
> 鈔》卷一百三十五）

　　考察異文是前人讀書的一個習慣。標注異文為我們瞭解同一文本在不同版本中的流變情況。所以，我們看到明代人在閱讀《北堂書鈔》時就已經注意到了「巾箱」在不同版本中有的文字流動。這種流動變化，其實不僅僅涉及到書籍不同版本的差異，更在一定程度上為我們考察文本的時代影響提供了有

〔註106〕劉傑：《從道教仙真譜系看〈漢武帝內傳〉的成書時間》，《天中學刊》，2020年第4期，第63～67頁；丁宏武：《〈漢武帝內傳〉非葛洪之作補證——兼論逯欽立輯錄五首葛洪佚詩的真偽》，《文史哲》，2011年第4期，第38～47頁；劉傑：《漢武帝故事及其文化闡釋》，南開大學博士研究生學位論文，2010年；王青：《〈漢武帝內傳〉研究》，《文獻》，1998年第1期，第3～28頁；李劍國：《唐前志怪小說史》，天津：南開大學出版社，1984年，第198～212頁。

〔註107〕《續修四庫全書》編纂委員會編：《續修四庫全書》（第1212冊），上海：上海古籍出版社，1996年，第634頁。

力的證據。因為一切語言皆有其時代的特色，一切文本皆有歷史的投影。我們進一步考察可以發現，同一個對象有「巾笈」「巾箱」「巾器」「巾卷」等四種表達，其含義都是我們今天所理解的書箱。

其一，「巾卷」為書箱。清人高士奇為隋朝人杜公瞻《編珠》所作補遺有：「《漢武內傳》曰：帝見西王母巾卷中有一卷小書，盛以紫錦之囊。」〔註108〕（《編珠》卷三）這裡用「巾卷」恰好與唐李善注《文選》以巾箱解釋巾卷一致。

其二，巾箱為書箱。唐代人已經廣泛使用「巾箱」，或許就是這一時期的作者將「巾卷」改成了「巾箱」也未可知。這樣，「王母巾箱」這一詞就傳承下來，為後世學者所熟悉。比如題宋呂祖謙著《東萊先生分門詩律武庫》卷第五：「雲錦囊。《漢武帝內傳》：帝見西王母巾箱中有卷小書，盛以紫錦囊。帝問：此何書？曰：此《五嶽真形圖》也。」〔註109〕

其三，巾笈為書箱。宋李昉《太平廣記》卷三：「見王母巾笈中有一卷書，盛以紫錦之囊。帝問：此書是仙靈方耶？不審其目可得瞻盼否？王母出以示之，曰：此《五嶽真形圖》也。」〔註110〕又明《正統道藏》洞真部記傳類《漢武帝內傳》的記錄是：「見王母巾笈中有卷子小書，盛以紫錦之囊。帝問：此書是仙靈之方邪？不審其目，可得瞻眄？王母出以示之，曰：此《五嶽真形圖》也。」〔註111〕《正統道藏》利用了不少宋元以來的書籍，其中保留了宋代人的寫法是很自然的。

其四，唐歐陽詢《藝文類聚》卷八十五記錄為：「見西王母巾器中有一卷小書，盛以紫錦之囊。」〔註112〕（宋刻本）又，宋吳淑《事類賦》卷第十：「《漢武內傳》曰：帝見西王母巾器中有一卷小黃書，盛以紫錦之囊。帝問：

〔註108〕《景印文淵閣四庫全書》（第887冊），臺北：臺灣商務印書館股份有限公司，1986年，第81頁。

〔註109〕四庫全書存目叢書編纂委員會編：《四庫全書存目叢書子部》（第167冊），濟南：齊魯書社，1995年，第730頁。

〔註110〕《景印文淵閣四庫全書》（第1043冊），臺北：臺灣商務印書館股份有限公司，1986年，第16頁。

〔註111〕張繼禹：《中華道藏》（第46冊），第164頁。《中華道藏》據《正統道藏》點校，並參校《守山閣叢書》本等。據《道藏提要》，此書作者存在爭議，或題不著撰人，或題葛洪撰，亦有託名班固者。（任繼愈：《道藏提要》，北京：中國社會科學出版社，1995年，第217頁。）古籍流傳中多有託名者，或為傳播需要，或為避免爭議，或崇古，或依託，古籍善本中此類案例頗夥。

〔註112〕《中華再造善本》，北京：北京圖書館出版社，2004年。

此何書？王母曰：《五嶽真形圖》也。」〔註113〕（宋紹興十六年刻本）又，宋人晁載之《續談助》卷四：「又見王母巾器中有一卷小書，盛以紫錦之囊。帝問：是靈方邪？王母曰：此《五嶽真形圖》也。」〔註114〕用「巾器」表達書箱的意思，大概是因為作者當時既不願意使用「巾笥」之類的詞彙，也不知道用何種其他詞彙來更好的表達，就創造了一個新詞。

以上所記皆為同一故事，出處皆為《漢武內傳》這部書，但其中關於書箱就有四種不同的說法。這並非簡單的異文，也不存在哪一種才是原本最準確的說法。這四種說法為我們提供了從隋唐至明清時代知識分子對於同一種物品的不同理解。

我們用書箱的稱謂變化能夠為《漢武帝內傳》一書的產生時代提供語言的證據，即它是後世託名班固的作品，最有可能的時代是南北朝時期，因為只有那個時代才有將「巾卷」作為書箱的。余嘉錫考證認為，張柬之在《洞冥記跋》文中提到葛洪造《漢武帝內傳》《西京雜記》等，余氏以為，「當從柬之定為葛洪所依託，至於《漢武故事》《洞冥記》二書，據柬之言，乃王儉及梁元帝所造，初非出於葛洪一人之手，而其文亦與此書相出入者。」〔註115〕我們從諸書引用《漢武故事》「王母巾箱」條的內容來看，或許這部《漢武帝內傳》也如余嘉錫所考證，經過葛洪之後的南朝人編集而廣為流傳。

巾箱就是放頭巾的小箱子，這是望文生義的做法。毛春翔認為這是有問題的，因為從他的認識來看，放帽子的箱子，未必就是小箱子。所以他說，古人把帽子稱作巾，手帕也稱作巾，巾箱到底是放頭巾，還是放帽子的箱子呢？他以為從《天中記》引《異苑》有「晉武帝太康末，每聞手巾箱中有鼓吹鞞角之音」可以確定：「巾箱者，手巾箱也。」他說，古代人對於手巾極為看重，所以會用小箱子存放。到了六朝時期，書籍大都是手卷，體積小，就可以放在手

〔註113〕 《中華再造善本》，北京：北京圖書館出版社，2006 年。

〔註114〕 《叢書集成初編》，北京：中華書局，1985 年，第 72 頁。

〔註115〕 余嘉錫：《四庫提要辯證》，北京：中華書局，2007 年，第 1132 頁。余氏辯證稱，四庫館臣不讀釋道書，不知《道藏》中有《漢武帝故事》完本，以世傳不完整本為底本抄錄；又說，此書在傳世過程中，後人不斷增添新的內容，直到入《道藏》為之，其文本皆處於變動過程中，有所謂「經後人竄亂，非復唐宋人所見之本」的說法。（《四庫提要辯證》，第 1131～1135 頁）書籍流傳中被讀者增加新內容之後再版發行故事極為常見，一如抄本時代中抄寫者增加內容一樣。如果沒有對書籍的這種傳承中的內容流變有所認知，就某一文本內容推斷全書或真或偽，只可能為臆斷。

巾箱子裏面。巾箱大概就是很小的箱子，應該與放手巾的箱子差不多。〔註116〕
那麼，放手巾的箱子才是巾箱呢？我們還需要進一步考察。

　　巾箱，也被寫作巾笈、巾笥，均出自寫本時代用縑帛裝東西，這種箱子
大概是用竹、藤一類的材料製作，用來放比較珍貴的物品。在紙張被發明，
並被廣泛應用之前，書寫的材料常用的是簡牘，貴重的是縑帛，巾箱連在一
起表示貴重物品，自然也包括書籍。比如《莊子・秋水篇》：「莊子釣於濮水。
楚王使大夫二人往先焉，曰：『願以境內累矣。』莊子持竿不顧，曰：『吾聞楚
有神龜，死已三千歲矣。王巾笥而藏之廟堂之上。此龜者，寧其死為留骨而
貴乎？寧其生而曳尾於塗中乎？』」成玄英疏云：「盛之一笥，覆之以巾，藏
之廟堂，用占國事，珍貴之也。」〔註117〕後來，巾笥就指代存放重要物品的
箱子。據汪桂海《考古資料所見簡帛時代書籍裝具》可知，考古發現的巾笥
最有名的是民國時長沙子彈庫帛書竹笥，蔡季襄《晚周繒書考證》對此有詳
細描述，指出該竹製書箱「內糊以薄絹，工極精巧」，也有學者認為箱子內部
的絹帛也可能是帛書的殘留。〔註118〕如果我們認為這類箱子就是巾笥的話，
應是比較合理的推測。另外，汪桂海文章中還提到，1993 年考古工作者發掘
周家臺三〇號秦墓時也發現了一個較為完整的笥。考古報告稱，在發掘時「笥
內積滿淤泥。經清理，內裝的物品除竹簡外，還有竹筆桿、竹筆套、竹墨盒、
塊墨、鐵削刀等書寫工具，以及銅帶鉤、編織袋及小型木器等。清理前，殘長
三八釐米，殘寬一六釐米，高九釐米。」〔註119〕汪文考察了數種考古發掘的
笥，規格不一，有長寬高分別為 20.32×10.16×3.81 釐米（長沙子彈庫楚墓
笥）、48×28×6 釐米（荊州胡家草場西漢墓笥一）和 58×44.8×7.8 釐米（荊
州胡家草場西漢墓笥二）等，也就是說古人製作的書箱，有各種不同的型號，
大小皆有；小者存放帛書，大者存放竹書。前者可能就是所謂的巾笥，它是

〔註116〕毛春翔：《古書版本常談》，中華書局上海編輯所編輯，上海：中華書局，1962
　　　　年，第 66 頁；《古書版本常談（插圖增訂本）》，上海：上海古籍出版社，2002
　　　　年，第 86 頁。
〔註117〕《莊子注疏》，〔晉〕郭象注，〔唐〕成玄英疏，北京：中華書局，2011 年，第
　　　　328 頁。
〔註118〕汪桂海：《考古資料所見簡帛時代書籍裝具》，《文獻》，2021 年第 1 期，第 173
　　　　頁。
〔註119〕湖北省荊州市周梁玉橋遺址博物館：《關沮秦漢墓簡牘》，北京：中華書局，
　　　　2001 年，第 151 頁，轉引自：汪桂海：《考古資料所見簡帛時代書籍裝具》，
　　　　《文獻》，2021 年第 1 期，第 173 頁。

貴族的物品。

　　箱字的意思最初指房間或者車子。王力《同源字典》中提到朱駿聲曾說過：「箱字，漢以前無篋笥之稱。」〔註120〕作為「箱子」意涵的「箱」開始取代早期作為較大的密閉空間的「車廂（箱）」「廂房」：箱的早期意思是車箱（《詩經‧小雅‧甫田》「乃求千斯倉，乃求萬斯箱」、《詩經‧小雅‧大東》「睆彼牽牛，不以服箱」、《說文解字》「箱，大車牝服」），或者代指車（《後漢書‧張衡傳》「斥西施而弗御兮，羈要褭以服箱」），或者正廳兩旁的房子，即廂房（《儀禮‧公食大夫禮》「賓升，公揖，退於箱」、《漢書周昌傳》「呂后側耳於東箱聽」、《漢書‧班彪傳》「錯趨避東箱，甚恨」）。南北朝時期，還有把箱作量詞的，相當於「座」，如酈道元《水經注‧河水》「又於河西造大城一箱，崩，不就。」而箱字當作收藏物品的箱子的意思，是後起的，能找到的早期記載，有《古詩為焦仲卿妻作》「箱簾六七十，綠碧青絲繩」、杜甫《村雨》「挈帶看朱紱，開箱看黑裘」和《晉書‧郗超傳》「（超）將亡，出箱書付門生。」〔註121〕其中，《古詩為焦仲卿妻作》（即《孔雀東南飛》）是南北朝時期的作品，《晉書》則是初唐時期房玄齡、褚遂良等人的作品，也就是說箱的字義在六朝時期出現了變化，從裝人、裝物的大空間，變成了裝特定對象「箱子」。

　　到唐宋時期，人們已經廣泛用「箱篋」「箱籠」取代漢魏以來的「笥」「械」「篋」等單字表示裝物的容器。慧琳《一切經音義》（即《慧琳音義》）中記錄了很多條，此處擇錄數條：

　　　　三篋。謙煩反。《禮記》云：篋，盛物之械也。篋者，盛經書、衣物器也。《古今正字》云：篋，笥也。從竹，匧聲也。《說文》匧字從方（匚）夾聲也。〔註122〕（《一切經音義》卷一）

　　　　寶函。遐緘反。俗字相傳誤用。函谷，秦時關名。《說文》：正從木作械。械，篋也。《廣雅》云：篋謂之械。《韻詮》云：盛經書器

〔註120〕王力：《王力文集第八卷‧同源字典》，濟南：山東教育出版社，1992年，第477頁。

〔註121〕王力：《王力古漢語字典》，北京：中華書局，2000年，第884頁；商務印書館此書研究中心：《古代漢語詞典》（2版），北京：商務印書館，2018（2014）年，第1623頁。

〔註122〕《續修四庫全書》編纂委員會編：《續修四庫全書》（第196冊），上海：上海古籍出版社，1996年，第323頁；徐時儀校注：《一切經音義三種校本合刊》，上海：上海古籍出版社，2008年，第523頁。

物也。經以寶為匣，盛佛舍利。〔註123〕（《一切經音義》卷二）

　　箱篋。上想羊反。《字林》：箱，竹器也。《考聲》：篋，械也。《說文》：笥也，從竹，篋聲也。或從木，作柩類，音兼叶反。〔註124〕（《一切經音義》卷二）

　　寶篋。輕頰反。《文字集略》：箱類也。《古今正字》：篋，笥也。《韻英》：箱，篋也。本作医，今加竹。《周禮》：盛物之械（械）也，音咸。〔註125〕（《一切經音義》卷四）

　　負笈。奇急反。《風土記》云：笈，謂學士所以負書箱，如冠箱而卑者也。謝承《後漢書》云：負笈隨師也。〔註126〕（《一切經音義》卷十）

　　從《一切經音義》的解釋可知，漢魏以來人們開始把裝書用的容器稱為函篋或者箱篋，同時也區別於那種背負行走的書箱，後者仍用「負笈」這一古老的稱謂。後來，「箱子」成為市民社會中一般人所常用的詞彙，在朱熹的文集中就多有記載。其中最為書籍史家所關注的是其與唐仲友的公案中《按唐仲友第六狀》記錄了明州百姓蔣輝的一段供詞。蔣輝稱唐仲友要他在公使庫中開雕《揚子》《荀子》，之後又開雕會子（紙幣）：

　　次日，（蔣輝）見金婆婆送飯入來，輝便問金婆婆：「如何得紙來？」本人言：「你莫管，仲友自交我兒金大去婺州鄉下撩使菴頭封來。」次日，金婆婆將描模一貫文省會子樣入來，人物是接履先生模樣。輝便問金婆婆，言是大營前住人賀選在裏書院描模。其賀選能傳神寫字，是仲友宣教耳目。當時將梨木板一片與輝，十日雕造了，金婆婆用藤箱子乘貯，入宅收藏。又至兩日，見金婆婆同三六宣教入來，將梨木板一十片，雙面，并後《典麗賦》樣第一卷二十紙。其三六宣教稱：「恐你閑了手，且雕賦板，俟造紙來。」其時，

〔註123〕《續修四庫全書》編纂委員會編：《續修四庫全書》（第196冊），第336頁；徐時儀校注：《一切經音義三種校本合刊》，第545頁。

〔註124〕《續修四庫全書》編纂委員會編：《續修四庫全書》（第196冊），第337頁；徐時儀校注：《一切經音義三種校本合刊》，第547頁。

〔註125〕《續修四庫全書》編纂委員會編：《續修四庫全書》（第196冊），第356頁；徐時儀校注：《一切經音義三種校本合刊》，第580頁。

〔註126〕《續修四庫全書》編纂委員會編：《續修四庫全書》（第196冊），第404頁；徐時儀校注：《一切經音義三種校本合刊》，第669頁。

三六宣教言說：「你若與仲友做造會子留心，仲友任滿，帶你歸婺州，照顧你不難。」輝開賦板至一月，至十二月中旬，金婆婆將藤箱貯出會子紙二百道，並雕下會子板及朱、靛青、棕、墨等物付與輝，印下會子二百道了，未使朱印，再乘在箱子內，付金婆婆將入宅中。〔註127〕（《晦庵先生朱文公文集》卷十九）

金婆婆用的箱子是什麼箱子呢？自然是書箱。除了裝書，還可以裝印好的紙幣（會子），以及和書有關的東西，裝在箱子的是二百紙，恰與杜牧詩中所謂「三百紙」的書箱相吻合。或許當時的書箱，常規的形制就是那種能存放二三百紙的規格。

從朱子的記錄可以看到的是，到了南宋時，人們（特別是非士人階層）用「箱子」一詞已經比較常見，巾箱之類的詞彙可能更多的保存在《事物紀原》《鼠璞》之類的書籍之中，成為知識人的專用詞彙。

把書放在櫃子、箱子裏，古今皆然。用精美的竹製箱子來存放書籍，並把它當作重要的身份象徵，則至少延續到了南北朝時期。南齊宗室蕭鈞用縑帛手寫五經，存放之箱，大概也是類似長沙子彈庫這樣的巾笥。不過，到了唐代人重新書寫歷史時，箱字的使用更為普遍，笥、笈、篋皆不如箱使用廣泛。箱這個字，從《詩經》中「乃求千斯倉，乃求萬斯箱」的「車廂」和漢代人的「東箱」「西箱」逐漸變成了我們今天所理解的箱子。也許李延壽等唐代史官在寫作《南史》時，也就自然用了巾箱而非古代的巾笥。李延壽是不是想到了「學富五車」和「青箱之學」的典故呢，這是另外一個問題。我們要問的是，為什麼他不用巾笈呢？這可能與唐代佛教徒把巾笈變成了他們的特色有關。從《西安慈恩寺大雁塔玄奘法師像》《敦煌唐代壁畫達摩多羅尊者》等圖像可知，唐代以來，行腳僧人背負的擱經書的竹木架子被稱為「負笈」。〔註128〕這種竹笈不具有箱子的封閉性，又在佛教傳入之後被僧人廣泛使用，士人階層也就越來越少用它了，而且，正如《一切經音義》中所揭示的「笈」是人背著走的書箱子，不是放在家裏裝貴重物品的箱子，故而史傳作家們自然不再使用「巾笈」，甚至將原有傳說故事中的巾笈改為巾箱。比如

〔註127〕〔宋〕朱熹：《朱子全書第 20 冊‧晦庵先生朱文公文集》（修訂本），上海：上海古籍出版社，2010 年，第 867 頁。

〔註128〕沈從文：《沈從文全集第 32 卷 中國古代服飾研究》，太原：北嶽文藝出版社，2002 年，第 296 頁。

前述被學者廣泛引用的相傳為班固所作《漢武帝內傳》的「王母巾箱」在不同時代的作者轉引中出現了比較明顯的變化，這種變化正好能夠說明「巾箱」這一概念在魏晉南北朝至唐再到宋，即從寫本時代向印本時代轉變的這一歷史時期，中國社會經濟和文化發生了很大的變化，不少舊詞彙開始以一種新的意義出現，並且延續到近代。

「巾箱」原為藏書的箱子。經史傳作家和類書編輯者的努力，它從一個實物的概念演變變成與讀書人學術生涯相關的詞彙。它被唐宋以來的詩人、作家寫進他們的作品中，成為一種歷史的記憶，具有詩情畫意的人文意涵。南宋詩人陸游（1125～1210）就有兩首詩提及巾箱，其一是《冬夜讀書》，詩曰：「霜雪紛紛滿鬢毛，凋年懷抱獨蕭騷。房櫳夜悄孤燈暗，原野風悲萬木號。病臥極知趨死近，老勤猶欲與書讎。小兒可付巾箱業，未用逢人歎不遭。」〔註129〕（《劍南詩稿》卷二十三）校注者拈出「巾箱」典故，即《南史》卷四一所載南齊宗室蕭鈞手寫巾箱五經故事。陸游當是知曉這這一歷史典故的，但他在這裡使用「巾箱」二字應是在珍視自己的作品的意義上來使用「巾箱」一詞的。其二是《雨涼小飲戲作》，詩曰：「孤村小院雨輸涼，團扇流塵簟避床。蹋思感秋吟壞壁，螢光乘暗繞高粱。巾箱字細成褫懶，醞釀杯深斷送狂。坐睡覺來人已散，簾櫳時度玉簪香。（原注：玉簪，花名。）」〔註130〕（《劍南詩稿》卷二十七）這裡，他保留了巾箱為字為「細書」的原義。陸游一生著述豐富，《劍南詩稿》刊於生前，其巾箱之藏如《劍南詩續稿》《渭南文集》等付其子陸子虡、陸子遹，陸氏兄弟將這些詩文先後付梓，為後世留下了寶貴遺產，這就是前人的巾箱之業。

這種理解，對前人而言是熟習的典故。我們看到清人田雯（1635～1704）《貴陽府學藏書碑記》中說到：「余於甫入黔之日，葺治學宮，復其舊觀。瞻顧（顯）〔題〕榮，周行階阤，傳有司帥博士弟子，遊歌講肆於其地。踰三年辛未秋，余以憂去黔。將行矣，巾箱中有書（若）〔如〕干種，凡數十百卷，皆著目，留之學宮，櫝藏庪載，令學官掌之（提）學使者，集黔之士，日（積）〔稽〕月課，庶（地）有志者得以卒業焉。」〔註131〕田雯是康熙三年（1664）

〔註129〕錢仲聯：《劍南詩稿校注》，上海：上海古籍出版社，1985年，第1717頁。

〔註130〕錢仲聯：《劍南詩稿校注》，第1905頁。

〔註131〕〔清〕周作楫等：《〔道光〕貴陽府志・餘編卷八》，清道光二十年（1840）刻咸豐二年（1852）補刻本，第7頁。轉引自：柳森：《清代西南官學藏書研究》，北京：光明日報出版社，2022年，第99頁。按，此文收入田雯《古歡

進士，曾任江南學政、江蘇巡撫、貴州巡撫、戶部侍郎，藏書萬卷，盧見曾（1690
～1768）《里門感舊詩》「牙籤充棟足高門，舊庫於今幾尚存。最愛遺堂仍賜額，
藏書萬卷到玄孫」表彰其家族藏書福澤子孫。〔註132〕正因為有豐厚的藏書，
熟悉藏書典故，田雯才會在他的文章中用「巾箱」一詞，表示他留給貴陽學子
的書籍都是值得珍視的。

七、近出小本

　　從我們以上對於巾箱的歷史考察可以看到，從巾箱本與巾箱之間並沒有
直接的關聯，正如黃永年所說「冊葉的冊，則是指旋風葉以後的書冊，當然不
同於最早用竹木簡時候的簡冊，書冊之冊是從簡冊之冊借用來的，在形式上兩
者並無關涉。」〔註133〕但既然前人已經通過史書、類書和其他各種書籍的記
載，讓古代曾經使用的概念保存下來，並且賦予它新的意義。從這一點來說，
這種歷史的傳承又具有其文化史的意義。那麼，「細書小本」的雕版冊子，為
何被後世所推崇呢？它又具有何種書籍出版的價值呢？我們可以宋代以來的
雕版書例見其一斑。

　　首先，刊刻小本的動力何在？或者說，人們基於何種心理要刊刻這種類型
的書籍呢？明陶望齡《歇庵集》卷十《募刻小本華嚴經緣起》為我們提供了這
方面的信息：

> 性泉居士既刻《法華》《楞嚴》二經，長咫厚寸，簡帙精約，細
> 書如行蟻，構體佈勢，宛然偉博，遂為法苑奇寶。又將以其法刻《大
> 方廣華嚴經》。其言曰：法界無量，義天無涯。昔龍樹菩薩啟龍藏，
> 讀三本《華嚴》。大本有十三千，大千世界，微塵數偈；一四天下，
> 微塵數品。其傳至五天，所謂四十八品十萬偈者，特其小本耳。大
> 本非佛不能知見，中本住地菩薩乃知。然佛、菩薩知見，一文一偈，
> 固已全彰，況四十軸之多乎！智人破一微塵，出大經卷，以須彌筆，
> 四大海水墨，書經中一品，品中一偈，偈中一句，窮劫至劫，亦不
> 能盡。而其實句中有偈，偈中有品，品中有經。一中有多，攝之，

　　　　堂集·記卷二》，清康熙刻本，第 7 頁。田氏文集本與柳森所引《貴陽府志》
　　　　（國圖藏本索書號：地 360.11／136）本文字略有不同，〔 〕中為文集本文字。
〔註132〕柳森：《清代西南官學藏書研究》，北京：光明日報出版社，2022 年，第 100
　　　　頁。
〔註133〕黃永年：《古籍版本學》（2 版），南京：江蘇教育出版社，2009 年，第 50 頁。

故一微塵具足事耳。眾生背覺迷境，故見大見小，見一見多，達者
視之，則丈室中三萬師子，寶蓮花座；針鋒上無邊身菩薩，毛吞巨
海，芥納須彌，皆常分也。小中現大，大中現小；小不礙大，大不
礙小。龍樹以八十卷羅微塵數品偈。予以累寸之牘，括四十軸之全
文，義一而已。人刻一卷，為資白金五十鍰，五年而成之。歲輸金
十鍰，為力易集，俾後世知有以小本《華嚴》，鋟為小本者，自性泉
居士始。〔註134〕（《歇庵集》卷十三）

　　大小版刻書籍皆有其價值。小者能「以累寸之牘，括四十軸之全文」，又
能有「小中現大，大中現小；小不礙大，大不礙小」的說法，自然得到了人民
群眾的喜愛。明代人如此視之，宋代人未嘗也沒有此中想法。

　　其次，巾箱本曾為官刻本經典書籍的一種，得到了政府的鼓勵。雖然我們
現在不知道北宋政府刊行的書籍中有多少屬於這一類型，但據藏書家和版本
學家的記錄與考證，我們知道政府在刊行書籍時已經將「細書小本」作為惠民
政策項目。比如楊守敬曾在日本舊書店見到一影寫北宋版的《傷寒論》，每半
葉十行，行十九字。「此本影寫精緻，儼然北宋舊刻」，楊氏「念此書為醫家本
經，日本翻刻趙本其板已毀，恐他日仍歸堙滅，故特錄其經進官階於左，以審
世之存心濟世者」。據楊氏所抄錄的序文可知，《傷寒論》先於北宋仁宗至英宗
朝由儒臣醫官如歐陽修、曾公亮、林億、高保衡等完成校正，並於治平二年
（1065）雕版刊行，是為大板。醫書的校訂刊行數量較大，先本草，次醫方，
仁宗時代「系統地校刊了《內經素問》《靈樞》《難經》《傷寒論》《晁氏論》和
《針灸圖經》等古醫書」，同時「民間雕印開始發達，多刊一般實用書籍和官
府不屑鏤板的古今別集，廉價又便於攜帶的中小字經書和有政治內容的臣僚
文章，尤為人們所競購。」〔註135〕正是這種情況下，政府因應社會需要，開
始採用用「細書小本」，在報文、批示等全部流程完成之後，終於有了官版的
小本《傷寒論》。或許同時還有不少書籍政府也開始採用這種辦法刊行。

　　楊氏抄錄《傷寒論序》是北宋政府的刊書公文：

國子監准尚書禮部元祐三年（1088）八月八日符：元祐三年八月
七日酉時，准都省送下。當月六日，勅中書省勘會，下項醫書冊數重

〔註134〕〔明〕陶望齡：《陶望齡全集》，李會富編校，上海：上海古籍出版社，2019
　　　　年，第 746～747 頁。
〔註135〕宿白：《唐宋時期的雕版印刷》，北京：生活・讀書・新知三聯書店，2020 年，
　　　　第 41 頁。

大，紙墨價高，民間難以買置。八月一日奉聖旨：令國子監別作小字
雕印。內有浙路小字本者，令所屬官同校對，別無差錯，即摹印雕版。
並候了日，廣行印造，只收官紙工墨本價，許民間請買，仍送諸路出
賣。奉勅如右，牒到奉行。〔註136〕（《日本訪書志》卷九）

　　該公文之後尚有禮部、都省、中書省、尚書省、國子監、書庫等相關部門
的公文往復。政府原擬新刊小本只以成本價格售賣，但辦事機構即「書庫」認
為恐怕後續難以為繼，當酌情准許收費，最後定下標準是「每部收息一分」。
此等公文，自八月一日批文，至九月二十日送達，可見彼時行政程序之公文辦
事非一時可決。政府先開大板，二十年後再開小板，也在情理之中。

　　第三，民間刊行小本更為迅速便捷。細讀上述《傷寒論》所揭公文可知，
一如後世，政府以惠民為要務，要以成本價售賣文化產品，但經相關部分再三
交涉後，仍定下取息售賣。既然小字本要取息，大字本當也要取息，也就是說
當時政府收入中，版刻書籍收入當有一定規模。即便如此，也未必能供應社會
需求，故而有民間版本。相較於官方版刻的程序嚴格，民間則較為迅速，出現
錯誤也在所難免。我們從朱熹等人的記錄窺其一二。朱子說：

　　　　小本《易傳》尚多誤字，已令兒子具稟。大本校讎不為不精，
尚亦有闕誤。掃塵之喻，信然。能喻使改之為幸。……如此間《程
集》，似亦可作小本流佈。蓋版在官中，終是不能廣也。〔註137〕（《晦
庵先生朱文公文集》卷三十三《答呂伯恭》）

　　朱子此說為我們理解何以南宋書坊刻本較為學者重視的原因。官板雖可
以讓人付費刷印，但不如書坊有行銷全國的動力，書坊刻本有銷售渠道，能夠
更廣泛的傳播。當然，坊刻本也需要考慮成本，小本則控製成本，只要精心審
校，由書坊刊行，對於學者思想傳播更為有利，故而朱子有此「小本流佈」之
說。朱子又說：

　　　　新刻小本《易傳》甚佳，但簽題不若依官本，作《周易程氏傳》。
舊嘗有意，凡經解皆當如此，不以傳先乎經，乃見尊經之意。漢晉
諸儒經注皆如此也。後見朋友說晁景迂亦有此論，乃知前輩意已及

〔註136〕謝承仁主編：《楊守敬集第 8 冊‧日本訪書志》，武漢：湖北人民出版社、湖
　　　　北教育出版社，1997 年，第 230 頁。
〔註137〕〔宋〕朱熹：《朱子全書第 21 冊‧晦庵先生朱文公文集》（修訂本），第 1447
　　　　頁。

此矣。〔註138〕（《晦庵先生朱文公文集》卷三十五《答呂伯恭》）

此新刻小本《易傳》經校定後刊出，當是呂祖謙主持的出版工作，朱子也熱心參與其中。除了校定文字之外，朱子還對封面題簽做了建議，他認為要盡可能以據官板標書名，官板的書名題《周易程氏傳》並非毫無意義的做法，它在一定程度上反映了尊經的思潮，也是淵源有自的做法。朱子還說：

> 《近思》小本失於契勘，致有差誤。此執事不敬之罪也。後來此間書坊別刊得一本，卷尾所增已附入卷中，仍削去重出數字矣。偶未有別本，旦夕求得，續當附去也。〔註139〕（《晦庵先生朱文公文集》卷六十《答汪易直》）

朱子與呂祖謙合編《近思錄》有多種刊本，其中可以考證的朱子在世時的刻本就有淳熙二年（1175）婺州本、淳熙三年潘叔度本、淳熙三年建陽本、淳熙五年（1178）張栻刻大字本、淳熙十五年（1188）前書坊本、紹熙元年（1190）臨漳學宮本、紹熙間建陽本等等。學者認為朱子與汪易直書信中所提及的是淳熙十五年前的坊刻本，或為朱子委託書坊刻印。〔註140〕總之，朱子與呂祖謙編輯完成《近思錄》之後，為了推廣這部書，做了各種嘗試，滿足了不同群體的需要。「在朱熹時代及南宋後期至少有 18 種《近思錄》白文本先後出現過」，〔註141〕正因為如此，《近思錄》不僅在朱子在世時產生了巨大的社會影響，對於後世學林也產生了深遠的影響，《近思錄》也成為古代書籍史上的一道奇觀。

第四，朱子及學者們是如何看待書籍的「小本」價值呢？他的《書韓文考異前》一文提到了各種版本，為我們瞭解朱子的版本觀提供了第一手材料。朱子說：

> 此集（《韓文考異》）今世本多不同，惟近歲南安軍所刊方氏校定本號為精善。別有《舉正》十卷（方崧卿《韓集舉正》），論其所以去取之意，又他本之所無也。然其去取以祥符杭本、嘉祐蜀本，

〔註138〕〔宋〕朱熹：《朱子全書第 21 冊·晦庵先生朱文公文集》（修訂本）第 1525 頁。

〔註139〕〔宋〕朱熹：《朱子全書第 23 冊·晦庵先生朱文公文集》（修訂本），第 2883 頁。

〔註140〕程水龍：《近思錄版本與傳播研究》，上海：上海古籍出版社，2008 年，第 30 ～35 頁。

〔註141〕程水龍：《近思錄版本與傳播研究》，第 38 頁。

及李謝所據館閣本為定，而尤尊館閣本，雖有謬誤往往曲從他本，
雖善亦棄不錄。至於《舉正》，則又例多而辭寡，覽者或頗不能曉知。
故今輒因其書更為校定，悉考眾本之同異，而一以文勢義理及他書
之可驗者決之。苟是矣，則雖民間近出小本，不敢違。有所未安，
則雖官本、古本、石本，不敢信。又各詳著其所以然者，以為《考
異》十卷，庶幾去取之未善者，覽者得以參伍，而筆削焉。〔註142〕
（《晦庵先生朱文公文集》卷七十六）

韓愈文集在唐宋時期甚為士林所重，方崧卿《韓集舉正》搜羅百餘種不同
版本而作，朱子認為還有繼續討論之必要，再做考異，是為《昌黎先生集考異》
（即《韓文考異》）十卷。朱子說「苟是矣，則雖民間近出小本，不敢違。有
所未安，則雖官本、古本、石本，不敢信。」所謂「民間近出小本」就是書坊
的巾箱本，此類版本對於宋人而言太新，又是普通讀本，自然不為版本學家所
重視，所謂我們看到藏書家陳振孫《直齋書錄解題》除了記錄張淳對《周禮》
校勘時曾用巾箱本的序文之外就沒有提到民間的小本，或許在他而言，跟《鼠
璞》作者戴埴一樣，均看不上這類「民間近出小本」，也就沒有專門做記錄。
陳氏云：「《古禮》十七卷《釋文》一卷《識誤》三卷。永嘉張淳忠甫所校，乾
道中，太守章貢曾逮仲躬刻之。首有目錄一卷，載大、小戴、劉向篇第異同，
以古監本、巾箱本、杭細本、嚴本校定，識其誤而為之序，謂高堂生所傳《士
禮》爾，今此書兼有天子、諸侯、卿大夫禮，決非高堂所傳，其篇數偶同，自
陸德明、賈公彥皆云然，不知何所據也。」〔註143〕陳振孫並沒有見過張氏引
以為據的巾箱本。不過，從陳氏引用的張氏序文可見，巾箱本排序在古監本之
後，當屬較為重要的版本，否則不可能會將這一版本特意標示出來，這說明在
張淳看來巾箱本《儀禮》是很關鍵的一種。比較幸運的是，張氏《儀禮識誤》
因《永樂大典》抄錄多條而保存下來，清儒編《四庫全書》時已將其抄出並釐
為三卷，今檢其書，可知巾箱本誤字並不多，有大誤六、几誤凡之類的，似皆
鈔撮誤字。無相關記載，張氏利用的這一巾箱本是抄本抑或是印本皆不得而
知。

〔註142〕〔宋〕朱熹：《朱子全書第 24 冊‧晦庵先生朱文公文集》（修訂本），第 3687
頁。
〔註143〕〔宋〕陳振孫：《直齋書錄解題》，上海：上海古籍出版社，1987 年，第 42
頁。

小結

　　在古籍的諸類型中，巾箱本既是古籍善本，也是有著歷史故事的獨特典籍。書籍滿足了人民的精神生活需要，藏於巾箱，寶而重之，書籍的價值得以體現；書籍離不開作者的不斷製造，推陳出新，稽古觀今，書籍的歷史得以延續；書籍的世界不僅僅有實物的書本，還有它的概念、它的歷史，以及它的故事，正是有了在不同的歷史時代中無數書籍製作者、傳播者、閱讀者和賞鑒者的共同努力，古籍善本才成為可能，巾箱之藏也就成了歷史文化的一個縮影。

　　從歷史來看，將巾箱作為藏書的箱子，是魏晉之後南朝時期才有的名詞。南朝人把他們珍藏的善本書籍以及和文字有關的東西放在巾箱中，巾箱也就可以作為藏書的代稱，也可以作為學問的代稱；又因為定名時書籍是抄寫的，所以巾箱又有了寫本的意涵；為了在書箱中存放更多的書，他們就在抄寫書籍時用小字，巾箱也就有了小字細書的意義。南朝人的這些說法被唐代史學家和博物學家所繼承，史學家製造了「巾箱五經」和「青箱之學」的歷史故事，讓藏書箱子具有了別樣的歷史價值；博物學家又將巾箱與經籍藝文相關聯，讓歷史故事成為文化典故，成為學士大夫們的常識。進入雕版刷印時代，巾箱這個詞彙仍為學者們熟知，但他們根據他們的理解，保留了它的小字含義，增加了小開本含義，因為小開本的印刷術大都是用小字細書，巾箱本也就成了版本學詞彙。

第二章　大道曾經流行：北宋
道書經藏的編刊

家貧悔嗜酒，年邁思學道。雖云善補過，見事恨不早。儒生守章句，忽忽遂將老。岩間得奇書，足以慰華皓。丹液下注臍，黃雲上通腦。海山行當歸，白髮何足掃。

——陸游《晨讀道書》

　　北京白雲觀藏《道藏》，曾為至寶。〔註1〕1950年，北京白雲觀所藏《正統道藏》經文物局撥交給北京圖書館（即今國家圖書館）收藏。此後，該書一直存放在國家圖書館善本書庫，至今已七十年。七十年來，關注這部藏經的書籍史研究者並不多見，國家圖書館也沒有因有此鉅帙的入藏而成為道藏研究中心，實際的情形是幾乎七十年間無人問津。閱藏知津，僅為傳說。這部書的歷史故事及其相關的歷史文化價值的揭示，也極為罕見，〔註2〕一如北宋道書經藏的刊刻，皆付諸闕如。有感於此，筆者以為在浩渺書海之中，追蹤傳聞遺跡，擷取歷史記憶，描繪書史圖景，或有可為之域。一如張君房《雲笈七籤》序文中所說「刻舟求劍，體貌何殊；待兔守株，旨意寧遠，因茲探討，遂就編

〔註1〕日本學者小柳司氣太於民國時（1931年9月至10月）曾試圖觀看白雲觀《道藏》，但沒有得償所願：「三清閣內（四御殿上）安置書櫃六個，所謂《正統道藏》者，即是也。余欲覽之，道士不肯，曰：『非每歲曝書之期（自陰曆六月一日至七日），不許開之』，乃已。閣之東，有藏經閣焉，然如懸罄。」（〔日〕小柳司氣太：《白雲觀志》，北京：北京聯合出版公司，2019年，第17頁。）在考察報告中，小柳氏說：「白雲觀所藏的《道藏》，現安置於四御殿即三清閣上的六個箱子中，想要一覽的話，據說每年陰曆六月一日到七日會開箱，其他的時候都密封著。怪不得都用紙橫縱封著，雖然遺憾也沒有辦法，本來自己還打算拍攝其中一部分，然後與日本宮內省本比較，但是也只有死心了。」（〔日〕小柳司氣太：《白雲觀志》，北京：北京聯合出版公司，2019年，第404頁。）

〔註2〕關於國家圖書館藏《道藏》相關情形，詳見本書第八章。

聯」，本章試圖躡前賢之宏論，續書史之傳說，是為蠡測云。

一、問題的提出

　　書籍雕版在宋代已經十分成熟，儒釋道經典及各類文牘、文集皆在這一時期改由雕造刻印，成為後世所常習熟知的典籍資源。在書籍史上，北宋的版刻宣告了諸經典正式由寫本時代進入版刻刷印時代。書籍的版刻刷印作為最主流的文本印製技藝，一直延續到民國時期，產生了數以億萬冊計的各種冊子，直到傳統的雕版技藝成為少數特殊需求的遺產技藝時，新式的印刷全面取代雕版刷印，現代的機器印刷成為人們日常所見所用日用品。此時，傳統刷印時代的全部書籍成為古籍，也就是歷史上製作的書籍。當版刻刷印時代成為歷史之後，一門立足於板本的書籍之學也在對諸多刊本的考察中逐漸形成，對與版本相關的個案鑑別、書目調查與書史研究，對不同類別書籍的歷史細節的追溯與傳遞源流的辨析，對刊本典籍傳播、傳承過程進行事實的發掘和歷史的考察，對各種版本的文本進行深入的比勘分析，成為中國特色的書籍史研究風格。

　　在這些研究中，儒家和佛教書籍史最為突出，而道教的書籍史則相對要薄弱些。〔註3〕不止書籍是如此，葉昌熾《語石》中說：「以石刻驗之，釋道兩家，未可以方軌齊駕也。」〔註4〕但葉氏也注意到「元初樓觀諸碑，強半出道流之手，如李道謙、朱象先，皆不止一碑。」〔註5〕陳智超在《道家金石略校補前言》中說，未著錄的道教拓片數量極多，「其實何止有關道教是如此呢？我國碑刻資料還是一個遠遠沒有充分開發的史料寶庫。」〔註6〕故其校補陳垣《道家金石略》收錄唐代道家碑刻180通，宋代297通，可謂富麗堂皇。由此可見，史料的收集直接影響了我們對於歷史事實的判斷，也制約著學術的研究。丁培仁先生說：「以往學者講中國印刷史，往往都要講到唐代中晚期佛教印造佛像和佛經，對道教方面的貢獻則注意不夠，這是十分遺憾的；略及此事的僅有陳國符等幾人而已。」〔註7〕其實，不止是道教與雕版印刷起點的研究

〔註3〕比如徐建華等編著的《中國宗教藏書》中，《佛教藏書篇》有四章120餘頁，而《道教藏書篇》僅三章40餘頁。詳：徐建華、陳林：《中國宗教藏書》，貴陽：貴州人民出版社，2009年。

〔註4〕〔清〕葉昌熾：《語石》，姚文昌點校，杭州：浙江大學出版社，2020（2018）年，第149頁。葉氏所獲道家刻石拓本數量遠遜於釋家，故有此說。

〔註5〕〔清〕葉昌熾：《語石》，第272頁。

〔註6〕陳垣：《道家金石略》，北京：文物出版社，1988年，第5頁。

〔註7〕丁培仁：《道教文獻學》，成都：四川大學出版社，2018年，第484頁。

不多，道教與雕版繁榮時代的關係也少有學者予以重點關注，往往大儒倡、小儒和，一個結論可以保持一個世紀的穩定。比如，關於《道藏》的初次刊刊行，從上世紀四十年代以來，似乎學者間已得出了初步的共識。於此陳國符先生開其端，龍彼得、任繼愈、卿希泰諸先生發其覆。〔註8〕

陳國符先生《道藏源流考》一書中有《歷代道書目及道藏之纂修與鏤板》，詳細討論了北宋道書結集與刊刻事，集中揭示了徐鉉、王欽若、張君房三人在《道藏》編纂上的貢獻。陳先生文中指出，北宋太宗、真宗、仁宗、徽宗四朝有道書結集事實，並認定徽宗時《道藏》首次刊刻，是為《政和萬壽道藏》。〔註9〕陳先生爬梳史料，精研《道藏》文本，為北宋道書經藏刊刻史實的挖掘和辨析做出了創造性貢獻。

其後，由任繼愈先生領銜的《中國道教史》（2001／1990）〔註10〕、《道藏提要》（1995／1991）〔註11〕、《中國藏書樓》（2001）〔註12〕、卿希泰主編《中國道教史》（2019／1996／1992）〔註13〕、朱越利編《道藏說略》（2009）〔註14〕、丁培仁編《道教文獻學》（2018）〔註15〕等書先後出版，對於北宋時期的道書經藏的認識在陳國符先生的基礎上繼續深入。任繼愈先生首次將道書的結集與道經的刊刻作為道教發展的關鍵事實予以認定，並據此來判定道教在不同時代的發展程度。任繼愈先生所撰《道藏提要序》中說：「統觀道

〔註8〕朱越利、丁培仁等也有相關論著：朱越利《道經總論》（瀋陽：遼寧教育出版社，1992年）、《道藏說略》（北京：北京燕山出版社，2009年），丁培仁《道教文獻學》（成都：四川大學出版社，2018年）對道藏刊刻有專章論述。

〔註9〕陳國符：《道藏源流考》，北京：中華書局，2014年，第107～112頁。

〔註10〕任繼愈：《中國道教史》，上海：上海人民出版社，1990年；《中國道教史（增訂本）》，北京：中國社會科學出版社，2001年。

〔註11〕任繼愈：《道藏提要》，北京：中國社會科學出版社，1991年；《道藏提要（修訂本）》，北京：中國社會科學出版社，1995年。

〔註12〕任繼愈：《中國藏書樓》，瀋陽：遼寧人民出版社，2001年。該書歷代佛道藏書部分由徐建華撰寫。徐建華對佛道藏書有相關論文，詳見氏著《傳統特色文獻整理與收藏研究》（北京：國家圖書館出版社，2010年），及徐建華等《中國宗教藏書》（貴陽：貴州人民出版社，2009年）。

〔註13〕卿希泰：《中國道教史》，成都：四川人民出版社，1992年；《中國道教史（修訂本）》，成都：四川人民出版社；《中國道教史》，北京：人民出版社，2019年。

〔註14〕朱越利：《道藏說略》，北京：北京燕山出版社，2009年。

〔註15〕丁培仁：《道教文獻學》，成都：四川大學出版社，2018年。注：卿希泰《中國道教史》（1996年修訂本）一書中關於北宋道藏的部分由丁培仁先生編寫，這部分內容已全部納入氏著《道教文獻學》一書的相關章節。

書編集過程，可以看出隨著歷史的發展，道教典籍逐漸增多的趨勢。第一階段的道教典籍約一千餘卷。第二階段的道教典籍，唐玄宗令道士史崇玄等搜集道書約兩千卷，並編纂了《一切道經音義》。玄宗後來又繼續搜求道書，編輯總目曰《三洞瓊綱》，數量增至三千七百餘卷。道教發展的第三階段在北宋，真宗時搜集道書總集名曰《寶文統錄》，增至四千三百餘卷。這時已採用佛教《開元釋教錄》的分類編目法，按千字文分帙編號。宋徽宗時，崇寧、大觀年間，刊行雕版道藏，道書增至五千四百餘卷。」〔註16〕道書典籍的編集是宋代的一大特色，不僅有體量的增加，更有版刻的出現，正式從宋代開始，道書進入了版刻刷印時代。

與任繼愈先生同時，荷蘭人龍彼得（Pier van der Loon，1920～2002）先生也在研究《道藏》，並於 1984 年出版了專書《宋代收藏道書考》（Taoist Books in the Libraries of the Sung Period：A Critical Study and Index）。〔註17〕龍氏認為，張君房所稱的《大宋天宮寶藏》466 函不可信，因為《千字文》「宮」字為 425 號，非 466 號。第 466 號應該是「通」字。與陳國符先生不同的是，龍氏不認為張君房在《大宋天宮寶藏》的實際編集中做出了歷史性的貢獻，其職責仍是「監寫本」本身，而非其他。龍氏還提醒我們注意，在 1018 年（真宗天禧二年）時皇室曾有賜予越南國王《道藏》事。當然，他也認為刷印本的北宋《道藏》出現於徽宗（1101～1125）在位時期。

總之，學者們普遍認為道藏先以寫本行世，至北宋末年方才首次雕版刊行，也就是說，《政和萬壽道藏》是第一部刊刻的《道藏》，自此以後道書經藏進入印本時代。這就意味著，從大宋開國太祖（960～976）開始，經太宗（976～997）、真宗（998～1022）、仁宗（1023～1063）、英宗（1064～1067）、神宗

〔註16〕 任繼愈等：《道藏提要》，北京：中國社會科學出版社，1995 年，第 7 頁。任繼愈等《中國藏書樓》說，徽宗崇寧（1102～1106）年間令搜討道經，在書藝局讓道士校定，《道藏》增加到了 5387 卷；徽宗政和三年（1113）再次詔求道經，設經局，由道士校定後送福州閩縣鏤板，共 540 函，5481 卷。政和六七年（1116～1117）間刊訖，經板運至東京。這是道教全藏刊印之始。「雕版而成的《政和萬壽道藏》分賜國內各地著名道觀。」（任繼愈：《中國藏書樓》，瀋陽：遼寧人民出版社，2001 年，第 883 頁。）

〔註17〕 該書以批評研究和索引為主，故研究正文有六十三頁（李豐楙先生已將其全部譯出發表），附錄《筆劃檢字》《宋代館閣及家藏道書綜錄》《人名索引》《引用道藏經號數表》《哈佛燕京引得號數推算表》等索引部分有一百三十餘頁。見：龍彼得（Piet van der Loon）：《宋代道書收藏考》，《宗教研究》2014 年第 2 期，第 267～303 頁。

（1068～1085）、哲宗（1086～1100）、徽宗諸朝，歷時一百四十多年時官方主導的《道藏》才問世。也即，在雕版刷印技藝成熟得不能再成熟之後，作為傳統社會中最為活躍的世俗宗教才有第一部雕版的《道藏》，而它也就540函5481卷。以道立國的宋朝、推重道教的趙宋皇室，居然對刊刻《道藏》事如此之審慎（或曰拖宕），完全不合常理。

　　道教學者常用魯迅的「中國根柢全在道教」這句名言〔註18〕來說明道教史於中國文化的重要意義，但是，作為中國文化最典型的特徵的版刻史卻沒有見到道教處在歷史的高潮部分，也沒有見到相關的深入討論，實在令人費解。比如，任繼愈《中國道教史》（寫於上世紀八十年代末，1990年初版）根本就沒有談及專門論述《道藏》，直到2001年的增訂版本中才在《明清道教》編以《道書的結集與明代道藏的編輯》為題追溯宋代故事，之所以要增加這一節也是因為編者認為明代道教沒有發展，僅僅是《正統道藏》傳於今日，尚可一說。該書作者以為：

> 自唐宋以來，歷代都有《道藏》的結集。如唐玄宗時有《三洞瓊綱》凡3744卷，即《開元道藏》。宋真宗時王欽若等領銜結集《道藏》，在大中祥符9年（1016年）編目呈上，賜名《寶文統錄》。這個目錄由於有一些差錯，且綱目不明晰，又由張君房編修整理，按三洞四輔分類，裝為466函，依千字文編號，是為《大宋天宮寶藏》。宋徽宗時繼續搜訪道書，並在福州閩縣刻板，裝訂為540函，這是刊印全藏之始。全藏貯存於閩縣天寧萬壽觀，故稱《萬壽道藏》。〔註19〕

《中國道教史》的編者似乎堅持一種科學式考古學思想，即歷史皆須有所見實證，若無實物證據，則歷史事實為不可信之傳言，由於世傳的《道藏》只有明代的刻本，所以重點在於把它描述清晰，至於之前宋代的無非就是搜集、

〔註18〕 出自魯迅《致許壽裳》（1918年8月20日）：「前曾言中國根柢全在道教，此說近頗廣行。以此讀史，有多種問題可以迎刃而解。」（魯迅：《魯迅全集》第11卷，北京：人民文學出版，2005年，第365頁。）

〔註19〕 任繼愈：《中國道教史（增訂本）》，北京：中國社會科學出版社，2001年，第832頁。在該書的初版中，論及宋真宗崇道時，對於真宗時整理和編纂道籍與比較高的評價：真宗在大中祥符34年詔道士校定道藏經典，三年命崇文院官員詳校道經，後又命張君房等在餘杭繼續整理道籍，王欽若總領，九年道藏成，真宗賜名《寶文統錄》，「由於真宗對道籍的整理和編撰的重視，使道籍得以很好的保存和流傳。」（任繼愈等《中國道教史》，上海：上海人民出版社，1990年，第470頁。）增訂版中取消了這一段。

結集、編目和整理而已。

　　截至目前，國內大多道教史研究者皆認可《道藏》真正的刊本是北宋即將亡國之際的事情。作為通史的著作如此論述似無可厚非。然而，令人感到困惑的是，《中國道教史》又說：「金世宗時，將開封的《道藏》經板運到中都十方天長觀（遺址在北京白雲觀西），經板已有殘缺，金章宗時補齊了殘缺，又搜訪遺經，刊印《大金玄都寶藏》凡 6455 卷。」〔註20〕金世宗完顏雍（1123～1189）在位的大定（1161～1189）時代，距離北宋靖康二年（1127）有四十餘年。也就是說，金人擄走的板片並非徽宗時代的刻本，而是另外一套板片？既然從徽宗時新雕《道藏》板片存於福建閩縣天寧寺萬壽觀，而開封又有另外一套全藏板片，這一套板片從何而來？

　　或許可以依據陳國符先生的解釋來解決此疑問，即政和年間福建刊刻道藏經板是運回了開封的，後來被金人擄走，所以「金南京道藏經板（即十方天長觀所藏板片），當即宋東京《政和萬壽道藏》經板，歷靖康之亂而未焚毀，然當有殘闕。」〔註21〕而陳氏書中所引陸游《渭南文集》卷五《條對狀》：「明教偽經妖像，至於刻版流佈。假借政和中道官程若清為校勘，福州知州黃裳為監雕」〔註22〕一語又頗不可解，既然官方賜名《政和萬壽道藏》，又何來偽經一說呢？更令人困惑的是，北宋歷朝皆重視道書編集，組織了專門的隊伍，設立了專職機構，結果是一百多年毫無成績，最後由一個地方的基層官員（福州郡守黃裳為主事人）把數代人夢寐以求的宏達偉業於不經意間完成了。若此事為真，則為神跡；若此事可疑，則須梳理史實。

　　顯然，關於宋代道藏的刊本存在著若干疑問。由於至今所知宋代的刊本《道藏》無一幸存，那麼我們只能從明代的《正統道藏》談起。

二、明代道藏之刻本及其啟示

　　傅增湘曾說：「要而論之，道教以歷世久長，人民信仰，故王者治世，率因而存之，崇其秩位，授以教權，藉收補世翼民之用，非必有靈文秘牒，異術神功，可以度仙關而叩帝闕也。世之論者，乃侈言其神劍、玉印之奇，經籙、符章之秘，謂足以攝妖魅而召神靈，此方士誑惑之談，非吾儒所敢知。然今世子孫固競競然日以傳劍印、草符籙為事，求其深明玄理，養生悟道，

〔註20〕任繼愈：《中國道教史（增訂本）》，第 832 頁。
〔註21〕陳國符：《道藏源流考》，第 128 頁。
〔註22〕陳國符：《道藏源流考》，第 113 頁。

固未知聞。此末流庸妄之弊，又豈獨道家為然哉。斯足慨也已。」〔註23〕清代以來藏書之家已經注意到《道藏》，並利用明代《正統道藏》校定傳世舊籍，〔註24〕但由於道教歷史久長，道書經藏繁多，《道藏》傳承過程複雜，其間頗多問題不易考究，故而多以傳聞舊說為信史，以前人之說為定論。如果細細追索，則其中頗有可思考可探尋者，《道藏》之編定刊刻即其中之一。

（一）明本《道藏》源於宋刻本

現存完整《道藏》為明《正統道藏》。明代刊本《道藏》中有不少本子源於宋刻《道藏》版本。〔註25〕劉師培曾注意到《正統道藏》中某些道書應該源自宋刊本，其《讀道藏記》中舉出的證據包括：（1）文字的避諱：如《元始無量度人上品妙經四注》（寒字號一至四）「匡字缺筆」，是明代《道藏》本據宋刊而來的直接證據。

（2）文本編纂史：如《周易圖》（陽字號一至三）的編纂時代進行了推測：「雖編纂之人姓氏不著，然宋元之際，各易圖未及輯錄，則固出自南宋矣。」又如《大易象數鉤深圖》（陽字號四至六）「是南宋《六經圖》有楊甲、毛邦翰、葉仲堪三本。今世所傳，有明代新都吳氏本，標題宋楊甲撰，毛邦翰補。其本由南宋撫州陳森本覆刊，前有宋苗昌言（乾道中）、明顧杞言（萬曆時）二序。圖計三百有九。」「三本惟石刻本出於元代，然非毛圖之舊。此冊雖僅《易圖》，然標題《象數鉤深》，與吳本毛圖宛合。」「以是知此圖及石刻，其源均出毛圖。彼於毛圖有損益，此則有增補而無刪刻。即《象數鉤深》

〔註23〕傅增湘：《藏園群書題記》，上海：上海古籍出版社，2022年，第614頁。

〔註24〕如黃丕烈曾說：「澗薲（顧千里）嘗謂余曰：《道藏》本（《抱朴子內篇》）為最勝，此外無復有善本矣。」「《道藏》本（《抱朴子》）正統十年刻，相傳是本最佳，魯藩本不及也。」（〔清〕黃丕烈：《黃丕烈藏書題跋集》，余鳴鴻等點校，上海：上海古籍出版社，2013年，第362～363頁）「余以此（《清庵先生中和集》）從《道藏》本出而非翻調者，蓋其板刻審是元時，若《道藏》本，乃明正統十年刊，故以為非翻雕也。因訪抄補《黃帝八十一難經句解》，借得天慶觀《道藏》本，擬再往假《中和集》一勘之。……余初得此書，以為從《道藏》本出，頃借玄妙觀《道藏》本勘之，知為元時初刻，非自《道藏》出也。……板心小號錯填，茲據《道藏》本正之。」（〔清〕黃丕烈：《黃丕烈藏書題跋集》，第365頁。）

〔註25〕任繼愈《道藏提要序》中說：「金元時期，北方也有《道藏》雕版，旋成旋毀，沒有保存下來。元世祖至元十八年（1281），《道藏》經版全毀，經典也喪失殆盡。」（第7頁）這只是大概而言。元世祖時對《道藏》經版的劈板銷毀行為，只是針對原有經版，並沒有在全國範圍內將所有印本《道藏》盡行銷毀，明朝時重新收集道書，編集《道藏》就是在宋代《道藏》印本的基礎上展開的。

之題，亦沿其舊。疑即葉仲堪之書也。雖陳氏《解題》謂葉圖一百三十，此增其九，然不標圖字者計十一。或陳氏計數之時，疑其與下圖併合，致遺其九，則此固南宋之書矣。或以書名屬張理（《通志堂》以下均然），或改題劉牧之書。此均弗足置辯者也。」

（3）文本及文字異同，如《列仙記》（海字號六至七）「惟各傳以後均有贊文（均四字八句，其式每行三句，每句之間空一字。）為吳琯諸刊本所無。又《江妃二女傳》諸刊均有詩曰下十四字，此本獨無。毛子晉所刊即此本也。其異同具詳王圓照校本。王本亦附贊文，惟園客贊『采采文蛾』誤『蛾』作『娥』，溪父贊『溪父何欲』誤『欲』為『故』，已失此本之真。此本亦多誤字，然《王子喬傳》『桓良』，此作『栢良』，必係所據乃作桓之本，則其源亦出宋刊矣。」

（4）文本完整程度與歷史記載，如《華陽陶隱居傳》（翔字號二至四）「次昭明太子所撰墓誌銘，次沈約酬華陽先生詩，次蘇庠所作像贊，均錄全文。此書著錄始於《通志》，卷數及撰人悉符此本。則固宋代故籍也。」〔註26〕總而言之，明代的《正統道藏》多以宋代《道藏》印本為底本，是確定無疑的。劉咸炘《道教政略》引朱學勤《匯刻書目·道藏下》有云：「《道藏》亦有南、北二本。《北藏》係宋人舊帙，未經後人屬入他書，華陰道院有之，燹後不知尚在否。《南藏》乃明初金陵某道觀重編，配隸或有未安，門目或有改易，嘉靖間經廠取以重刻，今世所通行即此也。（原注：正統十年重輯自『天』至『英』。萬曆續編，『杜』至『纓』。按：今目乃止『將』字）。」〔註27〕清人朱學勤增訂顧修《匯刻書目》，在第二十冊著錄了《道藏》和《道書全集》。其於「《道藏》」條有小字說明：「《道藏》。亦有南、北二本。《北藏》係宋人舊帙，未經後人屬入他書，華陰道院有之，燹後不知尚在否。《南藏》乃明初金陵某道觀重編，配隸或有未安，門目或有改易。其無以為道宗言者，一概收載，殊為差強。嘉靖間繙經廠取以重刻，仿《釋藏》亦改為梵夾本。今世所通

〔註26〕以上劉氏論斷皆見：劉師培：《劉申叔先生遺書·讀道藏記》，寧武南氏校印本，1937年。

〔註27〕劉咸炘：《道教微略》，上海：上海科學技術文獻出版社，2010年，第65頁。而日本《宮內省圖書僚漢籍善本書目》卷三「《道藏經》」條則謂：「明李紳《博古堂稿》云：《道藏》有南北，此藏係宋人舊帙，乃止宋時既有開雕事。次明朝殿刻有二，曰《正統道藏》，曰《萬曆道藏》。《正統道藏》據宋刻且係編入元明人所撰者。《萬曆道藏》有是而出，但正統本則線裝，萬曆本則梵夾，而後者文字稍小，行字亦微密。本僚所藏為萬曆重刻本，亦不容疑矣。」

行即此也。」〔註28〕朱氏此條文字有引前人成說者。對此，日人島田瀚已有明辨。島田氏《古文舊書考》卷四「《韓非子》」條載：「明李紳《博古堂稿》云：『《道藏》有南、北，《北藏》係宋人舊帙；《南藏》乃明洪武初金陵某道觀所重編改竄，嘉靖間翻經廠取以重刻，仿《釋藏》亦改為梵夾本。』（原注：《匯刻書目》引此文，無『洪武』二字。）予未見其所謂《北藏》者，又未見洪武刻本者，然據文案意，紳則似誤正統為洪武，以萬曆誤為嘉靖矣。且雖《道藏》有南、北，卷帙有多寡，明初所存則同是《宋藏》也。」〔註29〕由此可徵，版本目錄學家多認定明代早期的《道藏》源出宋代人所編纂刊刻的《道藏》。

當然，明代重整《道藏》時，原板已經不復存在，他們是利用傳世《道藏》本重新加以編集排定，傅增湘曾注意到《雲笈七籤》一書在《道藏》中的問題：「此書收入《道藏》，今所傳者有《正統道藏》本，又有萬曆清真館本，余未得對校，不知其異同若何。昔年於坊肆買得金刻《道藏》一葉，正是此書，審其字號與明《正統藏》不同，殘葉為《七步名數要記》，明《藏》為『以』字一號，宋《藏》則『志』字七號，知宋《藏》與明《藏》編次有異。」〔註30〕

（二）《正統道藏》編集與刊刻

明代刊刻《道藏》也就是今天所能見到的唯一道書全藏是明英宗（1436～1450）正統年間，有明皇帝經歷了明太祖朱元璋（1368～1398）、惠帝朱允炆（1399～1402）、成祖朱棣（1403～1424）、仁宗朱高熾（1425）、宣宗朱瞻基（1426～1435）等五朝，歷時近八十年。

《正統道藏》保存下來，但並不意味著在此前沒有動議。在進行世傳《永樂南藏》的佛藏經書刊刻時，即永樂四年（1406）「成祖敕第四十三代天師張宇初纂校《道藏》，將鋟梓以傳。宇初乃招道士往北京輯校。功未就緒，而成祖崩殂。仁宗、宣宗相機嗣位，棄置未理。暨英宗正統九年始行刊板，乃詔通妙真人邵以正督校。即重加訂正，增所未備。至十年刊板事竣，都五千三百五卷四百八十函。」〔註31〕此據世傳文獻之而論，即認為張宇初總領道藏

〔註28〕〔清〕朱學勤增訂：《匯刻書目二十冊》第 20 冊，天津圖書館藏清光緒間上海福瀛書局重刻本，第 1 頁。

〔註29〕〔日〕島田瀚：《古文舊書考》，杜澤遜等點校，上海：上海古籍出版社，2014 年，第 297 頁。

〔註30〕傅增湘：《藏園群書題記》，上海：上海古籍出版社，2022 年，第 605 頁。

〔註31〕陳國符：《道藏源流考》，北京：中華書局，2014 年，第 141 頁。

事未完成，「仰惟太宗文皇帝臨御之日，嘗命道流合道藏諸品經纂輯校正，將鋟梓以傳，而功未就緒，奄乎上賓。」（白雲觀《賜經之碑》）〔註32〕《大嶽太和山志》等文獻表明，永樂年間《道藏》已經纂集完成，永樂「皇上在御二十年冬十二月，武當玉虛宮提點任先生自垣以所修《道藏經》成」，而且「至是經成，進之於朝，俱獲賜齎，而先生則還於武當焉。」〔註33〕張宇初、任自垣等人在永樂朝就已經完成了道藏的校勘，並有明確的完工時間，永樂二十年冬十二月（1423）。

世所熟知的只有《正統道藏》，而這部道藏的編校刊刻時間是非常明確的，即從英宗正統九年（1444）十月至正統十年（1445）十一月。此據《正統道藏》中的「正統十年十一月十一日」御製龍牌而定。如果說此前花了數十年皆不成其功，而後來僅僅一年工夫就刊行完畢。整個雕版刷印技藝並沒有發生實質性的改變，何以出現如此巨大的差異？實際上，《明英宗睿皇帝實錄》卷一百五十記載，此前一年多並非刊刻完畢，而是完成了文本的校訂，刊刻道藏的工作要到兩年後，即正統十二年（1447）二月「刊造《道藏經》畢，命頒天下道觀」，也就是說《正統道藏》刊本完工時間在此。

《正統道藏》的刊刻，如果是從龍牌的正統十年十一月開始的話，到十二年二月，總計十五六個月，刊本共四百八十函。宋代王欽若主持道藏編集也花了很長時間，如果以《正統道藏》編集刊定為標準計算，應該是完成了雕版。

（三）《正統道藏》的諸版本

雕版的完成並不意味著書籍印製的完成。從學者調查的世傳《正統道藏》多種情況來看，除了正統十二年（1447）完成雕版（正統十年牌記為證）之外，尚有嘉靖三年（1524）的修版（嘉靖三年牌記為證），後者雖經當代圖書學者（黃永年、柳存仁、曹旅寧等）的考察，〔註34〕但道教史研究者往往沒有注意到這些研究成果，在幾種新的道教史和道教文獻學史，以及《道藏提要》等書中皆未能提及。

二十世紀三十年代，日人小柳司氣太曾設想拍攝白雲觀所藏《道藏》，並

〔註32〕陳垣：《道家金石略》，北京：文物出版社，1988 年，第 1257 頁。

〔註33〕《中國道觀志叢刊》第 6 冊，第 326～327 頁，轉引自：丁培仁：《道教文獻學》，成都：四川大學出版社，2018 年，第 410～411 頁。

〔註34〕柳存仁：《和風堂文集·道藏刻本之四個日期》，上海：上海古籍出版社，1991年，第 942～973 頁；曹旅寧：《明刻道藏中的嘉靖三年八月初十日牌記》，《讀書》2011 年第 4 期，第 113～115 頁。

與日本宮內廳書陵部藏本比對，並沒成行。小柳氏在北京調查期間，聽聞了《道藏》的故事，「北平（北京）的諸學者中，有人說是明朝的正統版，有人說是清初的重印。而木版本身，不知為何，在清代的時候，埋藏在西華門外光明殿的土中，被李盛鐸發現。然後不久之後，義和團事件之時，全部被燒毀了。據說清朝整理明朝的宮廷遺物，發現了五部《道藏》，其中一部留存在了白雲觀，其他分別放在了四川、陝西、湖南、江蘇的四所道觀之中。傅增湘氏曾寄贈了零本二帖（《沖虛真經四解》卷十九，《雲笈七籤》卷一百廿一）給我，並囑咐道，這與白雲觀所藏相同，歸日後當與貴國御府本相比較。而《道藏》的一側，有數百枚的木版，如果有信奉者請求的話，可以按照需求印行。」〔註35〕《正統道藏》的雕版毀於兵燹，而印本則幸存下來，但不同印本之間的關係如何並沒有人做過細緻的研究。

1951 年，陳乃乾曾參觀上海白雲觀，並寫有《白雲觀名貴古書》一文。陳文提到，明朝內府刻《道藏》印量不大，僅親王及著名道觀獲賜。入清，親王宅邸成為滿洲新貴所有，「殘餘的《道藏》棄置在屋角，無人過問。」然而在道光年間，這些殘餘《道藏》被送到白雲觀，「經過白雲觀道士的清理之後，配成七部全書。光緒八年（1882）上海道士徐玉成在西門外創建雷祖殿，玉成和當時宰相徐郙是同族，憑藉了這種特殊的關係，得從北京白雲觀分得一部《道藏》。回滬以後，建閣儲藏，把雷祖殿也改名叫白雲觀。民國初年，有人調查國內的《道藏》，只剩下北京白雲觀和上海白雲觀所有的兩部了，遂由徐世昌出資託商務印書館影印一百部以廣流傳。」〔註36〕陳乃乾說，民國影印版《道藏》有缺葉，當時曾擬借上海白雲觀藏本補足，未果。按照陳氏的記錄，明代印本《道藏》有分合的故事，白雲觀藏本並非一次印本，而是不同批次印本拼合而成，也即關於現存的《道藏》實有必要進行印本的比勘。

版本的比對工作後來由柳存仁在 1981 年完成。據柳氏的實地考察，日本宮內廳書陵部和東京大學東洋文化研究所庋藏的《道藏》除了有萬曆的牌記之外，最令人興奮地是其中出現了「嘉靖三年八月初十日」牌記，其中東洋文庫四百三十九函中，凡《黃帝九鼎神丹經訣》（「溫」字號）、《金華沖碧丹經秘旨》（「斯」字號）、《道典論》（「姑」字號）、《三洞珠囊》（「懷」字號）、《雲山集》

〔註35〕〔日〕小柳司氣太：《白雲觀志 白雲觀調查報告》，北京：北京聯合出版公司，2019 年，第 404 頁。

〔註36〕陳乃乾：《陳乃乾文集》上冊，虞坤林整理，北京：國家圖書館出版社，2009 年，第 154 頁。

（「兄」字號）、《雨暘氣候親機》（「笙」字號）、《翊聖保德傳》（「陛」字號）、《洞真高上玉帝大洞雌一玉檢五老寶經》（「右」字號）、《洞真太一帝君大丹隱書洞真玄經》（「廣」字號）、《上清元始變化寶真上經九靈太妙龜山玄籙》（「填」字號）等十種道書有嘉靖三年牌記。

　　經柳氏的版本調查，世存的明刻《道藏》版本有四：

　　（1）正統十年（1445）乙丑十一月十一日版印本，此據牌記論，實際上並沒有發生。當時刻板沒有完成，也就沒有正統十年印本。準確的版本應該是正統十年至十二年刻本。

　　（2）嘉靖三年（1524）甲申八月初十日重印。準確記錄應為正統十二年刻嘉靖三年遞修本。

　　（3）萬曆二十六年（1598）戊戌七月重印。準確記錄應為正統十年至十二年刻嘉靖三年、萬曆二十六年遞修本

　　（4）萬曆三十五年（1607）丁未正月十五日刻印《續道藏》。由於《續道藏》編定槧刻本與前述板片一併刷印，故此後以此板片刷印者皆可著錄為正統十年至十二年刻嘉靖三年、萬曆二十六年、三十五年重修本，或簡單著錄為正統刻嘉靖萬曆遞修本。

　　這一套《道藏》板片一直保存到八國聯軍攻佔北京時，清代也曾予以補板重印，故亦有（5）明正統刻明清遞修本。清代補板見於記載的有道光二十五年重修，小柳司氣太《白雲觀志》載：「鄭瑞陽名永祥，道光廿五年與孟至才協力，得王廷弼助資，重修《道藏》，重印《道藏目錄詳注》四卷（明道士白雲霽天啟六年撰）。其序文曰：『乙巳歲（即廿五年）偶言《道藏》殘缺，重整維艱，公（王廷弼）欣然助資，願為修補。於是借諸山之經，繕本補入，數月之間，竟成完璧。』」〔註37〕

　　版本目錄學並非一簡單的調查記錄，作為一門專門的學問，它也有自身的一些常識性知識。這些知識或為非版本學者所忽略，故有誤判之可能。比如柳氏認為：「此嘉靖三年八月初十日之記錄，實即改正統十年十一月十一日之原刻而為之者，所以紀念嘉靖初年亦嘗重印此《正統藏》一次之事而已。挖改並非重刻。」〔註38〕由正統十二年刊畢，至嘉靖三年將近八十年，板片在此漫長時間中朽壞是十分正常的現象。

〔註37〕〔日〕小柳司氣太：《白雲觀志》，第 67 頁。
〔註38〕柳存仁：《和風堂文集‧道藏刻本之四個日期》，第 971 頁。

　　為了重新刷印，必將重加修版，補板時加上彼時牌記是古籍刊刻常情，所以柳氏認為「明世宗為剛愎自用且篤信道教之人，其時重印《正統藏》而挖去舊板年份圖記，誑稱重刻，或亦祝賀追薦顯妣佞臣諂媚道君之一端。」〔註39〕這樣的推測是不合理的，嘉靖三年重印《道藏》時發現了朽壞板片，予以補充完整，是雕版刷印書籍的常規操作，無關佞臣諂媚事。正是因為嘉靖時有了修版，到了萬曆年間再印時，又發現新的板片需要修補，再加上了萬曆牌記，也就成了「三朝本」。於此，柳氏所論亦不確。他說：「其後萬曆二十六年重印《正統藏》，則僅在各帙最後一部書之卷末刻萬曆牌記，而遺其前。故不論宮內廳書陵部或東京大學東洋文化研究所所藏之萬曆印本《道藏》，每帙之第一部書卷首仍多有正統或嘉靖年號，與帙末所印萬曆牌記並行而不悖。混淆板籍，莫此為甚矣，然亦因此使吾人知嘉靖及萬曆間亦嘗重印《正統藏》，且小有繕補，固亦《道藏》板本歷史上一可以紀念之事耳。」〔註40〕這並非「混淆板籍，莫此為甚」，我們看到官刻本經史諸籍，但凡長期保存者，多會不斷續補，補板或在原板上直接做文字的處理，或者替換新的板片，其目的在於讓刷印之書為一完整可讀本。這種處理舊籍板片的思想一直延續到當代，在民國時張元濟等刷印《道藏》時就對底本進行了修補，字畫缺漏或模糊不清處，多有處理，而那些無關緊要的細節，特別是無關文字的部分，大多予以忽略。這些忽略的部分，對書籍的文本完整度和準確度無影響，但為古籍版本的判定留下了較為充分的證據，所以它非但不是「混淆板籍，莫此為甚」，而是「板籍再生，鑑定依據」。

　　從明代道藏的刊刻複雜情況而言，宋代雕版的《道藏》情況也並不會更簡單，需要對它進行細緻的考察。

三、北宋道書生產與道藏初編初刻

　　藏經是釋道書籍彙集的成果。由於史料記載的詳略不同，佛教藏經的宋代刊刻情況較為清晰，而道教則較為粗線條。〔註41〕胡道靜等先生說，「道教

〔註39〕柳存仁：《和風堂文集·道藏刻本之四個日期》，第972頁。

〔註40〕柳存仁：《和風堂文集·道藏刻本之四個日期》，第972頁。

〔註41〕據任繼愈主編《中國藏書樓》一書的記載可知，宋代佛教藏經至少有七種不同的刊本：

　　（1）《開寶藏》，版刻，北宋太祖開寶四年（971）張從信益州開雕，太宗太平興國八年（983）完成，13萬塊版片，板藏汴京印經院。咸平、天禧、熙寧三朝修訂，共653秩6620卷。（2）《崇寧藏》，版刻，北宋福州東禪寺私刻，神

之有《道藏》，自唐代始。迄今千餘年中，屢編屢毀，屢毀屢編，彙集經籍，積澱文化，無論在保存古籍或規範道教等方面，《道藏》都是有功於後的。」〔註42〕《道藏》的刊本始於宋代。北宋初期，政府主持《道藏》編集和刊刻，極大的刺激了道書的生產，由此呈現出道書編集繁榮興盛景觀。從宋人的書目文獻記載和當代學者的研究來看，北宋時期製造的道書數量伴隨著當時文化的興盛和道教的發展有很大的提高。

　　關於道書的流變，四庫館臣認為道家的根本主張是「清淨自持而濟以堅忍之力，以柔制剛，以退為進」。而道家的書籍是在不斷地增加中：「後世神怪之跡，多附於道家，道家亦自矜其異，如《神仙傳》《道教靈驗記》是也。」又說：「其後長生之說與神仙家合為一，而服餌、導引入之。房中一家，近於神仙者，亦入之。鴻寶有書，燒煉入之。張魯立教，符籙入之。北魏寇謙之等，又以齋醮、章咒入之。世所傳述，大抵多後附之文，非其本旨。彼教自不能別，今亦無事於區分。」〔註43〕由道家而道教，有其歷史的發展過程，道書就是這一歷史的見證。所以，即便是四庫館臣嚴於擇取，仍著錄道家類書 44 部 442 卷，而存目 100 部 463 卷。這些書籍中，宋人所著者不少，如《雲笈七籤》一

宗元豐三年（1080）開雕，徽宗崇年三年（1104）完成。共 580 函，1140 部 6108 卷。（3）《毗盧藏》，版刻，北宋福州開元寺私刻。徽宗政和二年（1112）開雕，南宋高宗紹興二十一年（1151）完成，後續雕兩次，總 595 函，1451 部 6132 卷。（4）《元覺藏》，版刻，北宋湖州王永從家族思溪圓覺禪院私刻。北宋末開雕，南宋高宗紹興二年（1132）完成，共 548 函，1435 部 5480 卷。（5）《資福藏》，版刻，宋安吉州法寶資福寺私刻。共 590 函，1459 部 5940 卷。（6）《明州藏》，版刻，宋明州奉化縣忠義鄉瑞雲山王公祠堂私刻。北宋末或南宋初。存《大般若波羅蜜多心經》。（7）《磧砂藏》，版刻，宋平江府磧砂延聖院私刻。南宋理宗寶慶或紹定年間開雕，元英宗至治二年（1322）完成。共 591 函，1532 部 6362 卷。（任繼愈：《中國藏書樓》，瀋陽：遼寧人民出版社，2001 年，第 864～865 頁。）宋代佛教藏經的目錄著作至少有五種：（1）北宋東京法雲禪寺惟白《大藏經綱目指要錄》八卷（內二、四、五、六、七分上下，故總十三卷），徽宗崇寧三年（1104）。480 函，1050 部 5000 餘卷。（2）北宋王古撰、元管主八增訂《大藏聖教法寶標目》十卷。1398 部。（3）北宋真宗大中祥符年間趙仁安、楊億《大中祥符法寶錄》二十一卷，222 部譯經，413 卷；中土撰著 11 部，160 卷。（4）北宋仁宗天聖年間惟淨等《天聖釋教錄》，602 秩，6197 卷。（5）北宋仁宗景祐年間呂夷簡、宋綬《景祐新修法寶錄》，譯經 21 部，161 卷；中土撰著 16 部，190 卷。（任繼愈：《中國藏書樓》，瀋陽：遼寧人民出版社，2001 年，第 876～877 頁。）

〔註42〕胡道靜等：《藏外道書序》，成都：巴蜀書社，1994 年，第 1 頁。
〔註43〕〔清〕永瑢等：《四庫全書總目》，北京：中華書局，2003 年，第 1241 頁。

百二十卷、《南華真經義海纂微》一百六卷兩種皆在著錄之中。

（一）宋代道書的增量與編集

王明（1911～1992）先生在其生平最後一篇文章《道家古籍存佚和流變簡論》指出，「道家書和孳乳流派，在歷史上發生重大影響，不容忽視。」王先生據《漢書藝文志》《隋書經籍志》等正史記載，考察了自漢朝到清代的道家書籍生產情況及其與儒家書籍的數量對比，其中《隋書經籍志》著錄儒家 62 部 530 卷，道家 78 部 525 卷，道家書數量占優。《舊唐書經籍志》著錄儒家 28 部 776 卷，道家 125 部 960 卷；《新唐書藝文志》著錄儒家 69 家 92 部 791 卷，道家 137 家 74 部 1240 卷。王先生文章中主要以諸子道書而言，後世闡釋諸子中道家者，代不乏人，至今仍有諸子之學的專門研究。不過，自隋唐以來「神仙家」已單列一類，成為書籍中一獨特的類目，這一類也就是我們今天所謂的道教書籍，之所以能有其獨立一類，自然是因為彼時此類書籍蔚為大觀。

王明先生注意到，唐代道書的興盛與李唐推重老子為道教教祖，兼以褒揚莊子，注釋老莊之書成為時代風尚。「這表明受了道教的影響，不是道家獨佔優勢。此風至宋代未衰，世俗學者著名的有王安石、王雱父子、司馬光、蘇轍等，道教學者有陳景元、褚伯秀等，都是傑出的代表。」〔註44〕對於宋代道書的生產，王先生沒有對書目信息進行分析。我們可以做進一步的梳理：如馬端臨《文獻通考》中《經籍考》五十一至五十二卷為房中和神仙兩類，也即道教類，而卷五十三至五十四為釋氏，即佛教類。釋道兩家大體相當，而道家在前，釋家在後的次序已經表明宋人對於二者的認同心理。諸子道家類與神仙家類相互之間存在著某種內在的關聯，但後者更多的具有道教特色。即便我們不計諸子類中的道家書籍的增量，只看宋人理解的道士及相關著述，也會看到在這類著作在宋代的數量在北宋真宗時期和南宋初期有大幅度的增加：

表 自漢至宋道書數量著錄情況表

書　目	類	家／部	篇／卷	《文獻通考》頁碼	備　註
《漢志》	房中	8 家	186 篇	6171	《漢書藝文志》
《漢志》	道家	37 家	993 篇	5935	

〔註44〕王明：《道家古籍存佚和流變簡論》，《道家文化研究第 1 輯》，1992 年，第 287 頁。

《漢志》	神仙	10 家	205 卷	6171	
《隋志》	道家	78 部	525 卷	5935	《隋書經籍志》
《隋志》	神仙	377 部	1216 卷	6174	
《舊唐書經籍志》	道家	102 部 〔註45〕			《舊唐書經籍志》原著錄道家 125 部，內老子 61 家，莊子 17 家，道釋諸說 47 家，960 卷
《唐志》	道家	77 家 84 部	1004 卷	5935	《新唐書藝文志》著錄略有不同。〔註46〕道家類 137 家，74 部，1240 卷
《唐志》	神仙	35 家 50 部	341 卷	6174	失姓名 13 家，《道藏音義》以下不著錄 62 家 265 卷
《宋三朝志》	道家	43 部	250 卷	5935	太祖、太宗、真宗
《宋三朝志》	神仙	97 部	625 卷	6174	
《宋兩朝志》	道家	8 部	15 卷	5935	真宗、英宗
《宋兩朝志》	神仙	413 部	不詳	6174	
《宋四朝志》	道家	9 部	32 卷	5936	神宗、哲宗、徽宗、欽宗
《宋四朝志》	神仙	20 部	不詳	6175	
《宋中興志》	道家	47 家 52 部	187 卷	5936	高宗、孝宗、光宗、寧宗
《宋中興志》	神仙	395 家 447 部	1321 卷	6175	
《宋史藝文志》	道家	102 部	359 卷	《宋史》第5181 頁	
《宋史藝文志》	神仙	394 部	1226 卷	《宋史》第5202 頁	

（注：此表據馬端臨《文獻通考》（中華書局，2011）和龍彼得《宋代道書收藏考》（《宗教研究》2014 年第 2 期，第 267～303 頁）製作，數據以《文獻通考》為準）

　　顯然，宋代道書生產是繁榮一時的，在書籍史上是空前的，似乎也是絕後的。按照王明先生對李唐時代道書發展的原因分析，我們認為這與趙宋王朝的扶持同樣有著十分密切的關係，皇室及各自政府機構立道觀、皇室成員

〔註45〕詳見：馬楠：《唐宋官私目錄研究》，上海：中西書局，2020 年，第 283～288 頁。
〔註46〕《新唐書藝文志》：「道家類 137 家，74 部，1240 卷。失姓名三家，玄宗以下不著錄 158 家，1338 卷。總 137 家，174 部。」《舊唐書》《新唐書》中佛教書籍皆歸於「道家類」。《新唐書藝文志》收錄道家書總計 274 部，又錄釋家書 180 部，共 454 部，統歸為道家類。詳見：馬楠：《唐宋官私目錄研究》，上海：中西書局，2020 年，第 283～298 頁。

及各級官吏謁祠禮拜、道士的嚴格准入制度、設立較為規範的道場、賜予道士官爵等，都將道教的發展推向了一個新的歷史高度。而在書籍方面，搜求道書的活動一直延續下來，編集道藏也成為一項長期的制度化措施，它成為扶持道教的重要政策之一。另外，從宋太祖開寶五年（972）皇室政權提出整頓道教的方案，道士需要參加考試，需要經過政府的認定，這直接導致了道教中人文化水平的提高，道書的製造水平也在因之提升。〔註47〕誠如馬端臨所說：「近世張君房所集道書凡四千五百六十五卷，崇、觀間增至五千三百八十七卷，抑何多邪。」〔註48〕

北宋時期道書生產處於歷史上的繁盛階段。不僅有遍布全國的宮觀供奉，還有一眾道教大師直接參與道書的編纂。他們帶來了道教史上最為可觀的道書，也給政府編集道書提出了與前朝不同的挑戰。從中國宗教發展史來看，宗教的發展，從來都是在政府的主導下的和諧發展，無論是宗教禮儀，宗教人士，還是宗教書籍，均需經過政府的審定後才成為可傳之教。

校定書籍，給人準確的版本一直是學者的渴望。尾崎正治曾在《道教經典》中說，他和窪德忠都發現不同版本的《道藏》有語句的不同，還有文章不全的地方，「我痛感有必要修正出道教經典的定本。過去手頭沒有《道藏》，給道教研究帶來了困難。今天《道藏》容易買到，研究者的人數也增加了，為了道教研究的發展，道教典籍的定本無論如何是必要的。」〔註49〕這並非現代人才有的問題。當宋代人面對著大量道書時，同樣也深感需要校訂出一定本，他們並非倡議，而是依靠國家的動員，將這項工作完成了。

面對大量道書的出現，有必要以官方刊定的版本明確其地位。如何去取，不僅是道教本身的問題，更是政府行使其權力的一種方式。大量出現的道書並不都是能夠入《道藏》者，《道藏》的編集一直由政府主導著。在真宗朝完成了雕版的《道藏》之後，新出的道書如何處理？當時有專門的機構和專人負責此事。宋朝官方圖書機構繁多，有一般管理機構、圖書收藏機構、整理機構、編寫機構、雕印機構等若干類型。〔註50〕編修道藏所屬於圖書編集與整理，其

〔註47〕 牟鍾鑒等：《道教通論》，濟南：齊魯書社，1991年，第472～473頁。
〔註48〕 〔宋〕馬端臨：《文獻通考（第10冊）》，上海師範大學古籍研究所、華東師範大學古籍研究所點校，北京：中華書局，2011年，第6185頁。
〔註49〕 〔日〕福井康順等：《道教第一卷·道教經典》，朱越利等譯，上海：上海古籍出版社，1990年，第81頁。
〔註50〕 據郭聲波考證，宋代書籍編纂出版和收藏的官方機構極為繁雜，在不同類

具體的歷史職責今已不可曉。專門的機構據李燾《續資治通鑒長編》卷七十九記載，真宗大中祥符五年（1012）十二月：「庚辰，知處州張若谷言：『黃帝任六相而天下治。伏睹詔示《聖祖臨降》，有斜設六位之文，以臣參詳，必當時六相也。按《唐天寶敕》，三皇、五帝，各有配享，黃帝惟以后土配。望於殿內塑六相像，並加謚號。』有司言：『神靈之事不可備知，所云六相恐難執據。其六位仙官，望令編修道藏所增入醮位，及於聖祖殿設像。』從之。」〔註51〕「編修道藏所」這個機構就是專為收集道書編集《道藏》而成立的機構。可知的是，編修道藏所的主要工作任務是對道書經藏進行編集處理，參與人員既有道士，也有儒者。他們依託既有的道藏書籍展開相關工作，不僅要對收集來的道藏書籍進行甄別，還需要對其中選錄的書籍進行文本的校勘，最終目標是建立一可靠的《道藏》。

（二）徐鉉主持的初次編集

關於唐宋以來道書的增加及其目錄，王應麟《玉海》記載與《文獻通考》類似：「初，唐明皇撰《瓊綱》，裁三千餘卷。（唐明皇命方士為《瓊綱》四卷。《志》，道士張仙庭《三洞瓊綱》三卷）。皇朝得七千餘卷，命徐鉉等校勘，得三千七百三十七卷，分置上清太一宮。」〔註52〕也就是說，唐代政府主持編集道藏經書目錄時，已經有了三千餘卷的規模，其後隨著書籍製作技藝的發展，道書也獲得了跨越式的提升，到北宋太宗年間已收集到道書七千餘卷，經大臣

型、不同層級的政府部門中多設有相關單位，郭氏認為可以細分五類，即（1）一般管理機構：秘書省、崇文院、提舉秘書省所；（2）圖書收藏機構：昭文館、集賢殿書院、秘閣、龍圖閣、天章閣、寶文閣、熙明閣、顯謨閣、徽猷閣、敷文閣、煥章閣、華文閣、寶謨閣、寶章閣、顯文閣；（3）圖書整理機構：都大提舉校勘館閣書籍所（提舉校勘書籍所、校勘所）、校正醫書局、三館秘閣編校所、補寫書籍所、補寫書籍局、校對黃本書籍所、補完御前書籍所、補完校正御前文籍局、補寫所；（4）書編寫機構：著作局、史館、修國史院、編修實錄院、編修道藏所、編聯祥瑞所、編修國史院、日曆所、修撰樂書所、編修資治通鑒所、編修會要所、修纂經義所、編修天文書所、國史院、實錄院、編修國朝會要所、詳定編修九域圖志所、編修政典局、注解聖濟經所、修日曆所、修國史日曆所、編類聖政所；（5）圖書雕印機構：印錢物所、印經院、書板庫、雕造前漢所、雕印曆日所。（郭聲波：《宋朝官方圖書機構考述（上、下）》，《宋代文化研究》，2000年，第247～265頁；2001年，第173～196頁）

〔註51〕〔宋〕李燾：《續資治通鑒長編》，北京：中華書局，1995年，第1809頁。
〔註52〕〔宋〕王應麟撰、武秀成等校正：《玉海藝文校證》，南京：鳳凰出版社，2013年，第873頁。

徐鉉等人的初步整理校訂，刪重去復，基本恢復到了唐代藏經的規模。

　　徐鉉主持校定《道藏》的時間，按照陳國符先生的考證，當在宋太宗端拱（988～989）、淳化（990～994）年間。「按宋太宗年號，太平興國八年，雍熙三年，端拱二年，淳化五年，至道三年。自端拱二年至淳化二年，徐鉉為散騎常侍，王禹偁知制誥。二人奉敕校正道經，當在是時。」〔註 53〕南宋人謝守灝《太上老君混元聖紀》（即《混元聖紀》）中對此也有記錄：「大中祥符二年（1009）己酉，詔左右街選道士十人校定《道藏》經典。至三年（1010），又令於崇文院集館閣官僚詳校，命宰臣王欽若總領之。初，太宗嘗訪道經，得七千餘卷，命散騎常侍徐鉉、知制誥王禹偁校正，刪去重複，寫演送入宮觀，止三千三百三十七卷。」〔註 54〕李白《漢東紫陽先生碑銘》有「召為威儀，及天下採經使」。李白之所以對道家熟悉，或許與他熟知唐代收集道書的人員交往密切頗有關係。王琦注云：「威儀，道家職名，如釋家『維那』之類。白玉蟾《玉隆萬壽宮道院記》：『唐有左右街威儀，五代末周太祖因避諱改為道錄。』是威儀即今之道錄司也。」〔註 55〕唐五代時期的左右街威儀，後改為左右街道錄（錄或籙），簡稱「左右街」或「兩街」，是唐五代以來中央政府的道家事務管理機構，設有道錄、都監、首座、鑒議等職位。真宗時，這一機構稱為道錄院；左右街因其職高位重，也就演變成了道門中的一種高級行政職銜，在學識、道德方面有其所長之道士方能入選。〔註 56〕因此，我們可以認為，北宋政府收集整理道書經藏的有專門機構及專業人員來負責具體事宜。《武林元妙觀志》卷二記載：「張契真，字齊一，錢塘人。……上（太宗）以道書魚魯未定，詔兩街道錄選優學者刊正，而先生（道士張契真）復與選。既畢，賜元靜大師之號。」〔註 57〕此一編集道書任務完成後，張契真得到了賜贈大師稱號的獎賞。按照當時政府編修官本書籍的慣例，必有朝廷重臣出任該事項的主持人，總理協調諸方，以便於執行。徐鉉即太宗時期主持有宋第

〔註 53〕陳國符：《道藏源流考》，第 107～108 頁。

〔註 54〕張繼禹：《中華道藏》第 46 冊，北京：華夏出版社，2004 年，第 115 頁。

〔註 55〕〔唐〕李白著、〔清〕王琦注：《李太白全集》，北京：中華書局，2011 年，第 1217 頁。

〔註 56〕唐代劍：《宋代道教管理制度研究》，北京：線裝書局，2003 年，第 151～152 頁。

〔註 57〕高小健主編：《中國道觀志叢刊》第 17 冊，南京：江蘇古籍出版社，2000 年，第 54～55 頁。轉引自：丁培仁：《道教文獻學》，成都：四川大學出版社，2018 年，第 385 頁。

一次道書編集校定工作的朝廷重臣，而參與收集和校定工作的則由相關專業機構的專業人員執行。

那麼，徐鉉所校訂的《道藏》有多少函呢？記載這一道藏是否有相關的目錄呢？據《玉海》記載：「《唐志》神仙三十五家，五十部，三百四十一卷；不著錄六十二家，二百六十五卷。《道藏音義目錄》一百一十三卷，崔湜、薛稷、沈佺期，道士史崇等撰。《隋志》道經三百七十七部，一千二百一十六卷，有經戒、餌服、房中、符籙。宋鄧自和撰《道藏書目》一卷。」〔註58〕按照王應麟的記錄，鄧自和所撰目錄是對北宋早期編集《道藏》的著錄。〔註59〕陳國符先生說：「《晁志》著錄宋鄧自和《道藏書目》一卷，所載道書較《大宋天宮寶藏》為少，或即為徐鉉所校定《道藏》，亦未可知。」〔註60〕晁公武《郡齋讀書志》著錄《道藏書目》一卷，他說：「皇朝鄧自和撰。大洞真部八十一秩，靈寶洞玄部九十秩，太上洞神部三十秩，太真部九十六秩，太平部一十六秩，正一部三十九秩，凡六部，三百一十一秩。」〔註61〕我們有理由相信鄧自和所撰書目即基於徐鉉校訂道藏。這需要結合晁公武《郡齋讀書志》其他記錄來理解。《郡齋讀書志》卷十六《神仙類》云：

> 神仙之說，其來尚矣。劉歆《七略》，道家之學與神仙各為錄。
> 其後學神仙者稍稍自附於黃、老，乃云：有元始天尊，生於太元之
> 先，姓樂，名靜信，常存不滅。每天地開闢，則以秘道授諸仙，謂
> 之開劫度人。延康、赤明、龍漢、開皇，即其紀年也。受其道者，
> 漸致長生，或白日昇天。其學有授籙之法，名曰齋；有拜章之儀，
> 名曰醮；又有符咒以攝治鬼神，服餌以躪除穢濁。至於存想之方，
> 導引之訣，烹煉變化之術，其類甚眾。及葛洪、寇謙、陶弘景之徒
> 相望而出，其言益熾於世。富貴者多惑焉，然通人皆疑之。國朝修

〔註58〕〔宋〕王應麟撰、武秀成等校正：《玉海藝文校證》，第873頁。

〔註59〕也有學者以《成都文類》所載范鎮《崇道觀道藏記》中有「治平年間，今天子既即位，若谷又與其徒仇宗正、鄧自和列言於府」云云，認為《道藏書目》的作者即請《道藏》入川之人。見：龍彼得（Piet van der Loon）：《宋代道書收藏考》，《宗教研究》，2014年第2期，第288頁；白金：《北宋目錄學研究》，河南大學博士論文，2012年，第215頁。

〔註60〕陳國符：《道藏源流考》，第114頁。

〔註61〕〔宋〕晁公武撰、孫猛校正：《郡齋讀書志校證》，上海：上海古籍出版社，2005（1990）年，第407頁。又見：〔宋〕馬端臨：《文獻通考（第10冊）》，上海師範大學古籍研究所、華東師範大學古籍研究所點校，北京：中華書局，2011年，第6201頁。

《道藏》，共六部，三百一十一秩，而神仙之學如上所陳者居多，
與道家絕不類。今於其間取自昔書目所載者錄之，又釐而為二；凡
其說出於神仙者，雖題曰「老子」「黃帝」，亦皆附於此，不以名亂
實也。若夫容成之術，雖收於歆輩者，以薦紳先生難言之，特削去
不錄。〔註62〕

所謂「國朝修《道藏》，共六部，三百一十一秩」顯然是指北宋第一次編集《道
藏》，即太宗時徐鉉所主持編定的《道藏》。〔註63〕陳國符先生引用《正統道
藏》「鞠六」號收錄的《天台山志》之《重建道藏經記》為據，說明「雍熙年
間，索桐柏宮藏經赴餘杭傳本，蓋已在搜訪道經。其後命徐鉉、王禹偁讎校，
以成《道藏》也。」〔註64〕《重建道藏經記》作者為宋承奉郎、守秘書省著作
佐郎、通判台州軍、兼管內勸農事借緋夏竦。夏氏說：

唐景雲（710～711）中，天子為司馬承禎置觀桐柏，界瓊臺三
井之下。五代相競，中原多事，吳越忠懿王得為道士朱霄，朱（注：
後一「朱」字為衍字）外新之，遂築室於上清閣西北，藏金錄字經
二百函，勤其事也。

國家有成命之二十載，削平天下，列為郡縣，舳艫千里，東暨
於海。有靈靜大師孟玄岳者，始越會稽，濟沃洲赤城，訪桐柏，為
山門都監，沖一大師稽常一等請掌斯藏。至雍熙二年（985）有詔，
悉索是經，付餘杭傳本。既畢，運使諫議大夫雷公德祥命舟載以還，
從師請也。〔註65〕

又十載（淳化五年，994），藏室幾壞，虞於風雨，師募臺越右
族並率己錢共二十萬，召工治材，更腐替朽，丹漆黝堊，皆逾舊制。
又十三載（景德四年，1007），會國家獲瑞命於承天門，建封禪之議，
有詔改賜觀額為崇道。越明年（大中祥符元年，1008），天子感三篇

〔註62〕〔宋〕晁公武撰、孫猛校正：《郡齋讀書志校證》，第737頁。
〔註63〕或以為晁氏著錄的鄧自和目錄是私藏道書目錄，甚至就是北宋中期的私人藏
　　　　道書目錄，這是把編《道藏書目》的鄧自和與英宗治平年間為四川崇道觀求道
　　　　藏的鄧自和視為一人的緣故。然而，崇道觀求得的《道藏》為五百函四千五百
　　　　卷，顯然不是《道藏書目》三百一十一函，而且晁氏《郡齋讀書志》明確說「國
　　　　朝修《道藏》」的數量是三百一十一函，明顯不是私人珍藏。
〔註64〕陳國符：《道藏源流考》，第107～108頁。
〔註65〕注：陳國符先生《道藏源流考》引此「國家有成命」一段為據，且將作者記為
　　　　「夏疏」。陳國符：《道藏源流考》，第108頁。

之事，築玉清昭應宮於京師。制詔天下，訪道士之有名行，及仙經之有尤異者，郡籍師等名，馳驛上之。師治裝俟命，且有請於我，願紀藏室之實，以勒於石。我以為太虛無著，況之曰：道生二儀而不有，長萬物而不知，惟聖與神，其殆庶幾乎。故老氏《五千言》，清淨簡易而不泥。後世其教，神而明之，於是靈編秘牒，金簡玉冊，有太上正一品，練形飛步之術，熊鳥赤白丹石圖籙之法。總而謂之曰經，聚之於室曰藏。錢氏之建也，信重矣，金籙銀隸以取其貴。孟師之守也不懈矣，二十八載於茲，而棟宇更麗，編簡不脫。若夫觀於斯，悟於斯，出處語默，而不失其中，不亦達者乎。於戲，後之嗣孟師守者，為我愛之，而觀者擇其正焉。大中祥符三年（1010）歲閹茂建寅月記。〔註66〕

首先，此碑記作者承奉郎夏竦，即曾參與《冊府元龜》事的「直集賢院夏竦」。據宋人王珪（1019～1085）《夏文莊公竦神道碑銘》，夏竦於「景德四年（1007）登賢良方正，能直言極諫科，擢光祿寺丞，通判台州，遷著作佐郎。召還，遷秘書丞，直集賢院，同編修國史，判三司都磨勘司。」〔註67〕（《華陽集》卷四十七）大中祥符七年，經王旦推薦，夏竦以左正言、直集賢院職任玉清昭應宮判官。「王旦之為景靈宮朝修使也，竦實掌其牋奏。……又同修起居注，及是為判官，皆旦所薦也。」〔註68〕也就是說，夏竦本人曾參與過《道藏》的編集校勘事，故而對於相關故事頗熟悉，後來他也因此而獲得升遷。

其次，從夏竦這篇碑記可見，《道藏》的校定工作從唐代就已經開始了。北宋太宗雍熙（984～987）年間啟動了新定工作。當時以桐柏宮舊藏道書為基礎，彙集全國收集來的道書，在甄別之後予以重建。這部新編定的《道藏》既保存在皇宮保藏，也有副本存於天台山的桐柏宮。原來桐柏宮只有五代時期收集的《道藏》二百餘函，經過徐鉉等人的蒐集整理，增加了將近一百函，達到了三百一十一函。參與第一次編集道書的道士，除了來自桐柏宮之外，還有其

〔註66〕陳垣：《道家金石略》，北京：文物出版社，1988 年，第 244 頁；張繼禹：《中華道藏》第 48 冊，北京：華夏出版社，2004 年，第 545 頁。注：《中華道藏》將作者夏竦寫作爰疏，或據影印本《道藏》而來，今觀國圖藏本《道藏》，確為夏竦。影印本描改有誤。

〔註67〕〔宋〕王珪：《華陽集》，《景印文淵閣四庫全書》第 1093 冊，臺北：臺灣商務印書館股份有限公司，1986 年，第 347 頁。

〔註68〕〔宋〕李燾：《續資治通鑒長編》，北京：中華書局，1995 年，第 1903～1904 頁。

他人，比如前文提到的張契真等。

　　問題是，這一版本的道藏有沒有刻板呢？從現有的文獻資料來看，應該是沒有刊刻。雖然此項工作（即雕版）到底有沒有完成並不清楚，但已經完成了北宋政府主持的第一次《道藏》編集，則是沒有問題的。故陳國符先生的判斷是十分準確的，他說「雍熙年間，索桐柏宮藏經赴餘杭傳本，蓋已在搜訪道經。其後始命徐鉉、王禹偁讎校，以成《道藏》也。」〔註69〕

（三）王欽若的歷史貢獻

　　按照《宋三朝國史志》的說法，唐開元時期的道藏，有書目為《三洞瓊綱》，收錄道書 3744 卷。北宋初年曾訪求前代道書，有 7000 多卷，內有一書多本之類重複者，宋太宗時命大臣徐鉉主持校定，裁定為 3737 卷，其函帙數或為 311 函。太宗雍熙（984～987）、端拱（988～989）年間編定《道藏》後，又有不少道書編纂完成，並且收集到的道書也需要加以重整，於是真宗朝重啟編纂事，從大中祥符二年（1009）開始，政府組織人力物力，成立專門的機構，花了六七年的時間，完成了第二次《道藏》的審定編集，並完成了刊刻。

　　這一次編集和刊刻《道藏》的主事人是王欽若，並有目錄《三洞四輔經目》，得真宗賜名《寶文統錄》。四川青城山道觀也曾得到了北宋的官刻本道藏，所以專門立碑記錄，其中說：「道家之書，仁宗皇帝制為《道藏經》序，以《寶文統錄》名之，蓋王欽若之請也。」〔註70〕（原題《宋□□山會慶建福宮飛輪道藏記》，該碑出土於青城山）可見，王欽若主持道藏編集刊刻事在宋人那裏並無疑問。

　　王欽若領銜編集《道藏》是北宋政府第二次主持道書的編撰。但《宋史》關於《道藏》的記載極簡略。其中，《真宗本紀》載，真宗大中祥符九年，「二月丁亥，王旦等上《兩朝國史》。戊子，加旦守司徒，修史官以下進秩、賜物有差。」「三月己酉，王欽若上《寶文統錄》。」〔註71〕在修國史的同時，道書也編定完成，其目錄即御賜書名的《寶文統錄》。該書《王欽若本傳》中也沒有更多的細節，僅有數條事蹟相關，如「大中祥符初，為封禪經度制置使兼判兗州，為天書儀衛副使。」「封禪禮成，遷禮部尚書，命作《社首頌》，遷戶部尚書。從祀汾陰，復為天書儀衛副使，遷吏部尚書。明年，為樞密使、檢校太

〔註69〕陳國符：《道藏源流考》，第 108 頁。
〔註70〕陳垣：《道家金石略》，第 356 頁。
〔註71〕〔元〕脫脫等：《宋史》，北京：中華書局，2013 年，第 159 頁。

傳、同中書門下平章事。」「七年（1014），為同天書刻玉使。……明年（八年，1015），為景靈使，閱《道藏》，得趙氏神仙事蹟四十人，繪於廊廡。」「又明年（九年，1016），商州捕得道士譙文易，畜禁書，能以術使六丁六甲神，自言嘗出入欽若家，得欽若所遺詩。帝以問欽若，謝不省，遂以太子太保出判杭州。」「既卒，贈太師、中書令，諡文穆，錄親屬及所親信二十餘人。國朝以來宰相恤恩，未有欽若比者。……欽若自以深達道教，多所建明，領校道書，凡增六百餘卷。」〔註72〕（《宋史卷二百八十三·列傳第四十二》）王欽若是北宋真宗、仁宗兩朝的重臣，故後世史官有「國朝以來宰相恤恩，未有欽若比者」的感慨，而王欽若領銜編集道書，也有其歷史的功績，不過《宋史》中僅提及「閱《道藏》」而已。另外，《宋史》中記載傳聞中大中祥符九年，王欽若以太子太保的身份判杭州，這一年恰恰是《道藏》完成之時，或許正是這一年王欽若親自前往杭州為《道藏》的刊刻做最後的努力也未可知。

　　幸好在《道藏》中我們能看到相關的資料。其一是晏殊（991～1055）的《茅山五雲觀記》。此文提到：「真宗皇帝既偃武節，聿修文事，封泰山，款后土，謁仙里，建靈宮，務輯一王之儀，邈追前代之盛。」「公（王欽若）於是時，都將相之重，極風雲之遇，與一二元老，鴻儒碩生，內則翊贊宸猷，外則討論經禮，用□削槁之□，密荷沃心之賞，借前著而謀定，申巽風而令行。至如檢玉介丘，瘞繒睢壤，近甸巡豫，嘉壇袞對，咸遵秘籙，聿彰勤任，用三洞之科式，先八鑾而啟行，公則參儀衛之職焉；寅受天瑞，欽崇祖烈，五嶽升號，靈泉效祉，並敞真宇，茂昭元祝，公又歷置使之任焉；總集髦儁，紛披載籍，續百世之龜鑑，述方來之矩矱，復詔公典領焉。公又以混元之法，有助亨會，函笈所蘊，源流實繁，欣逢盛明，用得論次，乃復選通達其學者，校讎而辨正焉。名山洞室之藏，金簡玉文之萃，多所刊定，訖無訛謬。」〔註73〕（《茅山志》卷二五）毫無疑問，王欽若領銜的北宋第二次編集道書完成了預期目標，完成了《道藏》的第一次刊刻，「續百世之龜鑑，述方來之矩矱」，並非溢美。「多所刊定，訖無訛謬」無疑是刊本。茅山第二十三代宗師朱自英（976～1029）亦曾參與《祥符道藏》編集，故《觀妙先生幽光顯揚之碑》中說：「先生出關，欲遂東歸，復思三茅《道藏》缺訛，乃載遊賴鄉校讎太清古本。」又

〔註72〕〔元〕脫脫等：《宋史》，第 9561～9563 頁。
〔註73〕陳垣：《道家金石略》，第 266～267 頁；張繼禹：《中華道藏》第 48 冊，第 482～483 頁。

說：「《道藏》三洞四階靈文寶笈，實金繩玉控之秘傳大法，自魏南嶽以降，逮先生，凡二十有三代。」因王欽若為《祥符道藏》主持者，故又曾推薦朱自英在京任職，故碑記作者稱「丁晉公謂、王冀公欽若，並薦章三上，使兩至，先生復辭。謝表溫雅，有儒臣高世之風，朝廷嘉之。」〔註74〕

王欽若所主持的這次道藏編集工作，不僅在太宗時代徐鉉初編本的基礎上進行了增補，而且完成了版刻。由於北宋《道藏》刊本已經不復存在，只有相關的史料能夠佐證卻有其事。其歷史文獻的證據，除了上述晏殊的文字之外，還有（1）前述夏竦《重建道藏經記》，（2）真宗為該刊本目錄即《寶文統錄》所作序文，（3）李燾《續資治通鑑長編》、王應麟《玉海藝文》所載史實，以及（4）元初道士碑記的記載。隨著古籍保護工作的推進，各種古籍資料數據庫的建成，或許我們今後還能找到其他相關的史料。

《道藏》首次在王欽若的主持下完成了雕版，時間是大中祥符九年（1016）。當這部雕版的《道藏》最終完成時，並沒有給予其別出的名稱，就是《道藏》，如果按照我們今天對於明代《道藏》的稱呼，我們可以稱之為《祥符道藏》。

先看元人的記載。北宋的這一刊本在北宋朝廷覆亡後為金朝承繼，故元朝至元十二年（1275）《道藏尊經歷代綱目》碑文明確說：

> 唐明皇《御製瓊綱經目》，藏經五千七百卷。唐文宗太和二年（828）太清宮使奏陳，止見五千三百定數。黃巢之亂，靈文秘軸，焚蕩之餘，散無統紀，幸有神隱子收合餘爐，拾遺補闕，復為三洞經。再經五季亂離，篇章雜糅。會逢炎宋紹隆，聖明相繼，奐求瓊軸，大構銀題，申命校讎，條章森列，錄《道藏》卷目之首，冠《寶文統錄》之名，大闡玄風，式弘道化。丙申屬難，經藏俱廢。元啟運，有披雲子宋真人收索到藏經七千八百餘秩，鋟梓於平陽府永樂鎮東祖庭藏之。此道藏經歷朝興廢之大者也。〔註75〕

據此碑記，北宋刊刻的《道藏》就是前有目錄名為《寶文統錄》者。該碑文明確說，金人所承繼的道藏就是有《寶文統錄》為卷目之首的道藏經。這部經板不是陳國符先生所說的《政和道藏》經板，而是《祥符道藏》。陳國符先生謂：

〔註74〕陳垣：《道家金石略》，第326～327頁。

〔註75〕陳垣：《道家金石略》，第617～618頁；張繼禹：《中華道藏》第49冊，北京：華夏出版社，2004年，第120頁。

「政和三年詔訪求道教仙經，福州知州黃裳乃於政和四年奏請建輪藏，以庋天下道書。五六年乃設經局敕道士校定。即送福州閩縣，由黃裳役工鏤板。事畢，進經板於東京。刊鏤經板，當在政和六七年，時黃裳仍為福州郡守也。所刊道藏稱《政和萬壽道藏》，都五千四百八十一卷。故《道藏闕經目錄》卷下著錄《宋萬壽道藏三十六部經品目》，不著卷數，又《宋萬壽道藏經目錄》十卷。」〔註76〕陳先生此說或許根據《道藏闕經目錄》中「《宋萬壽道藏三十六部經品目》、《宋萬壽道藏經目錄》十卷、《金萬壽道藏三十六部經品目》和《金萬壽道藏經目錄》十卷」〔註77〕的記錄而來。不過，我們並不清楚金人與宋人的「三十六部經品」和「道藏經目錄」是否就是「閩縣鏤板的《政和萬壽道藏》」，因為這一刊本的記載更加匱乏。如果有徽宗時期的刊本經書道藏，並被金人所承繼的話，為何元人在《道藏尊經歷代綱目》中為何一字未及呢？如果這一次的刊板從政和五六年設經局，而六七年就宣告完成，不管是一年還是兩年，時間上過於神速，難以採信。而且，若黃裳是第一次主持完成了道藏的刊刻，必然會在史籍中留下蛛絲馬蹟，然而，就陳國符先生所引《宋史‧徽宗本紀》《玄品錄》《淳熙三山志》等相關文字而言，似皆難以確證其事。只能確定的是，徽宗時代確有繼續編集道書經藏事，最後完成的當是一部目錄和《道藏三十六部經品目》，由於並未刊行，所以才有後來的「闕經」之說。總之，政和年間，徽宗下詔搜訪遺經，是為了補真宗時所刊《道藏》之不足，一如明代《萬曆續道藏》故事矣。

　　金代繼承的北宋刊本道藏是《祥符道藏》的修補增訂版。《道藏尊經歷代綱目》中所謂「丙申屬難，經藏俱廢」，為南宋端平三年（1236，蒙古窩闊台汗八年）事。端平元年（1234），南宋聯合蒙古滅金，隨後南宋與蒙古開戰，戰事綿延數十年，直至南宋覆亡。在金滅國後的兩三年中，局面混亂，原藏於北方道觀的《道藏》亦無法平安保存。此事，陳國符先生說：「金末太清宮罹兵燼，又值河渦合流，遂飄蕩無餘。其《道藏》經當亦亡失。」所以，次年才有了道士宋德方倡始搜羅道經，經過數十年努力，最終完成了《玄都寶藏》刊本。這一刊本也未能保全，隨後沒多久即遭毀版焚經的厄運。〔註78〕

〔註76〕陳國符：《道藏源流考》，第 113 頁。
〔註77〕張繼禹：《中華道藏》第 46 冊，第 118 頁。
〔註78〕任繼愈：《中國道教史（增訂本）》，北京：中國社會科學出版社，2001 年，第 970～973 頁。

　　事實上，北宋真宗大中祥符九年（1015）才是道藏史的關鍵節點。李燾《續資治通鑑長編》卷八十六的記錄是，大中祥符九年三月：「樞密使王欽若上新校《道藏經》，賜目錄名《寶文統錄》，上製序。賜欽若及校勘官器幣有差。尋又加欽若食邑，校勘官階勳，或賜服色。」〔註79〕如果王欽若等人僅僅是第二次編集道藏，他們只是在太宗時代徐鉉等人編輯《道藏》的基礎上增加一些新的道書品種，不管他們是增加了五百種，還是六百種，都只能解釋他與相關人等皆受賞賜事。一項工作完成之後，得到嘉獎，這並無不妥。但為何沒過多久還有「加欽若食邑，校勘官階勳，或賜服色」的再度獎賞呢？其原因肯定不是寫本完成，而是有其他的原因。我們認為，再加獎賞最主要的原因是他們完成了《道藏》的第一次刊刻，這是道教史上的第一次，無論如何都值得載入史冊。

　　對此，宋人皆大書特書。大中祥符八年閏六月丙辰「王欽若准詔討閱《道藏》趙氏神仙事蹟，凡得四十人。詔畫於景靈宮之廊廡。」〔註80〕王應麟《玉海·藝文》「祥符《寶文統錄》」條記載：大中祥符「九年（1016）二月己酉，王欽若上詳定《道藏經》，凡三洞四輔，四千三百五十九卷。……祥符三年（1010），選官詳校，欽若總之，刪一百二十卷，又求得七百二十七卷，總為目錄，詔賜名，聖製序。」〔註81〕李燾《續資治通鑑長編》記載，大中祥符六年（1013）六月：「以御製《大中祥符頌》《真遊頌》《聖祖降臨記》賜天下《道藏》，從中書門下所請也。」〔註82〕馬端臨《文獻通考》也記錄說：「大中祥符中，命王欽若等照舊目刊補，凡四千三百五十九卷（洞真部六百二十卷，洞元部一千一十三卷，洞神部一百七十二卷，太真部一千四百七卷，太平部一百九十二卷，太清部五百七十六卷，正一部三百七十卷）。合為新錄，凡四千三百五十九（卷）。又撰篇目上獻，賜名曰《寶文統錄》。《隋志》以道經目附四部之末，唐毋煚《錄》（即《古今書錄》）散在乙、丙部中。今取修煉、服餌、步引、黃治、符籙、章醮之說素藏館閣者，悉錄於此。」〔註83〕這裡的「照舊目刊補」提示我們王欽若所主持的道藏並不是抄寫，而是有刊刻。

<hr>

〔註79〕〔宋〕李燾：《續資治通鑑長編》，第 1975 頁。

〔註80〕〔宋〕李燾：《續資治通鑑長編》，第 1940 頁。

〔註81〕〔宋〕王應麟撰、武秀成等校正：《玉海藝文校證》，第 873 頁。

〔註82〕〔宋〕李燾：《續資治通鑑長編》，第 1830 頁。除了入《道藏》之外，還有如佛藏事：大中祥符八年閏六月甲辰「詔編太宗《妙覺集》入佛經藏。」（《續資治通鑑長編》，第 1939 頁）

〔註83〕〔宋〕馬端臨：《文獻通考（第 10 冊）》，上海師範大學古籍研究所、華東師範大學古籍研究所點校，北京：中華書局，2011 年，第 6174 頁。

王欽若在主持完成《道藏》刊定之前，還主持了《冊府元龜》一千卷的編輯刊刻，該書亦有真宗御製序文。王應麟《玉海・藝文》「景德冊府元龜」條在真宗序下注：「祥符八年十一月乙丑，欽若等上版本，宴編修官。」又云：「天禧四年閏十二月癸丑，賜輔臣各一部。」〔註84〕刊刻千卷《冊府元龜》由王欽若領銜，刊刻《道藏》亦由此領銜，其事當為可能。

北宋時，道教文化繁榮，王欽若是真宗時期參與該事件的關鍵人物，但隨著王朝歷史的變化，學術思潮的改變，王欽若及其主事的道書經藏刊刻事皆被邊緣化：只有編刊《冊府元龜》事被史學家重視，認為是效法祖宗的修書故事，〔註85〕而王欽若則成了北宋真宗仁宗時期士人政治集團中的反面教材，即「五鬼」之一的佞臣。〔註86〕智數過人的王欽若受到太后的重視，在仁宗天聖前期再度為宰相，但彼時士大夫集團已經逐漸與他劃清了界限，〔註87〕隨著後者的成熟壯大，王欽若及其主持的事業，也就不再為學者們所關注了。

（四）《寶文統錄》御製序

在真宗皇帝的支持下，王欽若主持編集《道藏》完成。其刊刻的最重要證據是真宗皇帝的御製序，這篇序文保存在《正統道藏》本《混元聖紀》中。南宋光宗紹熙二年（1191），道士謝守灝撰成《太上老君混元聖紀》（即《混元聖紀》）十卷，根據歷代史書及諸家記載編成一部從上古至當代的道教之信史，「凡老子名蹟變化及其遺事微言散見於百家者，摭拾詮次無遺。」（陳傅良序，寫於紹熙四年）該書所錄真宗御製序云：

> 夫混茫未闢，兹謂之無名。文字雲生，於是乎有作。矧乎希夷之旨，沖妙之音，法於自然，生乎太極。所以述洪荒之始，敘天地之心，宣至真之言，介群生之福。若乃刻之瑤版，貫之金繩。封以琅函，固以瓊蘊。萬靈翼衛，與環極而同遵；億世仰觀，方珠纏而不昧。其久也，磐石有時而鑠矣；其異也，烈火莫得而燔之。所謂神之至神，大之為大者也。……由是詔朝宥密之臣總司厥任，擇柬校讎之士各效其宮。輯丹室之寶章，訪紫臺之秘跡。正奇字於古篆，考方言於輶車。索隱造微，鉛黃之妙曲盡。群分類聚，甲乙之次罔

〔註84〕〔宋〕王應麟撰、武秀成等校正：《玉海藝文校證》，第971頁。

〔註85〕鄧小南：《祖宗之法：北宋前期政治述略》，北京：生活・讀書・新知三聯書店，2014年，第296頁。

〔註86〕鄧小南：《祖宗之法：北宋前期政治述略》第314頁。

〔註87〕鄧小南：《祖宗之法：北宋前期政治述略》，第365頁。

差。豈止班志之九十三篇、仙記之三十六法而已哉。飛灰之序三決，
貫花之教一成。將使垂於後天，布之綿宇。方新濡翰，以永藏山。
惟慶育壽丘，是開帝緒。高升函谷，允曰道宗。仰惟述作之言，並
極天人之際，混於諸子，良所未安。列行寶經，茲為至當。自幼沖
之仰奉，詔不朽之明規。樞密使吏部尚書檢校太師同平章事王欽若，
實冠攸司，益懷順美。顧勤職之無捨，期傳世之有輝。爰以奏封，
獻茲篇目。願裁序引，式謹歲時。紹璿宙之鴻源，雖遠欽於道蔭。
繼瓊綱之前制，亦可煥於人文。俯示方來，彌多靦媿，題曰《寶文
統錄》云爾。〔註88〕

真宗序文所謂「若乃刻之瑤版，貫之金繩。封以琅函，固以瓊蘊。萬靈翼
衛，與環極而同遵；億世仰觀，方珠纏而不昧。其久也，磐石有時而鑠矣；其
異也，烈火莫得而燔之。所謂神之至神，大之為大者也」已經非常明確的表達
了此次編集《道藏》完成了雕版。至於「將使垂於後天，布之綿宇。方新濡翰，
以永藏山」云云，亦是雕版刷印《道藏》，並將其賜予各大宮觀的明證。

《祥符道藏》在分類上延續了太宗時的六部，即「《道藏》書六部：一曰
大洞真部，二曰靈寶洞玄部，三曰太上洞神部，四曰太真部，五曰太清部，六
曰正一部。」〔註89〕前此徐鉉的第一次編集道書，確定了道書經藏的基本分類
辦法，到真宗時，人們的認識有了變化，正因為如此，才有王欽若將幾部經
書排序改正的記錄，同時保留了某些爭議內容的記錄：「欽若以《道德經》《陰
符經》乃老君聖祖所述，請自四輔部陞於洞真部。初，詔道釋藏經互相毀訾
者削去之，欽若言《老子化胡經》乃古聖遺跡，不可削除，詔從之。」〔註90〕
（謝守灝《混元聖紀》卷九）

至於前文所述，夏氏《重建道藏經記》中所云「付餘杭傳本」，說的是第
一次編集《道藏》時，桐柏宮按照朝廷的命令將所藏《道藏》提供給政府做
校勘審定。但是，我們要注意的是，夏氏寫此碑記時，離第一次編集《道藏》
已過去了二十好幾年，或許夏氏正參與第二次編集《道藏》事，故用彼時刊

〔註88〕張繼禹：《中華道藏》第46冊，第115～116頁。

〔註89〕〔宋〕晁公武撰、孫猛校正：《郡齋讀書志校證》，第738～739頁。同時還有
其他的分類，晁氏記載：李氏《道書志》四類：一曰經誥類，二曰傳錄類，三
曰丹藥類，四曰符籙類。

〔註90〕張繼禹：《中華道藏》第46冊，第115頁。(《正統道藏》洞神部譜錄類，《道
藏》第17冊，第877頁）李燾《續資治通鑑長編》卷八十六的記錄與此相同。

刻《道藏》的詞彙形容前此工作也是合情理的。真宗時期，餘杭已經成為雕版刷印的中心，將校定完成的《道藏》在此地刊刻亦見朝廷的重視。故而，所謂的「傳本」就是刊刻之意，很明顯第二編集《道藏》的最終目標就是要將之刊刻出來，而且經過多年的努力完成了這一目標。與此類似的，我們在王焞撰、王拱辰（1012～1085）所書青城山《道藏記》所撰碑文中也看到：「然今之所謂經者，於褚於筍，於筆於墨；而藏則於工於木，於斧於削耳。道家之書與藏及寶笈雲函……」〔註91〕王拱辰知曉《祥符道藏》刊刻故事，才會說道經是書寫的，而「道藏」則是工匠由刊木雕造的，也即《道藏》為一版刻書籍，並且體量極大，藏諸於室要分函分帙。

　　一如明代對《道藏》的續補，北宋對《道藏》也有續補。其中，仁宗朝、徽宗朝是有明確記載的。范鎮《崇道觀道藏記》說：「宋典祥符、天禧中，始崇起其教。而玉清昭應宮、景靈宮、會靈觀、祥源觀皆置使典領。又命其徒與諸儒裒其書，訂正謬訛，繕寫以藏於其處，而以其餘賜天下宮觀，以廣其傳。獨劍南一道未皇暇焉。」「治平元年，今天子既即位，若谷又與其徒仇宗正、鄧自和，列言於府曰：『釋氏書遍滿州縣，而道家所錄獨散落不完，願至京師得官本以足其傳。』於是端明殿學士、兼翰林侍讀學士、尚書戶部侍郎韓公知府事，以其狀聞，且言蜀之名山秘洞勝景為多，而道家書不完，無以奉揚清淨之風。有詔即建隆觀給官本，以足其傳。凡得五百帙，四千五百卷，溢於唐者又千九百二十二卷，可謂完且備矣。」〔註92〕（《成都文類》卷三十七）在《祥符道藏》完成之後，仁宗朝仍有增補，所以到了英宗時，賜予成都崇道觀的官本有了五百函；其後，在徽宗朝又有續補，達到了528函。南宋高宗紹興二十四年（1154）葉義問撰序的《廬山太平興國宮採訪真君事實》卷一「殿宇像設」中說到「九天採訪應元保運真君之殿」，「主廊有道藏，榜曰瓊章寶室。（原注：於湖張孝祥筆。貯經五百二十八函，計五千二百八十七卷。外九十九函，奉敕禁隱，不曾頒降，係揚和王府舍。）紹興二十八年十月內恭奉特旨，於採訪殿後創建大殿，專一崇奉皇帝御容本命，賜名申福殿。」〔註93〕此事在《咸淳臨安志》卷十三也有記載，志書「行在所錄・宮觀」首

〔註91〕陳垣：《道家金石略》，第 365 頁。
〔註92〕〔宋〕程遇孫：《成都文類》，《景印文淵閣四庫全書》第 1354 冊，臺北：臺灣商務印書館股份有限公司，1986 年，第 709 頁。
〔註93〕張繼禹：《中華道藏》第 46 冊，第 542 頁。

列太乙宮：「紹興十七年（1147），遂命兩浙運司度地建宮。十八年（1148）三月成，凡一百七十四區。殿門曰崇真，大殿曰靈休，挾殿曰瓊章寶室，皇帝本命殿曰介福，三清殿曰金闕寥陽，齋殿曰齋明。又用禮部侍郎沈該言『國家乘火德王天下，宜即道宮別立殿，專奉火德，配以閼伯，祀以夏至』，遂又建殿曰明離，扁皆高宗皇帝御書。兩廡繪三皇五帝、日星嶽瀆、九宮貴神等，與從祀一百九十有五，大略如太平興國舊制。每祀用四立日，設籩豆簠簋尊罍，如上帝禮，兩廡以次降殺，車駕嘗親謁焉。孝宗皇帝建本命殿曰崇禧。乾道間以旱親禱，即日雨。淳熙四年（1177），重建《道藏》成，御書瓊章寶藏以賜。」〔註94〕顯然，南宋初年時廬山太平興國宮（太乙宮）有《道藏》共 528 函，這當是從真宗時代的《祥符道藏》續補而來。

（五）李燾對該事件的梳理

李燾在《續資治通鑑長編》卷八十六中記錄大中祥符九年（1015）三月王欽若進呈《道藏》新校定本之後，還用了兩段文字詳細梳理了《道藏》編集刊刻的重要時間。他說：

> 初，東封後，令兩街集有行業道士修齋醮科儀（二年七月壬申），命欽若詳定，成《羅天醮儀》十卷（八年正月丙申）。又選道士十人校定《道藏經》（二年八月辛卯）。明年，於崇文院集官詳校，欽若總領，鑄印給之。舊《藏》三千七百三十七卷，太宗嘗命散騎常侍徐鉉、知制誥王禹偁、太常少卿孔承恭校正寫本，送大宮觀。欽若增六百二十二卷。又以《道德》《陰符》乃老君聖祖所述，自四輔部陞於洞真部。欽若自以深達教法，多所建白。時職方員外郎曹谷亦稱練習，欽若奏校藏經，未幾，出為淮南轉運使，奏還卒業，詮整部類，升降品第，多其為也。仍令著作佐郎張君房就杭州監寫本。〔註95〕

按照李燾的記錄，真宗在泰山封禪之後，先修訂《齋醮科儀》，同時下詔令「左右街道錄」選道士十人以徐鉉等第一次校訂《道藏》的成果繼續該項工作。第二年又將此項目提升為崇文院的議事日程，並且由王欽若主持其事。王欽若以太宗朝徐鉉等人校定的 3737 卷道書為基礎開展工作，又加入了新收集來的品種共 622 卷。在分類上，王欽若等似乎未做過多的調整，只是把《道德

〔註94〕〔宋〕潛說友：《咸淳臨安志》，杭州：浙江古籍出版社，2012 年，第 516～517 頁。

〔註95〕〔宋〕李燾：《續資治通鑑長編》，第 1975～1976 頁。

經》《陰符經》等書的編排次序做了改動。王欽若對道書比較有研究，對道教也有感情，所以他提出了不少實質性的建議。

至於這次編集的人員中，比較突出的人有兩個，一是曹谷，他負責的工作是道書分類；一個是張君房，他在杭州負責刊刻相關事宜。關於李燾的這一記錄，學者們也多有引用。但是，前此學者多以「著作佐郎張君房就杭州監寫本」為據認為真宗時編集《道藏》為寫本而非刻本，這裡的「監寫本」自然可以按照今日語法理解為「監督抄寫《道藏》」，由此理解得出此時仍舊為抄本的結論也就很正常了。但是，抄寫經書何必要在杭州？事實上，這一時期杭州刻板才是更合理的理解，張君房監寫本就是負責雕版刷印事務。據宿白先生引《宋會要輯稿》冊一六五：「（元祐五年）七月二十五日，禮部言，凡議時政得失、邊事軍機文字不得寫錄傳佈……《國史》《實錄》仍不得傳寫。即其他書籍欲雕印者選官詳定，有益於學者方許鏤板，候印訖送秘書省」〔註96〕云云，「寫錄」「傳寫」顯然不是抄寫，而是與「寫本」一樣，均為雕版刷印。

李燾還說：

> 初，詔取道、釋藏經互相毀訾者刪去之，欽若言（是年是月）：「《老子化胡經》，乃古聖遺跡，不可削去。」又言（五年十二月）：「《九天生神章》《玉京》《通神》《消災》《救苦》《五星》《秘授》《延壽》《定觀》《內保命》《六齋》《十直》凡十二經，溥濟於民，請摹印頒行。」從之。（此段總載，或已有入《長編》者，當檢討刪去。曹谷，即驗汾陰靈文者。七年五月癸丑，欽若上洞真部六百七十卷。）」〔註97〕

在道書的取捨方面，真宗主張三教融合，強調要去掉一些存在相互攻擊的言論，比如《老子化胡經》等，其中存在對釋家不利的論說。對此，王欽若主張這部書傳自前代，屬於前聖古蹟，沒有必要刪去。另外，由於整部《道藏》刊刻後並不會在社會上流傳，即便是版刻的道書，也必須由政府統一定制，然後頒賜給全國的宮觀，所以王欽若建議將其中的《九天生神章》等十部書單獨刻板，以便於社會流通。最後，我們看到王欽若編集道書採取的是分批刊定的辦法，在大中祥符七年五月就完成了 670 卷的刊刻，到了大中祥

〔註96〕宿白：《唐宋時期的雕版印刷》，北京：生活・讀書・新知三聯書店，2020 年，第 53 頁。
〔註97〕〔宋〕李燾：《續資治通鑑長編》，第 1976 頁。

符九年才最終完成全藏的刊刻。

綜上，北宋版《道藏》的第二次編集耗時近十年時間，隨後完成了歷史上第一次《道藏》的刊刻。真宗大中祥符二年（1009），政府啟動了《道藏》編集計劃，這是北宋第二次組織編刊《道藏》，至大中祥符九年（1016）全部完工，刷印多部。此《祥符道藏》的目錄為真宗皇帝賜名的《寶文統錄》。主持編集刊刻道書的王欽若及其下屬曹谷、張君房等，以及一眾參與該事的道士等皆受到朝廷按級別給予的賞賜，以表彰其參與文化創造之功績。

在編集校定道書經藏，完成《道藏》刊本之後，「道藏」的意義也被重新認定。「道藏」原為彙集道家書籍藏諸一地的名稱，「總而謂之曰經，聚之於室曰藏」（宋夏竦語）。自唐代開始，經以政府為主導，集合多方力量，蒐集道學、道教書籍成為書例，「道藏」就成為集歷代道書於一的稱謂；同時，隨著書籍進入雕版刷印時代，《道藏》又成為一體量龐大之刊本，它始於宋初，繼之有明。因此，我們可以說，進入版刻時代的《道藏》是一種經官方的嚴格審定程序之後而確定的道書；自從有了刊本《道藏》之後，「道藏經」就不再泛指一切道書，而是特指那些經政府審定無誤的入藏經書了。

關於《祥符道藏》的校訂刊行，宿白先生在《唐宋時期的雕版印刷》一書中的《北宋汴梁雕版印刷考略》一文中曾予以揭示。據宿白先生的考證，真宗時先後校定了並刊刻了《道德經》《南華真經》《列子沖虛真經》《翊聖保德真君傳》等道家書籍，「真宗崇道，多刻道家書，並校定《道藏》，選刊其精要。」〔註98〕

問題是前述《廬山太平興國宮採訪真君事實》中說的「外九十九函，奉敕禁隱，不曾頒降」，究竟說是的在 528 函之外還有 99 函沒有頒賜給他地，還是說在 528 函內有 99 函為未曾頒降的呢？如果是後者，則全藏頒賜的數量是 427 函，倒是接近於祥符《寶文統錄》所說的 4359 卷。只不過《咸淳臨安志》書中所謂孝宗淳熙四年「重建《道藏》」究竟為何種歷史故事還有待進一步考察。〔註99〕

〔註98〕宿白：《唐宋時期的雕版印刷》，第 29 頁。

〔註99〕陳國符先生說：「孝宗淳熙二年（1175），福州閩縣報恩光孝觀所庋藏《政和萬壽道藏》送臨安府。太乙宮即抄錄一藏，四年（1177）成。其後敕寫錄數藏，六年（1180）成。尋頒賜道觀。」陳先生據元人鄧牧《大滌洞天記》卷下載楊棟《東陽樓記》「先墓在餘杭，廬居山中，數遊洞霄。《道藏》寫本甚真，時得假借」語推斷「淳熙八年所賜藏經，乃係寫本」（《道藏源流考》，第 121 頁）。

四、張君房與修道藏事之謎題

在先期的校定工作中，張君房的工作得到認可，升為著作郎。雕版及刷印工作曠日持久，張君房在杭州花了幾年時間監督此事。可惜的是，這部道藏沒能保存下來，它因戰亂紛爭和權力鬥爭徹底消失了。幸運的是，曾在宋真宗、仁宗朝與修《道藏》的張君房署名的《雲笈七籤》，以及《太清風露經》，劫後餘生，雖殘帙而不朽，至今仍有多種版本存於世，特別是《玄都寶藏》的殘帙，在一定程度上反映了北宋的樣貌，也就成了《道藏》興廢史的物證，不管是書籍史的價值，還是道教學的價值，都是相當高的。

《雲笈七籤》成功入藏，張君房也就成為學者認識中的北宋《道藏》編集刊刻的重要人物。〔註100〕由於張氏的特出，北宋《道藏》的刊刻史也就複雜起來。我們需要從書籍史來進行梳理，方能對這一複雜事實有更加深入的理解。

（一）宋人的簡要記載

首先，宋元時期，關於張氏及其著述的記載見於晁公武《郡齋讀書志》、陳振孫《直齋書錄解題》、馬端臨《文獻通考》等。《文獻通考》抄錄了前兩者的記載：

> 《雲笈七籤》一百二十卷。晁氏（晁公武）曰：皇朝張君房等纂。君房，祥符中謫官寧海，時聖祖降，朝廷盡以秘閣道書付餘杭，俾戚綸、陳堯佐校正，綸等同王欽若薦君房專其事。君房詮次得四千五百六十五卷，於是撮其蘊奧，總萬餘條，成是書。仁宗時上之。〔註101〕

> 陳氏（陳振孫）曰：凡經法、符籙、修養、服食以及傳記，無不畢錄，頃於莆中傳錄，才二冊，蓋節本也。後於平江天慶觀《道藏》，得其全，錄之。〔註102〕

〔註100〕 相關研究參見：勞格文、呂鵬志：《雲笈七籤》的結構和資料來源，《西南民族大學學報（人文社科版）》，2018年第9期，第73～86頁；常久：《雲笈七籤》道家養生思想與方法的研究，北京中醫藥大學研究生學位論文，2017年；吳潔瑩：《雲笈七籤》導引術研究，廣州大學研究生學位論文，2016年；葉秋冶：《雲笈七籤》初探，中國社會科學院研究生院研究生學位論文，2014年；高明月：張君房及《緒紳脞說》輯補、校釋，東北師範大學研究生學位論文，2009年；劉全波：《雲笈七籤》編纂者張君房事蹟考，《中國道教》，2008年第4期，第39～42頁。

〔註101〕 〔宋〕晁公武撰、孫猛校正：《郡齋讀書志校證》，第752頁。

〔註102〕 〔宋〕馬端臨：《文獻通考》第10冊，第6200～6201頁。《直齋書錄解題》的著錄為：「《雲笈七籤》一百二十四卷。集賢校理張君房撰。經法、符籙、

晁公武說，張君房在真宗大中祥符年間與修《道藏》，是「專其事」者，即張氏有一段時間的主要工作是參與道書的編刊工作。他的工作成果即在仁宗時進呈的《雲笈七籤》一書。陳振孫說，蘇州的天慶觀有一套《道藏》，而且張君房的《雲笈七籤》就在其中。除了《道藏》的全本之外，市面還有節本（略本）流傳。

結合晁公武和陳振孫的書目記載，我們可以知道張君房是王欽若推薦加入道書編集工作的，張君房並非《雲笈七籤》的唯一作者，這部書當為張氏以其在編集道書機構任職期間所獲信息為基礎編輯的，在一定程度上反映了這一機構的集體智慧。該書的完成時間在真宗之後的仁宗時代。〔註103〕也就是說，當真宗時代完成了《道藏》的刊刻之後，編集道藏事務並未宣告結束，這一機構仍在運轉，張君房作為曾經任職於該機構的重要成員，知曉道書編集的相關事務，這也是何以他獲升遷之後仍編集一部與道書經藏相關的著述並進呈的原因之一。所以，我們可以確定地說，北宋的《道藏》的編集是一個政府支持下的文化工程，正是國家的支持，推動了道書的興盛。

無論是晁公武，還是陳振孫，都沒有將張君房視為北宋《道藏》主事者，十分明確地指出張氏的主要學術貢獻在於通過編集道書的業務工作，完成了一部反映當時道書情況的著作。

其次，張君房的事蹟不見於官方正史，但散見於王得臣（1036～1116）《麈史》、王銍《默記》等。之所以沒有在正史中記載張君房，是因為他的官階尚不夠，其學術貢獻與社會貢獻亦在當時史官的眼中不足留名。而筆記文獻則保留了張氏的一些故事。據王得臣《麈史》記載：「集賢張君房字尹方，壯始從學，逮遊場屋，甚有時名。登第時年已四十餘，以校道書得館職，後知隨、郢、信陽三郡，年六十三分司歸安陸，年六十九致仕。嘗撰《乘異記》三編、《科名定分錄》七卷、《儆戒會蕞》五十事、《麗情集》十二卷，又《潮說野語》各三篇。泊退居，又撰《脞說》二十卷。年七十六，仍著詩賦雜文。其子百藥嘗纂為《慶曆集》三十卷。予惟《薈蕞》《麗情》外，昔嘗見之，富

修養、服食以及傳記，無不畢錄。祥符中，君房貶官，會推崇聖祖，朝廷以秘閣道書付餘杭，俾咸緒等校正。王欽若薦君房專其事，詮次為此書。頃於莆中傳錄，才二冊，蓋略本也。後於平江天慶《道藏》，得其全，錄之。」（〔宋〕陳振孫：《直齋書錄解題》，第384頁。）

〔註103〕周生春認為當在北宋仁宗天聖六年（1028）前後，見：周生春《四庫全書總目子部釋家類道家類提要補正》，《世界宗教研究》，2000年第1期，第92頁。

哉所聞也。」〔註104〕張君房為安陸人，〔註105〕王得臣亦為安陸人，王氏熟悉張君房著述，其所述當為可信。趙萬里所見《玄都寶藏》本《雲笈七籤》張氏結銜署「知郢州」，或許此書進呈後，他再獲升遷由知郢州（轄二縣）改知隨州（轄三縣）。

不過，王得臣並沒有記錄張氏《雲笈七籤》，可知至少在徽宗政和五年（1115）時《雲笈七籤》尚不為編集道藏之外的人所熟知。王得臣既然知曉張君房因編道藏事而獲升遷，又知其子張百藥為之編輯《慶曆集》的故事，我們就可以肯定《雲笈七籤》為當時編集道藏機構的集體智慧的表現，故晁公武記錄為「張君房等撰」，而《玄都寶藏》中的作者項也記錄為「張君房集進」。顯示編集道書的官方機構集體智慧的著述，才有很快被列入《道藏》的可能。

到了南宋時，《雲笈七籤》已經為人所知了，所以王銍《默記》中就說：「張君房字允方，安陸人，仕至祠部郎中、集賢校理，年八十餘卒。平生喜著書，如《雲笈七籤》《乘異記》《麗情集》《科名分定錄》《潮說》《脞說》之類甚眾。知杭州錢塘，多刊作大字版攜歸，印行於世。」〔註106〕王銍在南宋孝宗紹興年間為迪功郎，曾任權樞密院編修官、右承事郎，主管台州崇道觀。〔註107〕或許他是在崇道觀的道藏中見到《雲笈七籤》的。也就是說，到了南宋初年，《雲笈七籤》一書或許已經被列入到政府編集的《道藏》之中，崇道觀之類的道觀藏有政府頒賜的道書，其主官也就有機會看到該書了。

（二）四庫館臣的高度評價

無論如何，《雲笈七籤》被保存下來，成了後人瞭解宋代道教及道書經藏的重要書籍，清人編《四庫全書》即收錄該書。《四庫全書總目》卷一四六著錄，並說：

> 《雲笈七籤》一百二十二卷（浙江孫仰曾家藏本）。宋張君房撰。
>
> 君房，岳州安陸人。景德中（或為景德二年，1005）進士及第，官

〔註104〕〔宋〕王得臣：《麈史》，朱易安等：《全宋筆記第一編十》，鄭州：大象出版社，2003年，第38頁。又見：李永晟《雲笈七籤·前言》，載：〔宋〕張君房：《雲笈七籤》，北京：中華書局，2003年，第2頁。

〔註105〕周生春認為，張君房為安州人，非安陸人。（周生春《四庫全書總目子部釋家類道家類提要補正》，《世界宗教研究》，2000年第1期，第91頁。）

〔註106〕〔宋〕王銍：《默記》，朱易安等：《全宋筆記第四編三》，鄭州：大象出版社，2003年，第165頁。又見：李永晟《雲笈七籤·前言》，載：〔宋〕張君房：《雲笈七籤》，第2～3頁。

〔註107〕湯勤福等：《默記點校說明》，朱易安等：《全宋筆記第四編三》，第119頁。

> 尚書度支員外郎，充集賢校理。祥符中，自御史臺謫官寧海，適真
> 宗崇尚道教，盡以秘閣道書付杭州，俾戚綸、陳堯臣校正。綸等同
> 王欽若薦君房主其事。君房乃編次得四千五百六十五卷，進之。復
> 撮其精要，總萬餘條，以成是書。

按，四庫館臣此段文字簡要介紹了張君房的簡歷，又撮錄張氏序文而成。然
所謂「綸等同王欽若薦君房主其事，君房編次得四千五百六十五卷，進之」
云云非史實。據前文，王欽若主持道藏編集事，完成時間在大中祥符九年。
此時進呈的道藏已經得到了真宗皇帝的御製序文，在完成刷印後即以此賜予
各地宮觀。張君房所謂「又明年冬，就除臣著作佐郎，俾專其事」即指此事。
也就是說，大中祥符九年（1015）三月，王欽若進呈《道藏》，本年冬天張氏
升職「著作郎」。當然，四庫館臣在此提要中不僅有「專其事」寫為「主其事」
的刻意改動，還有「陳堯佐」寫為「陳堯臣」的疏漏，或許正是在這些不經
意之間透露出這樣的信息：他們所關注的並非書籍的歷史，而是其他。四庫
館臣接著說：

> 其稱《雲笈七籤》者，蓋道家之言，以天寶君說洞真為上乘，
> 靈寶君說洞玄為中乘，神寶君說洞神為下乘。又太玄、太平、太清
> 三部為輔經，又正一法文遍陳三乘，別為一部，統稱三洞真文，總
> 為七部，故君房取以為名也。

按，《道教宗源》謂：「其三洞者，洞真、洞玄、洞神是也。天寶君說經十二部，
為洞真教主。靈寶君說經十二部，為洞玄教主。神寶君說經十二部，為洞神教
主。故三洞合成三十六部尊經。第一洞真為大乘，第二洞玄為中乘，第三洞神
為小乘。從三洞而又分四輔，曰太玄、太平、太清、正一也。太玄輔洞真，太
平輔洞玄，太清輔洞神，正一通貫洞輔，總成七部。」〔註108〕四庫館臣或許
以此為據而論者。《雲笈七籤》到底因何而名，書中並未有相關記錄，只能推
測。然而，若以正一部通貫洞輔而言，似宜在其書中對此多加論述，但據學者
考察，並非如此。四庫館臣最後說：

> 其詮敘之例，自一卷至二十八卷，總論經教宗旨及仙真位籍之
> 事；二十九卷至八十六卷，則以道家服食、煉氣、內丹、外丹、方
> 藥、符圖、守庚申、尸解諸術，分類縷載；八十七至一百二十二卷，
> 則前人文字及詩歌傳記之屬，凡有涉於道家者，悉編入焉。大都摘

〔註108〕張繼禹：《中華道藏》第 49 冊，第 120 頁。

錄原文，不加論說。其引用《集仙錄》《靈驗記》等，亦多有所刪削。
然類例既明，指歸略備，綱條科格，無不兼該。《道藏》菁華，亦大
略具於是矣。《文獻通考》作一百二十卷。此本為明中書舍人張萱所
刊，中多二卷，蓋《通考》脫誤也。〔註109〕

四庫館臣編集前代著述時，根據他們的判斷，對作者的履歷和書籍的價值皆
做出了判斷。四庫館臣的判斷也深刻影響了後世學者對相關問題的認識。根
據他們的認定，《雲笈七籤》的作者是北宋時期編集道書的主事人，經他之手
完成了 4565 卷《道藏》的結集，並進呈。張君房又在此基礎上對這些書的主
要內容進行了系統的梳理，完成了集《道藏》精華於一書的工作。然而，四庫
館臣的上述判斷存在很多含混處，甚至有明顯的疏漏。

（三）對四庫館臣認識的再認識

據葉秋冶博士的考察，《雲笈七籤》的內容並非如四庫館臣所稱的「凡有
涉於道家者，悉編入焉」，該書主要集錄了上清派的相關文獻，傳記部分也以
上清派為主。〔註110〕又據周生春考證，張君房也不是《道藏》的主事人，而
是參與者，統領《道藏》編集的是王欽若，宋人著錄「專其事」，意思是專門
來做這件事情，沒有說他就是這項工作的負責人。〔註111〕四庫館臣將「專」
改為「主」，拔高了張君房在《道藏》編集過程中的地位；四庫館臣更以「無
不兼該」的內容評價讓《雲笈七籤》成為道書中具有典範意義的著述。這樣的
判斷也影響了當代學者對這部書及其作者的認識。

我們看到，四庫館臣並沒有考證《雲笈七籤》的版本問題，也未談及該書
入《道藏》的情形。事實上，《雲笈七籤》除了明代的單刻本之外，最重要的
本子是《道藏》。趙萬里先生曾見過《雲笈七籤》的蒙古刻本殘本，當時以為
是北宋刻道藏本。他在《內閣大庫書經眼錄》中說：

《雲笈七籤》一百二十二卷，北宋刻《道藏》本。張君房集。
半葉十五行，行十七字。中縫無界欄，四周單邊。存第一百十一卷
十一葉，一百十二卷二十五葉，一百十三卷上十三葉，下三十一葉，
共四卷，合為一冊。卷一百一十三上題「朝奉郎尚書度支員外郎充

〔註109〕 〔清〕永瑢等：《四庫全書總目》，第 1252 頁。
〔註110〕 葉秋冶：《雲笈七籤初探》，中國社會科學院研究生院博士論文，2014 年。
〔註111〕 周生春《四庫全書總目子部釋家類道家類提要補正》，《世界宗教研究》，2000
　　　　 年第 1 期，第 91 頁。

集賢校理知郢州兼管內勸農事上輕車都尉賜緋魚袋借紫臣張君房集進」，與他卷異。右匡外以「既」字為號，按《千字文》類次，亦與明藏同。中記書名及卷第，下記葉數及刊工姓名（天、仇、劉、牛、善、李惠章〔註112〕、彌、喬志度、張興、主、柳、李丘、周、席、田、木、子、進道、志度）。卷各有目，目與正文銜接。字體古厚方勁，紙質細紋潤潔。宋諱「驚」字有避有不避諱，疑宣和前後刊本也。尾葉有「清河郡德」墨印。內閣大庫書。〔註113〕

　　《雲笈七籤》的這四冊殘卷後來運至臺灣，存於「故宮博物院」。趙萬里先生記錄的張君房的職銜表明這部書的完成是他為郢州郡守時進呈《雲笈七籤》一書。這一結銜反映了這樣的事實，即張君房在參與道書編集之後，已經獲得職位升遷，他進呈《雲笈七籤》一書時，已經擔任郢州郡守。

　　後來，趙萬里先生對《雲笈七籤》的版本做出了新的判斷，在《中國版刻圖錄》中，趙萬里先生說：

　　　《雲笈七籤》，宋張君房撰，蒙古乃馬真後三年（南宋淳祐四年，1244）刻道藏本，臨汾。圖版264。每版高21.3釐米，廣56.2釐米。三十行（每折六行），行十七字。四周單邊。（蒙）元初，宋德方遵其師長春真人丘處機道志，太宗九年（南宋嘉熙元年，1237）倡刻《道藏》，開局於平陽玄都觀，據管州所存《金藏》付刻，至乃馬真後三年（1244）全藏告成，凡七千八百餘卷，名《玄都寶藏》。定宗時平陽永樂鎮純陽萬壽宮建成，即度經版於宮內。元初僧道交惡，至元十八年（1281）朝命焚道家經典，全藏經版遂被焚毀。此與《太清風露經》同為傳世《玄都寶藏》僅存零種。〔註114〕

　　據《中國版刻圖錄》收錄的書影可知，《雲笈七籤》在《玄都寶藏》中著錄為「張君房集進」，現存有「承」字號（第471號）、「既」字號（第473號）殘卷。〔註115〕金人所存《道藏》依據的是北宋原板，又增加了新收集的道書

〔註112〕瞿冕良《中國古籍版刻辭典》（第330頁）：「李惠章，南宋淳祐間山西汾水地區刻字工人。蒙古乃馬真後稱制三年（1243）參加刻過張君房《雲笈七籤》（宋德方本）。」

〔註113〕趙萬里：《趙萬里文集第三卷》，北京：國家圖書館出版社，2012年，第533頁。

〔註114〕北京圖書館編：《中國版刻圖錄》，北京：文物出版社，1961年，第50頁。

〔註115〕國家圖書館存第九十五卷，臺北「故宮博物院」存第一百一十一至一百十三卷。《正統道藏》中，《雲笈七籤》被列入太玄部，《千字文》「學優登仕攝制從政存以甘棠」字號。

千餘卷，或許《雲笈七籤》即在此時被列入《道藏》刊本。現存《太清風露經》已收入《中華再造善本》，為「弟」字號（第356號），該道書雖入《玄都寶藏》，但《正統道藏》則未收，可徵元代對《道藏》的毀版銷書確有大量道書因此而不復存在，《太清風露經》《雲笈七籤》則為幸存者。〔註116〕從版本情況來說，《雲笈七籤》所處的《千字文》編號表明了一個非常重要的事實：在北宋真宗時代完成道書編集之後，又有大量新生產的道書得以入藏。如同明代道藏的刊刻一樣，後續入藏的書籍在千字文編號次序上接續正編而來。

（四）對張君房序文的再認識

四庫館臣認定張氏歷史貢獻，所依據的張君房在《雲笈七籤》的序文。不過，在張君房的《雲笈七籤》序文中對於真宗時編集道書事的記錄過於模糊，造成了一些理解上的麻煩。比如《道藏提要》就依據《雲笈七籤序》說，（大中祥符）「六年冬，張君房除著作郎，俾專其事。君房於時盡得所降到道書，並續取到蘇州舊《道藏》經本千餘卷，岳州、台州舊《道藏》本亦各千餘卷，並朝廷續降到福建等州道書及《明使摩尼經》等，與道士依三洞四輔，品詳科格，商校異同，以詮次之，成《大宋天宮寶藏》凡四千五百六十五卷。至天禧三年（1019）春，寫錄成七藏以進之。君房摘其精要，掇雲笈七部之英，總為百二十二卷，事約萬條。書箱為笈，道經為雲笈天書，故道書稱雲笈。三洞四輔總為七部，故名《雲笈七籤》。」〔註117〕也就是說從四庫館臣開始，對於《大宋天宮寶藏》的編集唯一的證據就是《雲笈七籤》的一篇序文。這不得不令人生疑。馬端臨《文獻通考》卷二百十六「《乘異記》三卷」條說：

> 晁氏（晁公武）曰：皇朝張君房撰。其序謂「乘者，載記之名；異者，非常之事」。蓋志鬼神變怪之書。凡十一門，七十五事。○陳氏（陳振孫）曰：咸平癸卯序，取「晉之《乘》之義也。君房又有《脞說》，家偶無之。晁公武《讀書志》以《脞說》為張唐英君房撰。又言君房著《名臣傳》《蜀檮杌》《雲笈七籤》行於世。按君房，祥符、天禧以前人，楊大年《改閒忙令》所謂「紫微失卻張君房」者，即其人也。嘗為御史，屬坐鞫獄貶秩，因編修《七籤》，得著作佐郎。

〔註116〕 中華再造善本工程編纂出版委員會：《中華再造善本總目提要》，北京：國家圖書館出版社，2013年，第1176頁。
〔註117〕 任繼愈等：《道藏提要》，第770頁。

《七籤・序》自言君房，蓋其名，非字也。唐英，字次功，熙、豐間人，丞相商英天覺之兄，作《名臣傳》《蜀檮杌》者，與君房了不相涉，不知晁何以合為一人也？其誤明矣。〔註118〕

　　陳振孫指出晁公武對於張君房的著述及其生平或許有含混處。而我們看到，陳振孫以為張君房是編集《雲笈七籤》而得到了著作郎的職銜這一說法也是有問題的。也就是說，其實南宋時的藏書家們對於張氏的著述及其履歷就已經相當模糊，其原因在於張氏本人的事蹟並沒有成為史傳作者所關注的對象，我們瞭解張氏及其編集《道藏》和他的相關著述的情況就只能依據他的作品而論。但實際上，其《雲笈七籤序》含混處頗多。序文稱：

　　　祀汾陰之歲（大中祥符四年，1011），臣隸職霜臺，作句稽之吏。越明年秋，以鞫獄無狀，謫掾於寧海。冬十月，會聖祖天尊降延恩殿，而真宗皇帝親奉靈儀，躬承寶訓。啟綿鴻於帝系，濬清發於仙源。誕告萬邦，凝休百世。於是天子銳意於至教矣。在先時，盡以秘閣道書、太清寶蘊、太清寶蘊，出降於餘杭郡，俾知郡故樞密直學士戚綸、漕運使今翰林學士陳堯佐，選道士沖素大師朱益謙、馮德之等，專其修較，俾成藏而進之。然其綱條澠漫，部分參差，與《瓊綱》《玉緯》之目舛謬不同。歲月坐遷，科條未究。適綸等上言，以臣承乏，委屬其續。時故相司徒王欽若總統其事，亦誤以臣為可使之。又明年冬，就除臣著作佐郎，俾專其事。臣於時盡得所降到道書，並續取到蘇州舊《道藏》經本千餘卷，越州、台州舊《道藏》經本亦各千餘卷，及朝廷續降到福建等州道書，《明使摩尼經》等，與諸道士依三洞綱條、四部錄略，品詳科格，商較異同，以銓次之，僅能成藏，都盧四千五百六十五卷，起千字文「天」字為函目，終於「宮」字號，得四百六十六字，且題曰《大宋天宮寶藏》。距天禧三年（1019）春，寫錄成七藏以進之。〔註119〕

日本學者尾崎正治據此序文認為，張君房編定的道藏叫作《天宮寶藏》，而且完成的時間是天禧三年。王欽若以政府首腦的名義主持《道藏》的編集，繼承了此前徐鉉等人的成果，花了七八年時間才告成功；之後，張君房以一著作郎的名義，僅僅三年不到就完成了一部新編集的《道藏》？他還校定增加了數百

〔註118〕〔宋〕馬端臨：《文獻通考（第10冊）》，第6035～6036頁。
〔註119〕〔宋〕張君房：《雲笈七籤》，第1頁。

卷道書？同時還在這短短時間中抄寫出來七部進呈？尾崎正治也覺得此事過於玄妙，所以他說：「當然《天宮寶藏》不是全新的另一種《道藏》，是在《寶文統錄》的基礎上補充了若干道經編成的。或者說，《寶文統錄》是道藏目錄書名，《大宋天宮寶藏》是《道藏》本身的書名。」〔註120〕在整個道藏書籍史上，絕無此中事例，唯有此張君房此序揭示一種前無古人後無來者的故事。顯然，我們要對這篇序文做更為審慎的理解。

首先，該序文講明了張氏參與到道書纂集的過程，即他是在中進士後做官，被貶謫到杭州附近，剛好這裡正在做《道藏》編集，人手缺乏，張氏本人也願意做這項工作，於是經主事者推薦進入編輯班子。隨後他的工作又得到了上級統領王欽若的認可，在完成編集任務時即獲得了職務升遷。

其次，張氏還對當時繁重的工作量也予以揭示，來自中央和地方的大量道書需要編類處理，目的是盡快編成《道藏》。這說明，北宋官方纂集道書不僅任務繁重，而且有相當規範的工作流程。

張君房的確參與到王欽若主持的道藏編集隊伍，並且是其中較為關鍵的儒者。他也因此得到了個人政治生涯的延續和升遷，所以他在這一機構中任職時間較長，在完成《祥符道藏》之後，他還在此機構之中。道藏刊刻工程完成並不意味著道藏編集事業結束，張氏繼續在編集道書機構任職，直到獲得職務升遷為止。也就是說，至少從大中祥符九年（1016）到天禧三年（1019）的這兩年多時間裏，張氏的主要任務就是繼續道書的編集事。彼時，各地道書還在繼續繳送至杭州，而且數量頗為可觀，故張氏與一眾道士還需要處理這一批新到道書的去取編排。《雲笈七籤》著錄的內容也以此後所得道書為主，這就解釋了何以該書主要集中於太清道門的緣故。也解釋了為何他這部書中收錄的大量道書散佚了，因為那些道書沒有得到刊刻的機會，更容易滅失。

問題是，張君房說新編集的道書有 466 函 4565 卷之多，較前述王欽若《寶文統錄》著錄的 4359 卷多出 206 卷。是不是張君房新編了這麼多呢？我們認為是不可能的，因為按照宋代道書的校定程序，必須有若干校勘的步驟，才能入藏。序文中說他與諸道士商校就成藏了，這不符合宋人編集著作的基本流程，因此我們只能這樣理解：編集道書的工作量繁重，以至於要曠日持久的進行。

〔註120〕〔日〕福井康順等：《道教第一卷·道教經典》，朱越利等譯，上海：上海古
　　　　籍出版社，1990 年，第 76～77 頁。

　　至於《大宋天宮寶藏》的說法，則是另外一個令人困惑的事情。我們看到晁公武《郡齋讀書志》中所錄只有「君房詮次得四千五百六十五卷，於是掇其蘊奧，總萬餘條，成是書。仁宗時上之」〔註121〕的說法，並沒有提到「《大宋天宮寶藏》」，或許晁氏所見序文與我們今天所見並不相同亦未可知。後世刊本對前代文字予以增刪事，古今皆有，不足為奇。修訂增補未必能嚴絲合縫，其中必有蛛絲馬蹟可以探尋。誠如龍彼得所考察的，466函以《千字文》排序應該到「通」字號，不應該是425的「寶」字號。龍氏的建議是：「去除其修辭以讀張君房之所述，我想那是不值取信的。」不止冊數方面有這樣的疑問，更重要的是，龍氏發現張君房《雲笈七籤》在南宋以前的官方資料中沒有見到記錄，張氏本人的巨大貢獻也未曾見諸史冊，只有到了南宋時才在時人筆記小說中有簡要記錄，由此亦可徵，政府主持的道書編集工作主要是在系統內運轉，並沒有擴散開來。當然，我們細讀張氏序文「且題曰《大宋天宮寶藏》」說明這僅僅是一眾編集者們的設想，並沒有最終獲得認定。這就是為何張氏在後來要繼續編集《雲笈七籤》的一個重要原因。我們並不一定要入龍氏那樣對《雲笈七籤序》全然不予採信，亦不必如前賢那樣句句信以為是，只需要將相關歷史脈絡予以把握，歷史的圖景也就更加清晰了。

　　《雲笈七籤》何時入藏，限於史料，暫不清晰。但宋英宗治平二年（1065）范鎮《崇道觀道藏記》說「有詔，即建隆觀給官本，以足其傳。凡得五百帙，四千五百卷，溢於唐者又千九百二十二卷，可謂完且備矣。」〔註122〕建隆觀給予崇道觀的《道藏》官本自然是刊本，也即王欽若主持第一次刊刻的《道藏》之後又續補者。也就是說，至少在英宗時期《道藏》已有五百函之多，而《玄都寶藏》中《雲笈七籤》在第471～473函左右，鑒於《玄都寶藏》中保留了部分北宋藏經版片的事實，我們可以認為該書在北宋藏經的排列次序即是如此，因此至少在英宗治平二年前該書已經入藏並版刻了。但曾經張君房手的諸多道書似乎沒有那麼幸運，絕大多數不知所蹤，或許早已經湮沒於歷史洪流之中，但很多書中內容卻因張氏《雲笈七籤》的抄錄而保存下來，這又是何其幸運之至耶。

〔註121〕　〔宋〕晁公武撰、孫猛校正：《郡齋讀書志校證》，第752頁。
〔註122〕　〔明〕周復俊：《全蜀藝文志》卷三十八，《景印文淵閣四庫全書》（第138冊），台北：台灣商務印書館，1986年，第515頁。

　　總之，張君房因某種機緣，曾任職於北宋初期的道藏編集機構，參與了《道藏》的第一次刊刻工作。隨後又在這一機構任職，直到升遷他處。即便升遷以後，他的學術興趣仍在道書經藏，故在其任郢州郡守時，編集《雲笈七籤》進呈，這部書也經彼時官方機構認定後儒藏，並予以刊刻。雖然《正統道藏》中，僅僅成書於明初的《靈寶無量度人上經大法》卷一引用《雲笈七籤》卷二十三中「太素真人傳」一條〔註123〕，未見有他書引用這部宋人著作，但由於它收錄了大量未曾入藏，且多已佚失的宋人道書，為我們瞭解北宋時期的道書製作情況提供了最佳的範本，因此它也成了北宋時期道書發展史的一個見證，其歷史價值與文獻價值自不待言。

小結

　　至此，本章關於北宋《道藏》的編集刊刻的書籍史考察可以暫告一段落。任繼愈等書籍史學者認為，「北宋《開寶藏》雕成後（983年），曾大量頒賜國外和國內各大寺院，一方面豐富了寺院藏書，另一方面也刺激了各地刻藏熱情，並規範了大藏結構。宋代的雕版大藏，形成兩大體系，影響著當時和後世。以《開寶藏》為代表的中原系，傳入高麗後，成為《初刻高麗藏》的底本，並對《二刻高麗藏》和金代《趙城藏》影響很大。另以《崇寧藏》《毗盧藏》為代表的南方系，對我國元代以後官私刻藏影響巨大，尤其是《磧砂藏》，在明朝的官私刻藏中，發揮了巨大作用。」〔註124〕也就是說宋代各大佛寺間流通並被廣泛重視的佛經的刊本是以政府主持《藏經》（即開寶藏）為準的，這部藏經在北宋初年完成刊定之後，在北宋時期有增補和修版，它是官方認可的佛教類書籍的樣本，是我們瞭解宋代書籍史的一個重要切入點。同樣的，宋代的道經刊本也是以政府主持《道藏》為準的，它的校定時間略晚於佛經，而刊刻時間則比《開寶藏》晚了三十餘年。除此之外，我們認為通過對北宋道藏的書籍史考察，可以得出以下初步的結論：

　　（1）北宋初刊道藏為真宗大中祥符年間事，成藏可稱之為《祥符道藏》。至於此前道教史學中所認定的徽宗時編集道書並第一次刊刻《道藏》，那只是因為沒有解決北宋早期道書經藏編集和刊刻歷程而得出的結論。我們已經有較為充足的歷史文獻證據表明，早在真宗時期《道藏》完成了編集、校勘和刊

〔註123〕張繼禹：《中華道藏》第35冊，北京：華夏出版社，2004年，第131頁。
〔註124〕任繼愈：《中國藏書樓》，第866頁。

刻，但這並不意味著《道藏》作為一個文化工程的終結，相反的是，它帶來了整個道書生產的繁榮，促進了真宗時代及其後續若干年道書數量的增長和質量的提高。而且，由於這一時期開始設置了專門的道書編集機構，以專人專司職守，張君房之類的學者「專其事」，也大大提高了道書的製作水準。

（2）《道藏》編集為政府主導的文化事業，書籍史就不僅僅是文化史，同時也是政治文化的互動史。北宋刊刻《道藏》是政府與道教教團合作的結果，成立了專門機構，組織了專門的隊伍，在北宋建國後六十年內即已完成了《道藏》的兩次編集和一次刊刻，它非如此前學者所揭示的那樣只是印刷術繁榮之後的無足輕重的歷史；相反，正是在北宋初年，《道藏》開始進入雕版刷印時代，它不僅在道教史上有著重要的意義，也在書籍史上有著較為特出的啟示。鉅帙書籍的編集和出版代表著國家文治的水平，同時也極大促進了宋代道書生產的繁榮。

（3）《道藏》版刻史的問題提醒我們要對書籍史進行較為深入的研究。從書籍史的歷史來看，雕版書籍之板片可以長期保存，《正統道藏》板片，經歷代護經者的努力，朽者重刻，蠹者修補，新者補刻，保存了四百五十餘年，直到晚清才因兵火而徹底消失；同樣的，真宗時的道藏板片也經歷了大致相同的故事，從真宗到仁宗，直到徽宗時代，這套經板不曾遺失，相反，新的道書經政府相關機構審定後，也予以板刻，並充實到《道藏》的經板之中。北宋滅亡時，這套版片歸金朝所有，直到金朝覆亡，這一版片才完全退出歷史舞臺。

（4）書籍史中張君房、《雲笈七籤》之類的謎題，意味著書籍史的研究不能僅僅在文字的所見中尋找答案。書籍史一如其他一切歷史故事，皆為人所書寫，所講述，所傳聞，歷史的投影層疊會引導我們的思路，也會誤導我們的想法，當然也會促使我們去思考，因為《定志經》云「出思微之義，事中復有事」〔註125〕（《雲笈七籤》卷七）。

最後，正如北魏人鄭道昭（？～516）《論經書詩》所云：「談對洙崇賓，清賞妙無色。圖外表三玄，經中精十力。道音動齊泉，義鳳光韶棘。此會當百齡，斯觀寧心識。」又云「萬象自云云，焉用掛情憶。榮桓竟何為，雲峰聊可息。」〔註126〕道書經藏在北宋編集與刊刻，經歷了相當曲折的歷程，曾經對真宗朝的歷史產生過直接的影響，道書經藏的刊刻顯示出政府以國家力量來

〔註125〕〔宋〕張君房：《雲笈七籤》，第 117 頁。
〔註126〕陳垣：《道家金石略》，第 14 頁。

組織文化事業的特徵，對後世文化出版事業有著某種示範意義。追尋《道藏》在北宋時期的書籍歷史，我們能夠看到的是，書籍的生產意味著權力和信仰的互動，書籍的傳承意味著歷史和人文的互動，書籍的歷史意味著學術與思想的互動。

第三章　舊時纂注歌罷：纂圖互注本

欲取鳴琴彈，恨無知音賞。感此懷故人，中宵勞夢想。

——孟浩然《夏日南亭懷辛大》

　　當宋朝成為歷史，宋代的版刻書籍也日漸變成了少數人賞玩和研究的對象。隨著時間的推移，宋刻本事實上成為古書收藏家們矚目的焦點，版本目錄學與印刷史研究的重點，以及書籍史討論的話題源泉。宋版書流傳至今者，頗不易得，凡有一冊一帙莫不琅函鴻寶之，以之為什襲珍藏，不傳之秘書。藏書成為一項事業之後，舉凡古籍收藏之家，若是手無宋本，則其藏書目錄多不敢公之於眾。無他，無有重寶焉耳。宋版書珍稀孤罕，故前人所見多以書目信息遞相傳承者，僅在諸藏家目錄中著錄而已，其中也自然多有可深入研究的課題。

　　近代以來，將宋代刻書作為一種現代的學術研究課題的著作中，葉德輝《書林清話》（刊行於 1920 年）、王國維《五代兩宋監本考》（撰寫於 1922～1923 年間）、宿白《唐宋時期的雕版印刷》（撰寫於 1960～1992，出版於 1999）等書，體系謹嚴，考證周翔，影響最鉅。三者從各自不同的角度注意到了宋刻本中的「纂圖互注本」現象。葉氏《書林清話》首次將「宋刻纂圖互注經子」單列條目，開啟了現代版本學意義上的專題研討，使之與「宋刻經注疏分合之別」「宋蜀刻七史」「宋監重刻醫書」等同樣作為宋代刻書的重點課題予以關注；王著《五代兩宋監本考》首次系統地梳理了宋刻本歷史價值和學術價值，建立起以監本為中心的宋刻本研究範式。「古籍流傳，自宋以後，以刊本為樞紐；而經史諸要籍，尤以五代、北宋監本為樞紐。」〔註1〕故而王國

〔註1〕　王國維：《王國維全集（第七卷）·五代兩宋監本考》，謝維揚等主編，杭州：浙江教育出版社，2009 年，第 204 頁。王國維關於古籍版本有《兩浙古刊本考》（1922）、《五代兩宋監本考》兩書，曾收入羅振玉編《王忠愨公遺書》、趙萬里《海寧王靜安先生遺書》和謝維揚《王國維全集》。《五代兩宋監本考》中的五代部分曾以《五代監本考》為題刊於北京大學《國學季刊》創刊號（1923）。

維細緻梳理了五代、兩宋時期的國子監刊本史料，以歷代史籍記載和古刊本實物為據，為我們提供了書籍史研究的絕佳示範。宿白《唐宋時期的雕版印刷》則從考古學的角度，對唐五代、北宋、南宋雕版印刷進行了歷史考察，特別是將北宋版畫作為當時雕版印刷發展的一個項目單列，具有很大的學術啟發意義。

「纂圖互注」本現存若干種，前人考證頗夥，本章在前人的研究基礎上，對此課題做一初步地探究，試圖從版本學的立場出發，以如何認識此一版本現象為中心，嘗試性地討論纂圖互注本的書籍史細節，梳理其版本學的問題意義所在，祈望大方之家予以指正。

一、版本的常識

版本學在清代已經成為一門專門且成熟的學問。〔註2〕這一時期的學者對後世的研究有著深刻的影響，就纂圖互注本而言，他們的判定至今仍有影響力。從筆者所見資料而言，最早注意到纂圖互注本，並且予以定性的學者是明末清初的藏書家陸元輔（1618～1691，字翼王，號默庵、又號菊隱）。

陸元輔的《經籍考》今未見，但其同時代的學者朱彝尊在《經義考》中大量引用，陸氏的諸多學術觀點得以廣泛傳播。朱彝尊（1629～1709）字錫鬯、號竹垞；浙江秀水人。朱氏《經義考》一書〔註3〕中引用了陸氏關於「纂圖互注本」的結論。朱氏云：

> 《纂圖互注毛詩》二十卷，存。陸元輔曰：「此書不知何人編輯，鋟刻甚精。首之以《毛詩舉要圖》二十五，……其卷一至終則全錄大、小序，及毛傳、鄭箋、陸氏釋文，而採《左傳》、三禮有及於《詩》者為互注，又標詩句之同者為重言，詩意之同者為重意。蓋唐宋人帖括之書也。」〔註4〕

朱氏本人沒有見過纂圖互注本的《毛詩》，也沒有對該書進行研究，只是抄錄了陸元輔的解說。陸元輔較為嚴謹地提到，他並不知到纂圖互注本《毛

〔註2〕江曦：《清代版本學史》，北京：中國社會科學出版社，2013年。
〔註3〕《經義考》一書手稿殘本今存臺北故宮博物院。朱氏生前僅刻成《易》《詩》《禮》《樂》五類，乾隆二十年（1755）盧見曾補刻完成。其書又被收入《摛藻堂四庫全書薈要》和其後的《四庫全書》。（見林慶彰：《經義考新校序》，上海：上海古籍出版社，2010年，第2～3頁）乾嘉時期的學者熟悉朱彝尊的著述，即在情理之中。
〔註4〕〔清〕朱彝尊：《經義考新校》，第2053～2054頁。

詩》為何人編纂，更不知在何時何地出版。對於該書的版刻情況，陸氏則予以極高的評價，「鋟刻甚精」四字表明，陸氏對該書的刊刻是表示贊同的。按照書籍版本著錄的體例，他僅僅詳細列出了圖的標題和該書的文本內容，並沒有進行任何的文本校勘和比對。最後下了一個出乎意料的結論，即此書為「唐宋人帖括之書」。

雖然陸氏並沒有給出任何理由來支持他的結論，他的這一結論卻因為朱彝尊的《經義考》一書而廣為人知，甚至成為版本學的常識。然而，從版本學而言，上述陸氏著錄只是版本樣貌的著錄，並沒有嚴格意義上的版本考訂，其結論部分也是憑個人經驗的想像，很難經得起推敲和細緻地考察。不過，由於宋本書在清代已經成為藏書家的秘藏之寶，大部分學者並沒有機會窺見其內容，只能依靠藏書家的著錄、解題，因此藏家的題跋對該書的評價往往會被學者引以為據。只有部分藏書家和學者有機會接觸到珍貴典籍，因此他們的著錄和判斷就具有了非常重要的價值。

在朱彝尊之後，藏書家陳鱣（1753～1817；字仲魚，號簡莊）也曾經收了纂圖互注本《毛詩》，他引用了朱氏的說法，並且做了進一步的版本學闡釋，值得我們關注。陳鱣《經籍跋文》中《宋本毛詩跋》說：

> 毛詩二十卷，宋刻本。……《尚書》乃婺本小字，此則監本中等字。所謂監本者當即岳氏沿革例云監中現行本也。《經義考》載有宋刻《纂圖互注毛詩》，當即此本。惟彼前有《毛詩舉要二十五圖》，此但存《毛詩圖譜》。並不知何人所刻。宋時，各經諸子皆有重言重意，蓋經生帖括之書。此本刻畫工整，紙墨精良，且原於監本，斯為可貴。審其避諱，慎字缺筆，敦字則否，殆是孝宗時刻者。……其傳箋之足證今本之誤處尤多，附釋文亦多勝於今本。又書中用朱筆點句，而於諱字則以朱筆規識。蓋猶是宋人書塾中課讀之本耳。〔註5〕

陳鱣稱，宋時各經諸子均出現了「重言重意」本，是「經生帖括之書」，他所見之本有圈點，故「是宋人書塾中課讀之本耳」。陳鱣以其所見宋刻本評價說，該本「刻畫精良」，出自國子監本。查考書中的避諱字，他認為是南宋孝宗時期的刻本。而且，書中若干字句和後世流傳的通行本有不少地方存在差異，他認為這一纂圖互注本《毛詩》，「傳箋之足證今本之誤處尤多，附釋文亦

〔註5〕〔清〕陳鱣：《經籍跋文》，《續修四庫全書》（第923冊），上海：上海古籍出版社，2002年，第660～661頁。

多勝於今本」。

考其跋文，對纂圖互注本的定位卻有含含糊糊之處，似乎陳氏以為此其所藏《纂圖互注毛詩》南宋刊本保存了宋代國子監本的樣貌。同時，陳氏又認為，此類書籍乃是當時學子的教材，即「經生帖括之書」「書塾中課讀之本」，即當時國子監為學生所準備的教材中有一整套「纂圖互注本」。這些教材的質量非常之高，紙墨精良、刻畫工整，文字可靠，是經籍校勘的重要依據。

值得注意的是，陳鱣已經將陸元輔文中的「唐宋」改為「宋」。雖然認定其所見者為孝宗時期刊本，但並不知為何人所作。他由書中的圈點推論，這部書曾經是「書塾課讀之本」，也就是說，這樣的書大概在宋代是比較常見的書，所以被隨意圈點了。雖然陳氏被視為清代重要的版本學家，但他的考證在近代的版本學家看來，是存在著很多缺陷的，比如傅增湘在《藏園群書題記》中就其有關《周易注疏》的論斷做出了嚴厲的批評。傅氏「宋監本《周易正義》跋」條說：「殿本朱良裘跋，謂廣羅舊本，得文淵閣所藏《易疏》殘帙，知孔疏、王注分六卷為十卷，合之韓注三卷，而十三卷自備，緣注疏合刻之始，體例未定，故而乖違。其說殊為未審。至陳仲魚得八行祖本，亦十三卷，乃為之說曰：『原本祇十三卷，今云十四卷者，殆兼《略例》一卷而言。』其說尤為差繆。蓋孔氏為王注作正義，於《略例》邢璹注未嘗加以詮釋，何源並為一談？今以宋本觀之，第一為八《論》，第二《乾》，第三《坤》，以迄第十四為《說卦》《序卦》《雜卦》，則十四卷之次第完然具存，然後知朱、陳諸君所由懷疑不決者，可不煩言而解。夫不睹原刊，而虛擬懸測，以曲為之說，宜其言之無一當也。」〔註6〕傅氏之所以能如此確定陳鱣所說為謬，並非傅氏以想像立說，也非其以前人之說為據，而是因為他先後見過中日公私所藏宋刻諸經注疏七經九種。這些書，在清人那裏多深鎖於藏家秘室，「嚴扃深鐍，秘不示人」，只有等到藏家過世之後書主轉移才有可能得見，然而也往往是「懸價奇高」，未必能為版本學家所有。

與陳鱣同時代的翁方綱（1733～1818）也持類似的看法，他進一步推論出此類書籍為南宋書坊創作。翁氏說：

> 《寶刻類編》以書人編次為卷，不著撰人名氏。曩僅以其稱瑞
> 州，知是宋理宗後所撰。今按：其書實小變陳思之例以便檢閱，既

〔註6〕傅增湘：《藏園群書題記》，上海：上海古籍出版社，2022年，第5頁。

以名臣編卷，又每及於書家筆法評語，是蓋南宋末書坊賈人之所為也。考證之學，至南宋益加審細，故其時坊客亦多勤求博採，取資學人之用，如經籍則有「纂圖互注重言重意」諸刻，金石則有隸韻之編。陳思《寶刻叢編》既多傳寫之訛，此書實考訂金石家所賴以取證爾。〔註7〕（〔清〕翁方綱《復初齋文集卷十六‧跋寶刻類編》）

翁氏的意見，和前述陳鱣是一致的，他對南宋時出現了「纂圖互注」本的推測是，當時考證學日漸發達，其風所及，即便是書坊主也深受影響，廣求博取，刊刻了纂圖互注本，以便於學者使用。翁氏推測，並沒有提供理由。翁氏參與了《四庫全書總目》的撰寫工程。他的這種論述大概是他們這一群體的共識。

最後，四庫館臣為「纂圖互注本」定了性，認為它是卑陋不堪的，是毫無價值的。他們在《尚書詳解》條中說：

> 《尚書詳解》二十六卷（永樂大典本）。宋夏僎撰。……淳熙間，麻沙劉氏書坊有刻版，世久無傳。今惟存鈔帙，脫誤孔多。……原本分十六卷，經文下多附錄重言、重意，乃宋代坊本陋式，最為鄙淺。〔註8〕（《欽定四庫全書總目》卷十一）

到底是抄本的問題？還是刻本的問題？四庫館臣以為，刻本本身不值一提，抄本因此才錯誤很多，也就無足輕重了。而且，四庫館臣認為，所謂的重言重意根本就是毫無意義的，是「陋式」，是書坊的自作主張。這基本上就宣告了「纂圖互注」本的版本價值為零。

四庫館臣還在《五子纂圖互注》條中重申了這樣的說法：

> 《五子纂圖互注》四十二卷（浙江巡撫採進本）。宋龔士高編。……每種前各有圖，而於原注之中增以互注，多引五經四書及諸子習見之語，未能有所發明。……無一足資考證者。而《莊子》因《大宗師篇》有「太極」二字，遂附會以周子之圖，尤為無理。覈其紙色版式，乃宋末建陽麻沙本，蓋無知書賈苟且射利者所為。因其宋人舊刻，姑存其目，以備考耳。〔註9〕（《欽定四庫全書總目》

〔註7〕〔清〕翁方綱：《復初齋文集》，北京大學儒藏編纂與研究中心：《儒藏精華編二七六》，北京：北京大學出版社，2010年，第313頁。

〔註8〕四庫全書研究所整理：《欽定四庫全書總目（整理本）》，北京：中華書局，1997年，第142～143頁。

〔註9〕四庫全書研究所整理：《欽定四庫全書總目（整理本）》，第1758頁。

卷一百三十四）

四庫館臣不僅認定纂圖互注本，特別是所謂的纂圖互注本諸子，毫無學術價值可言，是無知無識者所為，只是為了牟利，只是因為其書為宋人舊刻，存其目即可。顯然，這是乾嘉時期學者們的共識。

從此以後，「纂圖互注」本為坊刻，無學術價值，只有收藏價值，幾成定論。餘波所及，至今仍有不少學人引以為據。這樣，我們至少可以看到清人對於「纂圖互注」本的判定經過了這樣的過程：

（一）陸元輔、朱彝尊：「鋟刻甚精」「唐宋人帖括之書」；

（二）陳鱣：「刻畫工整，紙墨精良，且原於監本，斯為可貴」「宋人書塾中課讀之本」；

（三）翁方綱：「南宋末書坊賈人之所為」；

（四）四庫館臣：「宋代坊本陋式，最為鄙淺」、「宋末建陽麻沙本，蓋無知書賈苟且射利者所為」。

顯然，關於纂圖互注本的結論是越來越具體，最後將其起源定在了南宋書坊，認定是坊刻本的定式，而其學術價值也被視為一文不值。但是，似乎這些結論中並沒有提出任何有力的證據鏈條說明南宋或者南宋末期的書坊主們是如何編纂書籍的，當然也沒有明確的證據來說明為何是書坊而不是其他。而且，他們（特別是四庫館臣）似乎沒有區分地將「纂圖互注」本的早期版本和後來書坊的覆刻本、翻刻本視為同樣的版本，認定其為商業行為，毫無學術價值，僅僅具有宋代刻本的備考價值。

也許事實不重要，考察也不重要，結論才是人們所關注的。自此而後，四庫館臣的觀點成為主流，差不多成為業界定論。然而，正是陳鱣的「帖括之書」評論、翁方綱「南宋末書坊賈人所為」和四庫館臣的「坊本陋式」之類的判語，讓後人迷惑不已。

絕大多數人沒有機會看到宋刊纂圖互注本，更沒有機會去比勘這類書的內容，大家能看到的就是朱彝尊、四庫館臣的評論，或者陳鱣、翁方綱等人的推論，「纂圖互注」本的學術價值也就大打折扣了。

二、價值的重估

從當前的版本學研究成果而言，「纂圖互注本」的定性似乎不成問題，基本的認識有如下幾點：第一、它是福建建陽刻本。第二、它是福建書坊刻本。第三、它的學術價值較低，更多具有歷史文物的價值。第四、它只是宋代書籍

出版者為了考試而特別製作的參考用書，其目的是為了擴大宣傳和便於應考者的記憶。第五、它在宋代以後即少有後繼者，纂圖互注本因之可以成為考察宋代刻書的一個案例。〔註10〕這樣的定性尚有進一步考察的必要。

　　1944 年 3 月 27 日，王重民先生在給胡適的書信中提到，他看了《昌黎文式》一書之後頗有想法，他關注的是「舊圖書學上幾個名詞」，即標點樣式的問題，從宋代的真德秀（1178～1235）、樓鑰（1137～1213）、謝枋得（1226～1289）直到明代茅坤（1512～1601），他們在批點文學作品方法上用的是一種截、抹、點、圈的方法，即以橫畫，也就是截來斷章句；用豎畫，也就是抹來表識人名、地名、官名以及印證問答；用圈和點來表識文章的義法。王重民先生說，「我看懂之後，才知道他的方法，極合我們的標點符號作用，而悟到自真德秀、樓鑰、謝枋得直到茅坤，他們的武器不過就是這幾截幾抹，而他們能在這八百年來受人崇拜，也是由於這幾截幾抹。直到桐城派出來，不用抹只用圈，至於末流，遂談些五色五味去了，而入於玄。」王先生認為，這種標點方法是南宋人的創造。在南宋學人發明截抹標點之前，是纂圖互注。「真德秀、謝枋得以前，似乎沒有這種標點方法，而那時候的方法是纂圖、互注、重言、重意。在注解內加上互注、重言、重意，是想利用旁證來喚醒本文，標點則是不用旁證而徑直分析本文，以求直接瞭解，其形式雖不同，而意在幫助讀書，增加興趣則相同。」王先生還進一步分析，《文選》的注解者李善生活在義疏學最為興盛的時代，所以他去注解《文選》也用的卻不是注疏辦法，直接引用一句相同的古書來作注，因為這樣能夠幫助人做文章。「宋人的互注、重言、重意，也就正是李注的變相。」王先生說他想將來寫一篇「長文章」來談論這點發現。〔註11〕不過，王先生的長文似乎並未完成，至少沒有公開發布。

　　上世紀三十年代，版本目錄學家趙萬里（1905～1980）在《應用目錄學》的授課過程中就曾專門提到了「纂圖互注本」，並且指出了其中值得關注的幾個版本學課題。趙萬里說，北宋監本所刻經書頗多，但存藏至今者不可得見，

〔註10〕實際上，纂圖本（也即插圖本）自宋代以後流傳甚廣，從建陽刻書史來看，「具有強大的生命力。發展到明代，建陽書坊的刻本幾乎發展到無書不插圖的地步，在版畫技藝上，也有巨大的進步。」（方彥壽：《建陽刻書考》，北京：中國社會出版社，2003 年，第 152 頁。）

〔註11〕北京大學信息管理系、臺北胡適紀念館：《胡適王重民先生往來書信集》，北京：國家圖書館出版社，2009 年，第 267～268 頁。

即便是南宋監本也較為稀見。所以宋代經書版本問題複雜。就經書而言，有單注本、單疏本、注疏合刻本等。但這些本子後來都稀見了，出現了第四種經書版本樣式：

> 為什麼經注疏合刻本至今少呢？因為是建陽開了書鋪，新刻注疏附釋文本。就是不但把經注疏合刻，且附釋文於內，於是獨立的《經典釋文》日少，且打倒經注疏本。他們刻的經有兩種方式：（1）附釋文本；（2）釋文加 a.纂圖，b.重言重意，即葉德輝氏在其《書林清話》中所云之「纂圖互注」也。作這一運動是預備提供給科舉的學子。因此前代官刻不為科舉用的本子日被淘汰。今日所能得此類書極少。此類書名曰十行本，楊士奇云此類書為福建（福唐即福建）府學所刻。〔註12〕

趙萬里第一次將「纂圖互注本」視為是宋代經書的第四種刊刻樣式，這樣的觀點是在葉德輝《書林清話》的專題討論之後的進一步深化。趙萬里也提醒我們，前代學者中，比如楊士奇已將此種版本視為是「府學刻本」，也就是官方刻本者，不過不知楊士奇在何處提及此者，筆者未曾見到此則資料。

值得注意的是，在《朱子語類》中，也提到了纂圖互注本：「書坊印得六經，前面纂圖，子也略可觀，如車圖，雖不甚詳，然大概也是。」〔註13〕也就是說，朱子時代已經有了坊刻本的六經纂圖本。朱子說，這些圖雖然不甚細緻，但大致不差，是值得一看的。只不過我們尚不知道《朱子語類》中所提及的纂圖本到底是何種版本，與今日存世的「纂圖互注」本經子書籍是否有關聯，由於沒有相關史料，只能闕如。可以肯定的是，在朱子時代，書坊已經有了纂圖本的經書刊行。這類書的來源如何，則文獻不足徵。

南宋坊刻先秦子書，有《老子》《莊子》《列子》《荀子》《揚子法言》《文中子》等，趙萬里認為，「除《文中子》外，皆有監本。南宋刻書以北宋為標準刻之。他們皆有纂圖互注。纂圖即畫器物，互注即『索引』。因為書鋪老闆發明此，以應考童之需。此類書皆有翻刻，最早者為南宋刻，及元刻、明刻建安本。」〔註14〕也就是說，先秦子書先有北宋國子監刻本，到南宋時

〔註12〕孫作雲：《趙萬里應用目錄學授課筆記（續）》，張玉範等整理，沈乃文主編：《版本目錄學研究》（第7輯），北京：北京大學出版社，2016年，第20頁。

〔註13〕〔宋〕黎靖德：《朱子語類》卷一百三十八，〔宋〕朱熹：《朱子全書（修訂版）》第18冊，朱傑人等主編，上海：上海古籍出版社，2010年，第4265頁。

〔註14〕孫作雲：《趙萬里應用目錄學授課筆記（續）》，第7頁。

書坊主為應考考生之便利，發明了纂圖互注本，並以此替代了國子監舊刻。「此刻出世，北宋監本不見。因為纂圖本把北宋南宋監本打倒。此類纂圖本之影響，就是明清兩季學者，皆以纂圖本為根據，故多錯誤。自王先謙用台州的《荀子》本作書，得意極多。此種纂圖本支配中國學術界的五百年。明嘉靖吳郡顧春所刻之《世德堂六子》，不過把圖注去掉，主文仍根據此種建安本。明許宗魯六子及崇德書院二十二子亦根據此建安本。」此說徑將纂圖互注的發明權給了福建書坊。接著，他更指出了具體的書坊主姓名，即南宋福建私人刻書，「最有名者為勤有堂余氏，及虞氏。可讀葉德輝《書林清話》」「余、虞刻書影響後代最大，即（一）經本附釋文者。這是他們的發明。（二）又作重言重意的工作。利用考試者的心理而成，為經注本。（三）又有經注附注釋本。」〔註15〕

　　趙氏關於纂圖互注本的意見，歸納起來是：第一，它的出現時間點是南宋。第二，它是南宋書坊的作品。第三，它是在北宋監本基礎上的創新，繼承了監本的特點，同時也取代了北宋和南宋的監本，樹立了新的典範。第四，這一典範對於後世學者有著極為深遠的影響，此後五百年間，不論官私刻本，凡是有纂圖互注本的書籍均在不同程度上以之為據。第五，從現代學術，特別是版本學的立場重新評估纂圖互注本實有必要，即既要從版本的流傳角度重視纂圖的價值，又要從版本的文獻本身認識其內在的缺憾。

　　據此，我們可以知道，「纂圖互注本」不僅僅是一種無足輕重的古代版刻遺跡，它本身就具有重大的版本學價值：首先，它的影響之大，足夠引起我們的注意；其次，它的來歷似乎並不清晰，值得我們進一步研究。

　　黃永年於 1980 年發表《宋本（附金本）》一文，主張對宋金版刻的分析應該按照地域來分析，即圍繞宋金兩朝的浙江杭州、四川眉山、福建建陽和山西平水四大刻書中心展開研究。〔註16〕宋建本多指的是建陽書坊的刻本。建陽地區是山區，盛產木料，造紙業發達，交通便利，諸多書商彙集於麻沙、崇化兩個鎮，所以建陽本亦稱為麻沙本。建陽書坊多有名可考，比如余仁仲萬卷堂、黃善夫家塾、劉元起家塾等。建陽書坊不僅僅刻印現成的書籍，而且自行編書，「如劉叔剛刻的《禮記注疏》，不僅有注疏，還加進了釋文。」

〔註15〕孫作雲：《趙萬里應用目錄學授課筆記（續）》，第 19 頁。
〔註16〕黃永年：《黃永年文史論文集第三冊·文獻鈎沉》，北京：中華書局，2015 年，第 78 頁。

「他們還刻有纂圖重言重意互注的五經和《老子》《莊子》《列子》《荀子》《揚子法言》《文中子中說》等六子。纂圖是在卷首附圖，重言是注出同樣文字的句子，重意是注出同樣意思的句子，用來迎合讀書人科舉考試的需要。」〔註17〕建本的特點是顏體字；有白口、黑口、細黑口和大黑口；在魚尾下面記錄葉次；不記記錄刻工姓名；有書耳；少刻書序跋，有牌記；避諱不嚴格；紙張多用（現在看起來是）枯黃甚至發黑的麻沙紙張。〔註18〕

其後，黃永年在《古籍版本學》中對上述說法進行了進一步的細化。黃永年認為，「纂圖重言重意互注」本五經、六子之類，從字體版式來看也都是建陽的坊刻。「浙本尤其是其中官刻一般都講究老傳統，很少變花樣。建陽坊刻則為了招徠顧客，打開銷路，不僅在形式上翻點新花樣，在內容上也常鬧新花樣。如前面所說，經注和疏在北宋時是一直分別刊刻的，南宋兩者東路茶鹽司和紹興府才把經注和疏編刻到一起，開始出現了注疏合刻本。」「如纂圖重言重意互注的五經和六子，也是他們編刻的經子新讀本。所謂纂圖，是在書的前面附加圖像、圖解或地圖，如《監本纂圖重言重意互注尚書》附加：書學傳授之圖、唐虞夏商周譜系圖、堯制五服圖、禹弼五服圖……所謂互注則包括重言、重意兩種，重言是把本書其他篇章裏文詞相同的詞句互注到本文下面，重意是把本書其他篇章裏意思相近的詞句互注到本文下面。」「六子則是《老子》《莊子》《列子》《荀子》《揚子法言》《文中子中說》六種，纂圖互注的辦法也和五經相同。有些如《尚書》在纂圖云云之上還加上監本者，表明源出國子監官刻，以博取讀者的信任。」總之，這些建陽坊刻雖然校勘雖限於水平，不甚高明，刊刻上還是力求精工，使讀者開卷即有賞心悅目之感。〔註19〕

黃永年認為纂圖互注本具有版本學的多種研究價值：第一、它是宋代福建刻本的典型樣式。第二、它出現在南宋時期，是在北宋以來經書刊行的基礎上的進一步發展。第三、它是一種古籍刊行形式上的創新，並非是內容上有所創造，它是書坊的作品。第四、這種創新所依據的是官方機構的產品，也就是國子監的「監本」。但這種依據僅僅是一種出版者的宣傳，並不見得確有實據。第五、雖然在文本方面有校勘不細等問題，但其在刊刻上具有精工的特點，特別是其中的插圖部分，品類繁多，具有版本學的價值。黃氏的這

〔註17〕黃永年：《黃永年文史論文集第三冊·文獻鉤沉》，第82頁。
〔註18〕黃永年：《黃永年文史論文集第三冊·文獻鉤沉》，第82頁。
〔註19〕黃永年：《古籍版本學》，南京：江蘇教育出版社，2005年，第83～85頁。

種提法，值得我們重視。

除了版本學價值之外，現代學者們還注意到了「纂圖互注本」的版畫學、插圖學研究的意義，即其藝術價值。因為它是現存較早的圖文並茂的古代典籍，插圖內容極為豐富，保留了很多早期的典型版畫，也留下了很多值得考察的課題。如《中國版畫史圖錄》中著錄了早期的經子書籍，如《新定三禮圖集注》二十卷（南宋淳熙二年（1175）鎮江府學刊本）、《尚書圖》二十卷（注：即《纂圖互注尚書》，南宋紹熙間建陽刊本）、《纂圖互注禮記》二十卷（南宋刊本）、《纂圖互注荀子》二十卷（南宋刊本）等。〔註20〕此種認識或源於民國時期學者們的主張，比如民國時，鄭振鐸（1898～1958）曾編纂出版《中國版畫史圖錄》線裝本，在該書《自序》中，鄭氏說，我國版畫開世界諸國之先河，西方刻印聖經像版畫出現在明永樂初期（即1400年左右），而中國在晚唐就已經流行版畫。鄭氏說，「隋唐以前，版刻無聞。而漢魏六朝碑版墓磚之花飾，殷周三代甲骨與銅玉諸器之圖案，已甚繁賾工致。追溯淵源，斯當為版畫之祖，亦若石經碑刻當為刻書之祖也。唐之中葉，佛教極盛，而三藏經卷尚為手寫。間有以木鐫佛菩薩像捺印於卷前若押印章者。」〔註21〕又說：「至北宋末，版畫之為用漸廣。《本草》有大觀、政和二本；《博古圖》為宣和所纂，今雖未睹原刊本，而於元至大重修本中猶依稀可見原本面目之精良。南宋所刊版畫書，存於世者尚不在少數。陳祥道所纂禮樂二書，附圖甚富。以『纂圖互注』為號召之經子，自《周易》《毛詩》《周禮》《儀禮》《禮記》一下，至老莊荀揚，刻本多至十餘種。」〔註22〕

其後，錢存訓在李約瑟主持的《中國科學技術史》第五卷《化學及相關技術》第一分冊《紙和印刷》（劍橋大學出版社，1985年）一書中說：「雕版印刷不僅涉及各種技術工序，也包含許多藝術方面的重要因素。字體固然體現了書法上的觀賞美學，用木刻及其他方法製作的插圖更直接代表書畫刻印藝術。插圖不僅充實裝飾文本，幫助理解記憶，還能彌補文字的不足。如果沒有插圖，內容就會缺乏持續的吸引力，在某種情況下會難以領會。」〔註23〕錢存訓又說：「10世紀起，開始印刷儒家經典著作，但是直到12世紀之前還

〔註20〕周蕪：《中國版畫史圖錄》，上海：上海人民美術出版社，1988年，第91～94頁。

〔註21〕鄭振鐸：《中國版畫史圖錄》，北京：中國書店，2012年，第3頁。

〔註22〕鄭振鐸：《中國版畫史圖錄》，第3頁。

〔註23〕錢存訓：《紙和印刷》，上海：科學出版社、上海古籍出版社，1990年，第223頁。

未見到任何插圖。12 世紀專為應試學子出版了上圖下文的纂圖互注本。這類著作中，《六經圖》《三禮圖》《爾雅圖》也很有名。《六經圖》於 1166 年印於福建，描繪了六經中提到的 309 件事物，據知宋代至少還印過另外三種版本。」〔註24〕方彥壽也指出，朱熹《周易本義》、熊蕃《宣和北苑貢茶錄》、王朋甫刻《尚書》等，卷首均有大量纂圖，已然是建陽刻書的一大特徵。〔註25〕對於這樣的觀點，傳統的版本學者並不認同。上世紀六十年代，毛春翔（1898～1973）出版了《古書版本常談》一書，其中說：「近人因宋刻精美，可以作為藝術品來欣賞，此說我不敢苟同。古書有用的，即好好地利用；認為無用，置之可也。今天不用，明天說不定有用，夏葛冬裘，各有時用。將宋刊作為藝術品來欣賞，那是藝術家的看法。」〔註26〕

　　除了這種藝術學的研究之外，還有歷史學者對纂圖互注本中的地圖進行了深入研究，體現出它的另外一種學術價值。如辛德勇《石刻拓印地圖在宋代的興起與傳播》一文中，提出學術研究的深入和教育制度的改革，推動了宋代地圖類石刻興起。特別是科舉制度的改革，為此類石刻提供了廣泛的社會需要。宋代教育制度自宋仁宗慶曆四年（1044）開始推行官學改革，要求各州縣設立學校，將科舉考試，特別是進士改革為策、論、詩賦，廢除了貼經和墨義。范氏改革失敗後，王安石在宋神宗熙寧四年（1071）改革，將前者若干政策落實，推廣和完善學校制度，科舉以經義取代詩賦，成為科舉制度史上最重大的變革，經義和策論成為考試的基本組成部分。由此，辛德勇認為，科舉考試內容的變化對學校教育的要求，直接導致了對於經書、石刻地圖及相關書籍的興盛，「宋代《禹貢》學的興盛，與《禹跡圖》的刊刻上石，也可以說是相輔相成的兩種現象，都是宋代學術風尚轉變以及科舉制度改變後的產物。」而且「宋代建陽書坊專門針對科舉考試使用而編印的『纂圖重言重意互注』類《尚書》讀本，最能反映《禹貢》地理圖對科舉考試的重要參考作用。如存世南宋刻本《監本纂圖重言重意互注點校尚書》，卷首即附有一幅專

〔註24〕 錢存訓：《紙和印刷》，第 227 頁。該書並未對此進行深入討論。作者認為「纂圖互注」本的出現是由於當時考試的需要。專門編纂此類書籍是為了滿足參加科舉考試的學生的需求，可以說這是一種學生讀物。只是由於有了版畫，所以其價值也就在於版畫。因為此前儒家經典，即便是教科書也尚未見到有插圖的。這種有插圖的教材，為我們提供了早期教科書的資料。

〔註25〕 方彥壽：《建陽刻書考》，第 150～152 頁。

〔註26〕 毛春翔：《古書版本常談（插圖增訂本）》，上海：上海古籍出版社，2003 年，第 51 頁。

門反映《禹貢》篇地理內容的《隨山濬川之圖》。又如《天祿琳琅書目後編》所著錄南宋光宗時刊刻的《纂圖互注尚書》，於『卷前標《尚書舉要圖》：……曰《商遷都之圖》，曰《周營洛邑圖》』，等等。」〔註27〕辛德勇認為，宋代各地官學因應科舉考試的功利性需求而在石碑上翻刻《禹跡圖》非常普遍，比如南宋高宗紹興二十四年在江西路興國軍軍學大成殿樹立了《魯國之圖》。同時在書坊刻本中也多有存留的例證，「在存世南宋建陽劉氏天香書院坊刻《監本纂圖重言重意互注論語》的卷首，就刊有一幅類似的《魯國城理之圖》，這種帖括之書的實物，可以進一步印證這一點。宋代同類石刻地圖，還有楊甲在紹興年間編纂的《六經圖》，其中包括《十五國風地理之圖》和《文武灃鎬之圖》這一類反應《詩經》地理內容的地圖，這種地圖不僅為建陽書坊刊刻的《纂圖互注毛詩》所承用，在楊氏家鄉潼川府路昌州的州學院內也曾刻有石碑。」〔註28〕總之，科舉考試的所造成的社會需要導致了當時類似書籍的大量出版，而建陽書坊的刻本也不過是因應了當時的這種學術發展和考試需要，我們也可以用這些「纂圖互注」本來證明當時存在這樣的社會風氣。

　　由此可見，在當代的版本學研究中，對於纂圖互注本的版本性質及其價值存在著不同的認識，學者們從不同的角度論證了這一類版本具有的研究價值。我們有必要在此基礎上進一步探究的問題是，（1）纂圖互注本何以構成宋刻本中的獨特的樣式？（2）纂圖互注本是書坊本嗎？這一認識是如何成為版本學的常識的？（3）纂圖互注本有哪些書，它在宋代以後的書籍出版中有何影響？（4）纂圖互注本在具體的版本個案中具有哪些值得重視的地方？對於版本學的研究具有何種意義？

三、鑒定的疑惑

　　經歷代藏書家之手的珍貴典籍，多被學者反覆檢點、鑒定過。不同的人，

〔註27〕辛德勇：《說阜昌石刻〈禹跡圖〉與〈華夷圖〉》，《燕京學報》新二十八期，2010年，第1〜72頁。2010年10月30日，日本關西大學東亞文化交涉學教育研究基地舉辦「印刷出版與知識環流：16世紀以後的東亞」國際研討會，辛德勇發表了研究報告：《石刻拓印地圖在宋代的興起與傳播：以阜昌石刻〈禹跡圖〉與〈華夷圖〉為中心》。其後刊於關西大學文化交涉學教育研究中心、出版博物館編：《印刷出版與知識環流：十六世紀以後的東亞》，上海：上海人民出版社，2011年，第83〜108頁；辛德勇：《石室賸言》，北京：中華書局，2014年，第367頁。

〔註28〕辛德勇：《石室賸言》，第372〜373頁。

有不同的認識，也有不同的記錄。陸心源《皕宋樓藏書志》說到《纂圖互注禮記》二十卷《禮記舉要圖》一卷時云：「宋刊本，季滄葦藏。此南宋麻沙本。每半葉十一行，每行二十一字，小字雙行二十五六字不等。鄭注下附陸氏釋文，釋文之後為重言重意。重言者，其文同也；重意者，其意同也。讓字缺筆，蓋孝宗時刊本也。字體與三山蔡氏《陸狀元通鑑》、《北史》《新唐書》同。當是麻沙本之最精者。」〔註29〕所謂《陸狀元通鑑》是《陸狀元增節音注精議資治通鑑》。季氏如何認定此類書的價值尚不清楚。

藏書家黃丕烈（清乾隆十八年至道光五年，1763～1825）曾得到過幾種纂圖互注本，包括《毛詩》《周禮》和《荀子》。黃氏在《蕘圃藏書題識》中說：

> 《纂圖重言重意互注毛詩》二十卷，宋監本。……今歲夏初，五柳主人從都中歸，攜有全部宋刻，行款正同，謂可藉以影鈔補全。無如已許售海寧陳仲魚，遂轉向仲魚借之，以了此願。鈔畢，復手校其誤，三卷中止誤一字，七卷六葉三行「淫」誤為「浮」，竟改之。〔註30〕

除此之外，黃氏還曾收藏過另外一部纂圖互注本，黃氏記載：

> 《毛詩傳箋》殘本□卷，宋刊本。此殘宋本《詩經傳箋》附《釋文》本，余得諸己巳年（1809），鈔補於庚午年（1810），猶未及裝潢也。頃又得一小字本，大同而小異。合諸延令季氏《書目》所云「鄭箋、陸德明釋文《詩經》二十卷，八本」之說，正符其目。又載「《監本纂圖重言重意互注點校毛詩》六本」，乃得此本之名。是書雖非季氏舊物，而監本之名從此識矣。監本亦非一刻，余新得者，標題《監本重言重意互注毛詩》，較此少「纂圖」字、「點校」字，可知非一刻矣。昔人聚書，不妨兼收並蓄，故得成大藏書家。余力萬不逮季氏之一，而好實同之。茲藏二刻，居然相埒，後之得是書者，其殆將由百宋一廛之簿錄，而沿流溯源乎？喜而書此，以志余言之非妄云。辛未（1811）初冬，復翁書於求古居。越月季冬望後一日裝成，原收及裝潢鈔補之費，共計百金。

這裡，黃氏並沒有進行文本的考察，而是如實地記錄了他當年是如何得到

〔註29〕〔清〕陸心源：《皕宋樓藏書志》，北京：中華書局，1990年，第77頁。
〔註30〕〔清〕黃丕烈：《黃丕烈藏書題跋集》，余鳴鴻等點校，上海：上海古籍出版社，2013年，第33頁。

兩部宋刊殘本的。值得注意的是，黃丕烈將其所得之纂圖互注本著錄為「宋監本」並非是藏書家為了博取名聲而為。黃氏推測宋代國子監刊刻經書不止一刻也是合情理的。

　　不過，黃氏的鑒定意見在陳鱣看來可能並不是很準確。如前所述，陳鱣的觀點，較之黃丕烈的看法更為世人所熟知。我們再看另外一位黃氏學者的觀點。黃以周（清道光八年至光緒二十五年，1828～1899）注意到，在經書注疏中已經有相關的圖的記載，賈公彥的注疏本圖的部分可能並沒有隨文，而是有可能放在文字部分的前面了。這些圖，在後來通行的十三經注疏中不復存在（但明永樂《四書五經大全》《性理大全書》是有圖的）。黃氏推測早期的經書注疏中是有圖的，因為注疏中不僅一處提到了圖。其中有些圖可能是在後世的傳承中失去了，他用的書目卷數來證明此事，並且在注疏的文字部分找出了具體的實例證明當時應該是有圖的。黃以周云：

> 初讀《毛詩正義》，至《鄘風》，疏注旄乾首之義有曰「別圖於後」，乃知孔疏之有圖。及讀聶崇義《三禮圖目錄》，謂「《周官疏》，特圖大琮」，又知賈疏亦有圖。……又知賈疏之圖得其體要，與孔疏載旆物圖，又載旗旟圖，其繁簡單亦不同。則《周官》賈疏之圖必大有可觀焉。〔註31〕（清黃以周《儆季雜著·禮說六·雜著之一》）

　　由於學者們習見的經書注疏中無圖，所以一般學者也就以為沒有圖了。但是，在宋代出現了一類「纂圖互注」本的書籍，包括了主要的經書，為我們的研究提供了某些啟發，或許這些纂圖本所保留的就是早期注疏中所有的圖，所以黃以周說：

> 阮文達作《十三經校勘記》搜羅宋元舊槧不為不富，而北宋本《詩疏》《周官疏》之有圖者曾未一見，校語中亦未一及。近之讀注疏者，告以孔賈疏中有圖，其不以為怪誕者幾希。宋元間有《毛詩纂圖重言重意互注》一書，又有《周禮纂圖互注重言重意》一書，朱竹垞以為元人所輯。陳仲魚吳槎客得其書，以為的係宋槧，寶過拱璧。然讀仲魚跋，一則曰經生帖括之書，再則曰宋人書塾課讀之本，其書之陋可知也。能得孔賈有圖疏本，則《周禮纂圖》《毛詩纂

〔註31〕〔清〕黃以周：《儆季雜著》，《黃式三黃以周合集（第 15 冊）》，上海：上海古籍出版社，2014 年，第 197 頁。

圖》二書，詎不同諸康瓠也與。〔註32〕（清黃以周《儆季雜著・禮說六・雜著之一》）

從黃丕烈和黃以周的記錄可知，他們都將纂圖互注本視為重要的宋代藏書而珍重之，並且，黃丕烈認為應為「宋監本」而非坊本。學者黃以周更是通過文本的考察，探求了經書纂圖可能是唐宋以來學術傳承的結果。

前述陳鱣所藏《纂圖互注毛詩》後歸楊紹和（1830～1875），其《楹書隅錄》謂：

> 此本為海寧陳仲魚先生鱣舊藏。仲魚與吳槎客賽題語，均書於別紙，綴之卷末。辛酉遭寇亂，自第十二卷以下皆焚失。茲從別下齋所刻仲魚《經籍跋文》中錄存如右。槎客跋則莫由補寫矣。謹考《天祿琳琅書目》著錄宋本《毛詩》，載朱竹垞引陸元輔之說，謂證此本雖無圖目，而體例適符，惟書中於篇目相同者為重篇，詩句相同者為似句，乃元輔所未及。蓋因書名未經標出，遂不加詳考耳。字畫流美，紙墨亦佳，信為鋟本之精者，即此本也。〔註33〕

顯然，楊紹和認為從古籍善本的欣賞角度來說，該書是極佳之宋本。周叔弢在《楹書隅錄》此條有批註，謂：

> 與余所藏非一本。《毛詩圖譜》版心作「詩譜」，余本作「圖譜」。宋諱缺筆，紙印極精。余本有數卷，乃士禮居此書影抄，頗思得此本配入也。丁丑小除夕，敬夫擬以此書見歸，索八百元。余度歲之資，僅乃足用，實無餘力收書，只得婉約謝之。兩美之合，遂成虛願。世事為斯，衣食且恐不贍，即見書勝此者，亦徒歎奈何矣。〔註34〕

又謂：「己卯二月，此書歸余，因天地狹小，不能與余書相配，特另存之。」〔註35〕

由此我們知道此本後歸周叔弢（1891～1984）。據《弢翁藏書年譜》可知，周氏藏兩部宋本《纂圖互注毛詩》，並有題記。關於楊氏舊藏，他說：

> 海源閣本，丁丑（1937）小除夕楊君敬夫曾擬歸我。當時辛歲之資尚籌措未足，焉有餘錢收書，乃婉詞謝之。越歲己卯（1939）

〔註32〕〔清〕黃以周：《儆季雜著》，《黃式三黃以周合集（第15冊）》，第197頁。
〔註33〕〔清〕楊紹和編撰、周叔弢批註：《周叔弢批註楹書隅錄》第1冊，北京：國家圖書館出版社，2009年，第62～63頁。
〔註34〕〔清〕楊紹和編撰、周叔弢批註：《周叔弢批註楹書隅錄》第1冊，第59頁。
〔註35〕〔清〕楊紹和編撰、周叔弢批註：《周叔弢批註楹書隅錄》第1冊，第60頁。

二月，始得與金本《通鑒節要》同收之。細審楊本，與余本實非一刻。楊本《圖譜》版心作《詩譜》，誤字（二卷一葉八行「匪席」誤「匪石」，卷十七葉八八行「市朱」誤「市宋」）余本皆改正。宋諱缺筆，楊本較謹嚴，余本或依楊本翻雕也。惜楊本四周餘紙短狹，比之餘本寬闊相差遠甚。黃氏既未以小字宋本配入而抄補之，余亦仍黃氏舊貫而不改裝，特附記得書之艱苦於此。〔註36〕

周叔弢在收得該本之前得到的是黃丕烈舊藏本。他也寫有題記：

> 宋刻《監本纂圖重言重意互注點校毛詩》，士禮居舊藏。原有黃蕘圃手跋，不知何時佚去。江建霞曾見原跋於趙靜涵家，並云此書已不可得。余初得此書時，見有求古居印，又七卷六葉三行浮字改淫字，遂定此為士禮居故物，乃乞文道兄依《蕘圃藏書題識》補錄黃氏跋語，以志其源流。今年春正月，北平書友王搢青忽郵寄黃氏《毛詩》手跋兩通，蠹痕宛然，正此書所佚者。其徒喬景熹新得之蘇州，當從趙氏散出。合浦珠還，為之大喜過望，亟命工補綴。雖索價奇昂，以不遑諧價矣。庚辰（1940）正月二十日至德周暹記於自莊嚴堪。〔註37〕

周氏以一百五十元的價格收得黃丕烈跋文三紙，並特意記錄在案。周氏一如其前輩藏書之家，重視《纂圖互注毛詩》，只是因為它為宋本，且經前代藏書名家收儲。如今，有周氏所藏兩部《毛詩》皆在國家圖書館善本書庫。李致忠先生《宋版書敘錄》曾予以詳細考訂。〔註38〕據李先生的觀察，「黃氏原藏本所缺之三卷，早在士禮居時就由黃氏借陳氏藏本影鈔配齊。一殘一全，你中有我，我中有你，堪稱天球雙璧。其實細觀兩書之紙墨字跡、版式風貌，似都出自閩建。蓋因這類帶圖譜、重言、重意、互注、圈點句讀的經書，便於監生舉子們課讀，版行之後銷售很快，供不應求，故不久就又有重刻銷行。陳氏原藏本上有宋人朱筆點句，諱字有朱筆規識，蓋正是宋時書塾中課讀的遺跡。」〔註39〕也即，這類讀書人常用之書，既有市場的需要，也就有了精細的刊刻。

清末民初，葉德輝在《書林清話》中對有清一代的版本學做了總結。葉氏

〔註36〕李國慶：《弢翁藏書年譜》，合肥：黃山書社，2000 年，第 132 頁。

〔註37〕李國慶：《弢翁藏書年譜》，第 131 頁。

〔註38〕李致忠：《宋版書敘錄》，北京：北京圖書館出版社，1994 年，第 77～84 頁。

〔註39〕李致忠：《宋版書敘錄》，第 84 頁。

《書林清話》卷三對有宋一代刻書機構做了歸納，題曰：「宋司庫州軍郡府縣書院刻書」，他說：「宋時官刻書有國子監本。歷朝刻經史子部見於諸家書目者，不可悉舉，而醫書尤其所重。……天水右文，固超逸元明兩代矣。」〔註40〕除了國子監本之外，按照刻書機構分類有所謂的：崇文院本、秘書監本、德壽殿本等等。〔註41〕無疑在葉氏看來，宋代刻書機構極其之多，葉氏還列舉了某州某府本，按此皆屬於一般意義上的公家刻書。其次則是私宅家塾刻本、坊刻本，這是我們今天最為常見的刻書機構的一分為三的分類法，即官、私、坊刻本。在葉德輝看來，書院刻本亦屬於官刻本，和坊刻本不同。

關於纂圖互注本，葉氏《書林清話》卷六提及的諸「纂圖互注」本經子書籍有 22 部：

經部：南宋刻巾箱本《纂圖附釋音重言重意互注周易》九卷《略例》一卷、《纂圖附釋音重意重言互注尚書》十三卷、婺州本《點校重言重意互注尚書》十三卷、《監本纂圖重言重意互注點校尚書》十三卷、《監本纂圖重言重意互注點校毛詩》二十卷；宋麻沙坊本《附釋音纂圖重言重意互注毛詩》二十卷、《京本附釋音纂圖互注重言重意周禮》十二卷；宋巾箱本《纂圖附音重言重意互注周禮鄭注》十二卷、《京本點校附音重言重意互注禮記》二十卷、《監本纂圖重言重意互注禮記》二十冊；南宋麻沙本《纂圖互注禮記》二十卷，《禮記舉要圖》一卷、《京本纂圖附音重言重意互注春秋經傳集解》三十卷、《監本纂圖春秋經傳集解》三十卷、《監本纂圖重言重意互注論語》二十卷。〔註42〕

子部：《纂圖互注荀子》二十卷、宋槧本《纂圖互注老子道德經》、《纂圖互注揚子法言》十卷、《纂圖互注老子道德經》二卷、《纂圖互注南華真經》十卷、《纂圖互注列子沖虛至德真經》八卷、《纂圖互注文中子》十卷。〔註43〕

這些被定為宋元刻本的纂圖互注本，今存者如下表所示。值得注意的是，這些現存版本的一部分已被納入到《中華再造善本》叢書中影印出版，為我們進一步的個案研究提供了極大的便利。

〔註40〕葉德輝：《葉德輝詩文集（一）‧書林清話》，張晶萍點校，長沙：嶽麓書社，2010 年，第 58 頁。

〔註41〕葉德輝：《葉德輝詩文集（一）‧書林清話》，第 58～71 頁。

〔註42〕葉德輝：《葉德輝詩文集（一）‧書林清話》，第 134～135 頁。

〔註43〕葉德輝：《葉德輝詩文集（一）‧書林清話》，第 135～136 頁。

表　宋元刻纂圖互注本存藏情況表

編號	書　名	版　本	行　款	書口	板　框	邊欄	藏　地
1	纂圖互注周易十卷	宋刻本	半葉 11 行 21 字，小字雙行 25 字	細黑口	高17.7釐米，寬 11.6 釐米	左右雙邊	臺北央圖
2	纂圖互注尚書十三卷	宋刻本	半葉 11 行 21 字，小字雙行 25 字	細黑口	高18.6釐米，寬 12.1 釐米	左右雙邊	芷蘭齋（卷一至二）、哈爾濱圖書館（卷五至六）、中國國家圖書館（卷七至十三）
3	纂圖互注尚書十三卷	宋建安宗氏刻本	半葉 11 行 21 字，小字雙行 25 字	細黑口	高18.6釐米，寬 11.7 釐米	左右雙邊	日本京都市「富岡文庫」
4	監本纂圖重言重意互注點校尚書十三卷	宋刻本	半葉 12 行 21 字，小字雙行 25 字	細黑口	高營造尺 6.6 寸，寬 4.1 寸		劉氏嘉業堂（《四部叢刊》影印）
5	監本纂圖重言重意互注點校毛詩二十卷	宋刻本（卷五至七配清黃氏士禮居影宋抄本）	半葉 10 行，行 18 字，小字雙行，行 24 字	白口	高20.5釐米，寬 13.2 釐米	四周雙邊	中國國家圖書館
6	纂圖互注毛詩二十卷	宋刻本	半葉 12 行 21 字，小字雙行 25 字	細黑口	高18.6釐米，寬 11.6 釐米	左右雙邊	臺北故宮博物院
7	監本纂圖重言重意互注點校毛詩二十卷	宋刻本（存卷一至十一）	半葉 10 行，行 18 字，小字雙行，行 24 字	白口			中國國家圖書館
8	京本點校附音重言重意互注周禮十二卷	宋刻本	半葉 11 行 19 字，小字雙行 20 字	細黑口	高 13 釐米，寬 8.5 釐米	四周雙邊	上海圖書館（卷一、三、七至十二）、北京大學圖書館（卷二、四至六）
9	纂圖互注周禮十二卷	宋刻本	半葉 12 行 21 字，小字雙行 25 字	白口	高18.4釐米，寬 11.7 釐米	左右雙邊	日本靜嘉堂文庫

10	纂圖互注周禮十二卷	宋刻本	半葉 12 行 21 字，小字雙行 25 字	白口	高17.9釐米，寬 12 釐米	左右雙邊	中國國家圖書館
11	監本纂圖重言重意互注禮記二十卷	宋刻本	半葉 10 行，行 18 字，小字雙行，行 24 字	細黑口	高20.2釐米，寬13.2釐米	四周雙邊	上海圖書公司
12	纂圖互注禮記二十卷	宋刻本	半葉 12 行 21 字，小字雙行 25 字	白口	高18.4釐米，寬 12 釐米	左右雙邊	中國國家圖書館
13	纂圖互注禮記十二卷	宋刻本		細黑口	高17.8釐米，寬11.7釐米	左右雙邊	日本靜嘉堂文庫
14	纂圖互注春秋經傳集解三十卷	宋龍山書院刻本	半葉 12 行 21 字，小雙行 25 字	細黑口	高18.7釐米，寬12.4釐米	左右雙邊	中國國家圖書館
15	纂圖互注春秋經傳集解三十卷	宋刻本(卷二、二十二至二十三	半葉 10 行 18 字，小雙行 24 字	細黑口	高釐米，寬釐米	四周雙邊	中國國家圖書館
16	監本纂圖互注春秋經傳集解三十卷	宋刻本	半葉 10 行 19 字，小字雙行 24 字	白口	高20.3釐米，寬13.1釐米	左右雙邊	南京圖書館
17	監本纂圖重言重意互注論語二卷	宋劉氏天香書院刻本	半葉 10 行 18 字，小字雙行 24 字	細黑口	高20.5釐米，寬13.1釐米	四周雙邊	北京大學圖書館
18	纂圖分門類題五臣注揚子法言	宋劉通判宅仰高堂刻本	半葉 10 行 19 字，小字雙行 23 字	細黑口	高18.9釐米，寬13.2釐米	左右雙邊	中國國家圖書館
19	纂圖互注揚子法言十卷	宋刻元修本	半葉 11 行 19 字，小字雙行 25 字	細黑口		左右雙邊	中國國家圖書館
20	纂圖互注荀子二十卷	宋刻元明遞修本	半葉 11 行 21 字，小字雙行 25 字	細黑口	高18.1釐米，寬12.3釐米	左右雙邊	中國國家圖書館
21	纂圖互注南華真經十卷	宋刻元明修本	半葉 11 行 21 字，小字雙行 25 字	黑口		左右雙邊	中國國家圖書館
22	纂圖互注南華真經十卷	元刻明修本	半葉 11 行 21 字，小字雙行 25 字	細黑口	高 18 釐米，寬 12 釐米	左右雙邊	北京大學圖書館
說明：本表根據張麗娟《宋代經書注疏刊刻研究》、《國家珍貴古籍名錄圖錄》《中華再造善本總目提要（唐宋編）》等書編製而成。							

按照古籍版本的習慣，葉氏記錄了這些「纂圖互注」類書籍的行款，大概有半葉九行十七字、十行十九字、十行二十字、十一行十九字、十二行十八字等等不同。「大抵經有七而子則四。《儀禮》《孟子》非場屋所用，故置之。《老》《莊》《荀》《揚》外，加入《列子》《文中子》，亦出當時坊賈重刻之雜湊，非原有也。」〔註44〕

所謂七經包括：《周易》《尚書》《毛詩》《周禮》《禮記》《春秋經傳集解》《論語》等，而四子則有《荀子》《老子道德經》《揚子法言》《莊子》，葉氏認為《列子》和《文中子》可能是當時書坊雜湊而成，並非重要的子書。

在前代版本學家的觀念中，無論如何，這些經書和子書冠名為「纂圖互注」的都是書坊刊本。為何是書坊刊刻？是書坊編纂之書，還是書坊用前人書刊行？葉氏未加解釋，只是下了結論：「宋刻經子，有纂圖互注重言重意標題者，大都出於坊刻，以供士人帖括之用。」〔註45〕在葉氏看來，「纂圖互注」本是書坊為了士子參加科舉考試所用。這樣的理解，應該就出自四庫館臣的判定。

張麗娟博士《宋代經書注疏刊刻研究》（北京大學出版社，2013年）首次將「纂圖互注」本的課題置於關鍵地位，該書第一章「單經注本」，第二章「經注附釋文本」，第三章「纂圖互注重言重意本」。張博士討論了「宋刻纂圖互注重言重意本的傳本」「纂圖互注重言重意本經書的版刻與體例」兩大課題，是我古籍版本學界自葉德輝《書林清話》之後，對這一類型的古籍最全面的梳理。在該書中，張博士同意纂圖互注本的科舉考試說和書坊創意說，不過通過作者的細緻考察，特別是從今存宋刻「纂圖互注」本來看，這類書「樣式繁複、數量眾多，說明當時此類經書版本刊刻之盛、流通之廣。」〔註46〕又如《上海圖書館藏宋本圖錄》中著錄了《婺本附音重言重意春秋經傳集解》三十卷，提要作者說：「宋代坊刻經子之書，有纂圖互注、附音重言互注、監本纂圖重言重意互注點校、京本點校附音重言重意互注、婺本附音重言重意等名目，多為迎合學子科考之需。」〔註47〕

〔註44〕葉德輝：《葉德輝詩文集（一）‧書林清話》，第136頁。
〔註45〕葉德輝：《葉德輝詩文集（一）‧書林清話》，第133～134頁。
〔註46〕張麗娟：《宋代經書注疏刊刻研究》，北京：北京大學出版社，2013年，第217頁。
〔註47〕上海圖書館：《上海圖書館藏宋本圖錄》，上海：上海古籍出版社，2010年，第209頁。

但為何會有諸子書也有「纂圖互注」本？將它們一概視之為科舉用書，從常識來看似乎有不確處。為了將這種說法更加完善，宿白（1922～2018）提出了「引人購買」說。宿白《唐宋時期的雕版印刷》一書中論及南宋的雕版印刷時說：

> （福建）建寧距南宋行在所較遠，中央控制較弱，所以其地的書坊雕版，自淳熙（1175）以來似乎比臨安還要發達。他們大多集中在麻沙、崇仁兩坊。……為了引人購買，他們（書坊）對許多通行的經史文集進行了加工，……各書坊更大量編刊「纂圖互注」、別附圖表之類的書籍，以及專應科場需要，編印了如《事文類聚》《記纂淵海》之類的類編書籍。〔註48〕

據宿白的分析，「纂圖互注」本屬於南宋書坊本，其目的是為了吸引購買，而非為科舉考試所用。專為考試用的書是《事文類聚》之類的類編書。這就意味著從清初以來的關於「纂圖互注」本的定論出現了新的認識。

然而，也有不同的看法存在。李李致忠說，所謂的監本，並不一定就是國子監刻書，因為「南宋監本並非都是國子監所刻，有的是國子監校勘之後下地方開雕；有的是地方開雕之後版運國子監。這兩種情況都稱為監本。監本頒行發賣之後，准許各地依監本重刊。故書名中帶有『監本』字樣的書，並不能說明它就是國子監刻本，反而證明其更大的可能是各地的重刻本。」也就是說，不管這些本子是在國子監還是在其他地方刊行，其文本必然要經過國子監的審定。國子監完成其職責之後，書坊也可以再印或者再刻。又如《纂圖互注春秋經傳集解》三十卷有「龍山書院之寶」的木記。〔註49〕李致忠《宋版書敘錄》中提及，國家圖書館藏《纂圖互注春秋經傳》三十卷，是袁克文舊藏，袁氏以為是南宋建本，但據考證，南宋龍山書院在安徽六安州，是南宋中晚期建立的書院之一。〔註50〕龍山書院學生汪立信（1200～1274）曾在南宋咸淳年間做過招討使，也是有名的官員，如果是他曾經學習過的書院，得到朝廷的賜書不是沒有可能。我們知道歷代王朝均有頒賜書籍的慣例，在宋代史料中也有很多相關的記載，則此書為頒賜書，當然是國子監官書，然後龍山書院鄭重其事的蓋上「龍山書院之寶」豈不是合情合理，後來刻書者則

〔註48〕宿白：《唐宋時期的雕版印刷》，北京：文物出版社，1999年，第92～94頁。
〔註49〕李致忠：《宋版書敘錄》，第81頁。
〔註50〕李致忠：《宋版書敘錄》，第182～185頁；《中華再造善本總目提要》，北京：國家圖書館出版社，2013年，第76頁。

將藏書印一併刻上也是正常的。

四、爭議的焦點

纂圖互注本，按照通行的說法，即四庫館臣中所述的「帖括之書」是南宋末年的建安書坊所刊，故而存在幾點需要說明的問題：

第一，纂圖互注本刊行時間與當時的教育制度改革似乎有時間上的懸殊，而且纂圖互注本除了經書之外還有《老子》《莊子》等若干子書，何以說明當時這些書是為了應付考試而出版的呢？子書的情況容易解釋，因為在徽宗期間已經將《老子》和其他三部道家典籍視為科舉考試科目了。但《荀子》是否在其名單之中，尚不可知。

第二，此類書籍如果只有建安書坊刊刻，似乎難以自圓其說地證明當時整個社會風氣如此。難道其他地方就沒有科舉考試？顯然這樣的說法是有問題的。

第三，如果說纂圖互注本書籍中的經書（如《詩經》《尚書》）所用圖或者地圖的來源是書坊使用了紹熙間的《六經圖》，那麼其他子書呢？

事實上，藏書家和學者之間對於書籍價值的判定存在著一定的差距。藏書家要根據歷史的價值來認定他們所藏之物。比如，國家博物館藏明初刻本《纂圖互注荀子》，有翁同和、翁斌孫跋。其中，翁斌孫（1860～1922，字弢夫，號芴齋，江蘇常熟人）跋稱：

> 此纂圖互注本《荀子》乃元人帖括之書，瞿氏鐵琴銅劍樓著之，《天祿琳琅書目》亦誤以為宋刻，無怪董雲舫之秘為至寶矣。宣統庚戌（1910）冬日收於並門，因記。〔註51〕

翁斌孫是清光緒三年進士，翰林院庶吉士，曾入國史館協修、翰林院侍讀、山西大同府知府等職。其說源自何處不詳。元人科舉考試似未見用《荀子》者，至於明初的科舉考試中荀子也不在主要考察範圍。此跋所說的「秘為至寶」倒是實情。

纂圖互注本的版本確定並非易事。金毓黻曾對清內府所藏纂圖互注本六子做過細緻的考察。金毓黻在鑒定清內府所藏纂圖互注本時，採用了版本學的常用方法，包括：首先是文獻的記錄和專家的考訂，特別是葉德輝《郋園讀書

〔註51〕李靜：《翁同和、翁斌孫跋纂圖互注荀子考述》，《晉圖學刊》，2018年第2期，第64～67頁。

記》、孫星衍《平津館鑒藏書籍記》。版本學首先也是一種文獻的學問，特別是歷代藏書家的記錄，對於後來者的鑒定有著至關重要的作用。

第二是實物的比較。比如用單刻本和合刻本對校，發現字體和板框上的細微差異。版本的考訂必須建立在實物的比較之上，僅僅依靠版式的記錄，未必能發現其中的細節問題。

第三是歷史的考訂。比如他說「宋代福建建寧府有建安、建陽兩縣，建陽劉氏以刻書著名。縣西七十里有麻沙鎮，有榕樹，可供刻板。惟質軟易壞，故爾時人甚賤視麻沙版書。建安居麻沙鎮西南，亦為書賈所在，其所刻書應與麻沙本為一系。」

第四是古籍實物的著錄，比如纂圖之圖，互注之注等等。這是版本學的看家本領。

清宮舊藏纂圖互注本六子被著錄為宋版，經金毓黻上述細緻地考證，可以確證其非宋版。還可以確定的是，清內府所藏六子為建安書坊（注：原作書房）刊本。金氏注意到，其中《莊子》一書有單行本，字體較六子本較瘦，他以為這是因為「瘦本從肥本翻刻」，「大抵翻刻之際，紙經水濕而縮，故板匡小去一線耳。至重刻時，字畫由粗而細，又為理所應有。倘此兩本均為元翻宋，則肥本應在前，或為宋刻元印，亦未可定。瘦本應後於肥本，或為元刻明印，此皆不能確定。」〔註52〕所以，金毓黻得出了這樣的結論：「審定宋版書最難之關，即為南宋末季刻本，與元初刻本之相似；而明初刻本類似元刻本者，尚易於辨認，此為講版本所應知之義。」〔註53〕

但是，版本學除了時代接近的複雜之外，還有其他更棘手的問題。就纂圖互注本而言，這類書籍曾經極為流行，自宋至明，反覆刊刻，以至於很少有人能見到最初的刊本，也就沒有辦法去理解早期版本的價值了，金毓黻也就很自然地得出了這樣的結論：「凡纂圖互注重言重意，皆為坊刻俗子所為，無何等深意。世人以為為宋元刻本，故競相引重耳。宋元麻沙本書籍，多屬此類。」〔註54〕這一結論，用在後期的翻刻本上是較為確當的，但在早期的版本上如果以這樣的眼光來評價，則是欠妥的。當然，這正是版本學的意義所在，因為任何一個版本現象的產生都會有極為豐富的歷史過程，在不同的歷史階段所呈

〔註52〕金毓黻：《纂圖互注六子殘本考》，《國立瀋陽博物院籌備委員會彙刊》1947年第1期，第9頁。

〔註53〕金毓黻：《纂圖互注六子殘本考》，第10頁。

〔註54〕金毓黻：《纂圖互注六子殘本考》，第10頁。

現出來的樣貌也各有不同，版本學就是要盡可能地揭示這種複雜的過程。

　　我們且引臺灣古籍同仁的看法，以窺其一斑。臺灣「中央圖書館」於 2013 年舉辦珍貴古籍特展，系統揭示了抗戰期間，鄭振鐸等人在抗戰期間搶救的珍貴古籍。鄭振鐸、葉恭綽、徐森玉、蔣復璁、張元濟等人曾以「文獻保存同志會」的名義在淪陷區搶救了 4500 餘部珍貴古籍。為紀念仁人志士搶救和保護古籍，守護和捍衛傳統文化的「英雄式行動」，該館選擇了八十種最珍貴的善本予以展示，該館特藏文獻組編輯出版了《希古右文：1940～1941 搶救國家珍貴古籍特選八十種圖錄》（以下簡稱《八十種圖錄》），其中有經書兩種、子書兩種有纂圖互注本。

　　（1）《禮記》二十卷，南宋紹熙間建安刊本，10 冊。板框 16*11.7 公分，左右雙邊。半葉 11 行，行 19 字。小字雙行，行 25 字。雙黑魚尾。有袁克文跋：「《禮記鄭注附釋文重言重意》二十卷，審為南渡後建安刻本。向未見於著錄，復無藏家印記，無可考索。惟與陳仲魚（鱣）所校多吻合，張月霄（金吾）藏《月令》殘本所舉佳處悉與此同。洵善本也。比居海上，識王子欠鐵，始知此書為天一閣故物，為賈人盜出。范氏書目禮類有《禮記》二十卷宋刊本一條，即此書也。」《八十種圖錄》說：「《文祿堂訪書記》卷一著錄《纂圖互注禮記》二十卷，宋建刻本，存卷九。版式、行款及諱字，大抵與此本相符，或係此本之同版。」〔註55〕《圖錄》卷一卷端書影，上題「禮記卷第一」，內文中有黑地白字「重意」。

　　此處值得注意的是，該書原題名為《禮記》，而藏家認為是《禮記鄭注附釋文重言重意》，這是根據書中的內容重新擬定的書名。而臺灣古籍同仁更根據行款格式等考訂出此書或者與另一「纂圖互注本」同。由此，我們可以推知，纂圖互注本與其他同時代的經書之間的區別可能並不在版式上，而是在內容方面。

　　（2）《春秋經傳集解》三十卷（存二十九卷），南宋潛府劉氏家塾刊本配補南宋建安刊纂圖互注本。原書全三十卷，此本缺卷四，又卷十二、十三、十九係配補。16 冊。板框 19.1*12.7 公分。四周雙邊。半葉 11 行，行 20 字；小字雙行，行 27 字。雙黑魚尾。有耳題。補配板框 17.6*12 公分；左右雙邊，半葉 12 行行 21 字，小字雙行行 26 字。全書葉面有模糊處，缺葉頗多。此本

〔註55〕《希古右文：1940～1941 搶救國家珍貴古籍特選八十種圖錄》，臺北：臺北「中央圖書館」，2013 年，第 40 頁。

之所以被認為是「劉氏刊本」是因為在序文後有牌記「潛府劉氏家／塾希世之寶」的牌記。〔註56〕

　　世傳的纂圖互注本中，除了此《春秋經傳集解》有明確的牌記之外，尚有其他幾種，但是均非一般意義上的刊行牌記。根據林申清《宋元刻書牌記圖錄》可知，宋元以來刻書牌記從類型來看包括：（1）記刻書時間、（2）刊刻者齋名堂號、（3）兼記刊刻地點和刊刻者齋堂室名、（4）兼記刻書時間和刊刻者、（5）兼記刻書時間地點及刊刻者、（6）記版權、（7）刻書咨文、（8）刻書跋文等八種主要類型，〔註57〕而一般而言，「XX之寶」很明顯的是藏書印記。據此牌子將該書確定為刊行者，似乎存在一定的疑問。所以，林申清將有「劉氏天香書院之記」牌記之宋刻本《監本纂圖重言重意互注論語》歸為官刻本，是有其理由的。〔註58〕

　　（3）《纂圖分門類題注荀子》二十卷，南宋紹熙間建刊本。6冊。板框18.8*12.9公分。左右雙邊。半葉10行行19字，小字雙行行23字。雙黑魚尾。有耳題。音注的字用白文墨蓋子標出。該書卷一卷端題「纂圖分門類題注荀子卷第一」。此本未見纂圖部分。〔註59〕

　　（4）《纂圖互注南華真經》十卷，元建陽刊六子本。《八十種圖錄》提及傅增湘的說法，他判定纂圖互注本的《南華真經》出自福建坊刻，價值不高。編者說，「就今日而言，纂圖互注本係迎合古代士子應舉需要之用書，有助於學者研究古代教育及出版事業，亦自有其價值。惟如《藏園補訂邵亭知見傳本書目》，有所謂宋末建本、元刊本、明初刊本，行款版式全同。明翻亦不只一本，有晚至弘治、正德間者。」〔註60〕問題是，如果說纂圖本《莊子》或者六子是為了考試的話，宋代尚能說得過去，因為宋朝的確將《荀子》《莊子》《老子》《揚子法言》等列入考試科目，但是元明何嘗有此？故而，僅從常識來說，這種說法就存在令人困惑不解之處。

　　這並非臺灣同行對古籍版本的認識出現了偏差，恰恰相反，這就是淵源有自的版本學常識。在版本學著作中多能見到類似的觀點，比如「宋代書坊……

〔註56〕　《希古右文：1940～1941搶救國家珍貴古籍特選八十種圖錄》，第42頁。
〔註57〕　林申清：《宋元刻書牌記圖錄》，北京：北京圖書館出版社，1999年。
〔註58〕　林申清：《宋元刻書牌記圖錄》，第5頁。林申清說，「單就該書牌記而言，其字體似有明人流麗疏朗之意，而少宋刻端穆厚實之氣。」
〔註59〕　《希古右文：1940～1941搶救國家珍貴古籍特選八十種圖錄》，第110頁。
〔註60〕　《希古右文：1940～1941搶救國家珍貴古籍特選八十種圖錄》，第154頁。

大抵以建陽麻沙、崇化兩坊為最。……坊刻旨在謀利，利於易刻速售。易刻，則木必柔；速售，則必草率。木柔，則易磨滅；草率，則多訛奪。故坊刻本往往校勘不精，避諱不嚴，於紙墨不甚措意，較之官刻，相差很遠。然在今日，建本亦稀矣。前代勞動者的血汗結晶，我們還是極重視它。」〔註61〕論者多引用宋人葉夢得《石林燕語》：「今天下印書，以杭州為上，蜀次之，福建最下。京師比歲印板，殆不減杭州，而紙不佳。蜀與福建，多以柔木為之，取其易成而速售，故不能工。福建本幾遍天下，正以其易成故也。」〔註62〕在《古書版本常談（插圖增訂本）》中談到福建坊刻本時，附有「宋麻沙書坊本《纂圖互注毛詩》」和「宋麻沙劉通判宅刻本《纂圖分門類題五臣注揚子法言》」圖版，後者有牌記「麻沙劉通判宅刻梓於仰高堂」。又如施廷鏞《中國古籍版本概要》中也說：「麻沙本，刻雖不精，藏書家以其為宋本而珍之。南圖藏有宋麻沙本蜀人黃晞《歔欷瑣微論》二卷，元刻宋麻沙本《纂圖互注南華真經》十卷。日本翻宋麻沙本江少虞《皇宋事實類苑》七十八卷，鐵琴銅劍樓藏南宋麻沙本《纂圖互注周禮》十二卷，宋末麻沙本《廣成先生玉函經》一卷。這種麻沙本，論者不以為貴。」〔註63〕由於舉出了具體版本的例子，使得上述「論者不以為貴」的結論看起來很有力度。

　　流傳至今的「纂圖互注」本宋刊本，有經部和子部要籍若干種，自有清以來，隨著版本學的最終確立，其面目逐漸為書本常識所遮蔽，故有研究之必要。事實上，已有諸多學者對如何看待宋刊「纂圖互注」本提出了各自的解說，可供參考。〔註64〕這也從一個側面說明，纂圖互注本值得我們細緻地研究。

〔註61〕毛春翔：《古書版本常談（插圖增訂本）》，第 37 頁。

〔註62〕毛春翔：《古書版本常談（插圖增訂本）》，第 48 頁。

〔註63〕施廷鏞：《中國古籍版本概要》，天津：天津古籍出版社，1987 年，第 35 頁。

〔註64〕對纂圖互注本相關文章，以版本考訂為主，自上世紀三十年代即有問世，至今仍有相關研究論文：〔1〕《故宮善本書志（續）：纂圖互注毛詩二十卷》，《故宮週刊》，1930 年第 56 期，第 3 頁；〔2〕傅增湘：《藏園群書題記：纂圖互注周禮十二卷》，《國聞週報》1931 年第 8 卷第 7 期，第 57～58 頁；〔3〕傅增湘：《藏園群書題記：監本纂圖重言重意互注點校毛詩跋》，《國聞週報》，1933 年第 10 卷第 30 期，第 339～340 頁；〔4〕傅增湘：《藏園群書題記：宋本纂圖互注荀子跋》，《雅言（北京）》，1942 年第 3 期，第 17～19 頁；〔5〕傅增湘：《雙鑒樓藏書雜詠：題宋本纂圖互注荀子》，《雅言（北京）》，1943 年第 3 期，第 24～25 頁；〔6〕金毓黻：《纂圖互注六子殘本考》，《國立瀋陽博物院籌備委員會彙刊》，1947 年第 1 期，第 9～10 頁；〔7〕王鍔：《宋本纂圖互注禮記二十卷平議》，《圖書與情報》，2007 年第 6 期，第 96～98 頁；〔8〕王鍔：《宋

在筆者的閱讀中，對此一類型「纂圖互注」本宋版書尚有若干疑問：其一、纂圖互注本應該歸屬於官刻、私刻和坊刻的哪一種？常識說是書坊本，然而流傳至今的幾個品種均有書院木記者，亦或為坊刻？標題為「監本」「京本」者，何以解說？況且，趙萬里已經提醒我們，明代的楊士奇就已將其中某些視為是福建府學刊本。第二、作為一種古書類型，其典型的特徵何在？圖文並茂？其中的圖的部分的價值如何判定？第三、其內容有哪些？為何只是部分經子書籍？第四、其在書籍史上有何種價值？應如何認識？第五、它對之後的書籍發展史有何影響？第六、其文獻價值如何？對於經史文本校勘是否有其獨特的價值？第七、認識它對於認識宋版書有何意義？何以在此時出現了這種類型？

五、不同的聲音

漆俠《宋代經濟史》從經濟史的角度，將造紙、印刷和筆墨硯等列入手工業生產項目進行考察。宋代有國子監、杭州、兩浙路、成都及福建等幾個刊刻印刷業中心，宋刊本在紙張的防蟲技術、刻印精緻度、刻字的精細度、版式裝幀的新穎性、國子監刻書的制度創新等方面具有時代的特色。〔註65〕其中，「由於國子監係全國最高教育機構，承擔教材的建設，因而親自主持雕版印書，並對刊刻印刷提出了嚴格的要求，諸如對文字的正誤、所刻文字的形體，都是非常認真的。」「葉夢得評論蜀本、建本之所以不佳，多以柔木刻之，取其易成而速售，故不能工。雖然如此，但福建本幾遍天下，引起了廣泛傳播的作用，也是不可輕視的。」〔註66〕也就是說，監本書和建本書之間存在著巨大的差異，福建刻書流通很廣，但建本書坊刻書質量不高，存在妄改之類的問題。如果我們把纂圖互注本視為建本的話，很自然就會得出此種版本不值一提的結論，而極有可能放過其中「廣泛傳播」的歷史價值。

本纂圖互注禮記二十卷的流傳和文獻學價值》，《傳統中國研究集刊（第七輯）》，2009年；〔9〕張麗娟：《宋刻經書中的纂圖互注重言重意本》，《版本目錄學研究》，2010年，第263～281頁；〔10〕劉明：《纂圖互注揚子法言版本考略》，《圖書館雜誌》，2010年第29卷第11期，第64～69頁；〔11〕劉佩德：《纂圖互注經子述略》，《齊齊哈爾大學學報（哲學社會科學版）》，2015年第12期，第141～142頁；〔12〕李靜：《翁同和、翁斌孫跋纂圖互注荀子考述》，《晉圖學刊》，2018年第2期，第64～67頁。收錄入著作中的文章有：李致忠《宋版書敘錄》、張麗娟《宋代經書注疏刊刻研究》。
〔註65〕漆俠：《宋代經濟史》，上海：上海人民出版社，1987年，第711～712頁。
〔註66〕漆俠：《宋代經濟史》，第710～711頁。

我們知道，書籍插圖（即前人所謂的「纂圖」，但纂圖不止插圖，還有圖表和文字）起源很早，在簡帛書籍中能見到的早期插圖實物不少，《清華大學藏戰國竹簡·筮法》中有卦位圖，《北京大學藏西漢竹書·老子》中有人物圖。在雕版印刷成為書籍生產的主流之後，作為其中大宗的經子書籍同樣也有圖有注。但是經書注疏是否有纂圖，則是一個問題。

事實上，書籍之纂圖在宋代早有流行。北宋景祐初元（1034年），有李淑、楊偉等纂修，高克明等圖畫的《三朝訓鑒圖》由禁中雕版。而且，此書在南宋時仍有售賣，《直齋書錄解題》卷五載：「《三朝訓鑒圖》十卷。……頃在莆田有售此書者，亟往觀之，則已為好事者所得。蓋當時御府刻本也。卷為一冊凡十事，事為一圖。飾以青赤，亟命工傳錄，凡字大小，行廣狹，設色規模，一切從其舊。」〔註67〕也就是說，陳振孫看到舊刻本沒有能買到，立即請人抄錄了一個副本，以作閱讀收藏之用。宿白說，「仁宗、英宗時代，是汴梁官府刊書的盛世。……新刊的《圖經本草》為本草書籍開創了附圖本。皇祐初（1049），鏤板印染高克明所繪一百幅長達十卷的《三朝訓鑒圖》，該圖工致生動，反映了北宋高度發展的版畫工藝。民間雕印開始發達，多刊印一般實用書籍和為官府所不屑鏤板的古今別集，廉價又便於攜帶的中小字經書和有關政治內容的臣僚文章，尤為人們所競購。後者雖因涉朝政邊機屢遭嚴禁，但仍流傳不斷。」〔註68〕由此，我們可以知道，早在北宋時期，附圖的書籍已經有了雕版印刷品，而且主要是官府刻書；而一般的民間刻書則要受嚴格的限制，並不能隨便刊行書籍。民間印發的書籍，多與實用性和熱門人物、熱門話題相關。

我們知道，兩宋教育制度改革，特別是科舉制度改革，在北宋時期經過范仲淹、王安石的努力，經書多用新注，即王安石組織編注的《尚書》《詩經》《周禮》《易經》《禮記》《論語》《孟子》等，〔註69〕直到南宋早期王注本都是考試必用書，而南宋後期朱子及其後學所注的經書開始成為學校廣泛使用的教材。而纂圖互注本卻用的是舊注舊說，用這樣的書去參加考試，豈不是南轅北轍？比如纂圖互注本《毛詩》，全書嚴格按照毛序、鄭箋進行重言、重意，引用的也只有陸德明的《經典釋文》，無論是準備考試的學子，還是售賣

〔註67〕宿白：《唐宋時期的雕版印刷》，北京：文物出版社，1999年，第33頁。

〔註68〕宿白：《唐宋時期的雕版印刷》，第38頁。

〔註69〕李弘祺：《學以為己：傳統中國的教育》，上海：華東師範大學出版社，2017年，第332頁。

該書的商家，大概都不會認為這個書是考試參考書，特別是當我們把這類書定位為南宋末年的時候。

南宋時，監本有諸經正文（即單經本）、諸經古注疏及諸經正義等不同刊本。王國維在《五代兩宋監本考》中引《玉海》：「紹興九年九月七日，詔下州郡索國子監元頒善本校對鏤板」「二十一年五月，詔令國子監訪尋五經三館舊監本刻板。」〔註70〕可見南宋時經書板刻為國子監所掌管者，但重刊本上所載可有查考的信息有限，相關研究無法展開，「刊經疏者，紹興之外，尚有何郡？紹興所刊，除《毛詩》外，更有何經？亦無可考。至紹興十五年，令臨安府雕造經（書）〔疏〕未有板者，則高宗末年，群經義疏當已盡有印板矣。」〔註71〕所謂的北宋監刻本亦多為南宋覆刻本，僅能從行款字數上窺見六朝以來經書義疏舊式，抑或從字體樣式上推測早期版刻情形。從實物來說，流傳至今的確定舊刻並不多見。由此，我們可以進一步推證，宋代版刻書籍「纂圖互注」尚有進一步研討之必要。

版本學的研究，特別是以實物為中心的古籍版本學，一方面需要對版本的源流關係和傳承遞藏有所把握，一方面需要對版本產生的地域範圍的予以認定，同時還需要對版本的價值內容予以判定，然而如何判定纂圖互注本的價值卻有很大爭議。

在《唐宋時期的雕版印刷》一書中，〔註72〕宿白使用了明刻本《纂圖互注揚子法言》所附的北宋元豐四年（1081）司馬光《集注序》作為北宋時期書籍雕版的重要史料，證明了在北宋治平二年有國子監雕印的《揚子法言》。除了明刻本《纂圖互注揚子法言》所錄司馬光原序之外，在《玉海》卷五十五中也有記載。《法言》一書經過了國子監校訂、秘閣官員重校訂、相關機構再校訂，最後交由國子監鏤板刊行的程序。可見當時國子監刻書有嚴格的程

〔註70〕 王國維：《王國維全集（第七卷）‧五代兩宋監本考》，謝維揚等主編，杭州：浙江教育出版社，2009年，第294～295頁。相對於北宋刊刻書籍中事無鉅細地記錄某書的校勘人員（如勘官、都勘官、詳勘官、再校官、進書官，）銜命，南宋重刊本記錄雕版信息者極為稀見，故《五代兩宋監本考卷下‧南宋監本》中僅錄得《毛詩正義》重刊歲月及銜命：紹興九年九月十九日紹興府雕造；校對官：右迪功郎監潭州南嶽廟韓彰；校對官：右迪功郎監潭州南嶽廟穆淮；管幹雕造官：右文林郎紹興府觀察推官曾拨；管幹雕造官：右文林郎紹興府觀察判官白彥良。（第298頁）

〔註71〕 王國維：《王國維全集（第七卷）‧五代兩宋監本考》，謝維揚等主編，杭州：浙江教育出版社，2009年，第297頁。

〔註72〕 宿白：《唐宋時期的雕版印刷》，第32頁。

序，曠日持久，校勘嚴謹。我們尚不清楚治平二年所刊之《法言》是否為明代所刊《纂圖互注揚子法言》之底本或者祖本。若明刊本為宋刻本之覆刊，則該書自有其國子監刻本之源；若非，則我們需要考察，明刻本所本宋元刊本為何種刊本。顯然，宿白書中所引這一條史料為我們思考「纂圖互注」本提供了一個初步的視野，即此類書籍的生產絕非粗製濫造者可比。

葉德輝《郋園讀書志》中記載了兩種「纂圖互注」本，一為《荀子》，一為《揚子法言》。葉德輝細緻地校對了建本和此書坊本之間的文字異同，[註73] 凡數十條，最後說：「凡此皆優於台州本者也。明嘉靖中世德堂本即從此纂圖互注本出，今藏書家推為善本，殊不知先河後海之義。此固南宋刻本不祧之祖矣。」[註74] 葉氏推重「纂圖互注」本可見一斑。

這裡，葉德輝並沒有被纂圖互注本為坊刻本的常識所困，而是直接針對文本校勘，舉例說明纂圖互注本有哪些好的地方，並且是與另外一種被學者們確認是監本的宋刻本加以比勘，證明了另外一種所謂的監本質量遠不如此「纂圖互注」本。葉氏提醒我們注意「纂圖互注」本的文本準確性，並且指出，為後人所重視的世德堂本其源乃纂圖互注本。

但是，葉德輝的這段跋文存在幾個尚待解決的問題：第一是，關於《揚子法言》的牌記。葉氏所見的牌記已是一個經人修改過的牌記，這樣就讓他失去了對纂圖互注本進行進一步探討的可能性；第二是，關於纂圖互注本是書坊刊本的說法，這僅僅是一個清代人的常識，並非是歷史的真實。而且，葉氏的校勘已經證明了清人的此一常識疏漏之處頗多。

與葉德輝同時代的傅增湘（1872～1949）曾東渡日本觀書於靜嘉堂文庫，得見宋刻《纂圖互注禮記》二十卷《禮記舉要圖》一卷，傅氏說：「此本字畫精

[註73] 葉德輝：《郋園讀書志》，楊洪昇點校，上海：上海古籍出版社，2010年，第198～199頁。此牌記對於我們理解「纂圖互注」本極為關鍵。葉氏在《纂圖互注揚子法言》條著錄孫星衍《平津館鑒藏書籍記》中有一宋刻本，孫氏云，其中「重言、重意俱用墨蓋子別出」，葉氏據此認為其所藏元刻本與孫氏藏本相同。葉氏說「審其字畫紙墨確為元翻宋本無疑，特此脫去前兩圖耳。」葉氏說，其書宋咸序後有木記六行，云：「本宅今將（空一格）監本（空兩格）《四（一行）子纂圖互注》，附入《重言重意》（二行），精加校正，並無訛謬。謄（三行）作大字刊行，務令學者得（四行）以參考，互相發明，誠為益（五行）之大也。建安（空三格）謹諮（六行）。」（葉德輝：《郋園讀書志》，第211頁。）

[註74] 葉德輝：《郋園讀書志》，第202頁。

湛，是建本之最良者。陸心源氏曾校過，謂可與撫州公使庫本相伯仲。」〔註75〕
在《藏園群書題記》中則著錄了若干中纂圖互注本，含《監本纂圖重言重意互
注點校毛詩》《纂圖互注周禮》《纂圖互注荀子》《纂圖互注揚子法言》，在《雙
鑒樓藏書雜詠》一百三十八首中有五首專為《纂圖互注荀子》所寫。在《藏書
群書經眼錄》中所提及的「纂圖本」頗夥，有《尚書》《毛詩》《周禮》《禮記》
《春秋經傳集解》《荀子》《揚子法言》《老子道德經》《南華真經》等，基本上
現存「纂圖互注本」的經子古籍，傅增湘都曾經眼過，且其中有若干種曾為傅
氏雙鑒樓鄴架之寶。傅增湘在《監本纂圖重言重意互注點校毛詩跋》中，認定
纂圖互注本起源為南宋，是彼時的坊刻本。他說：「纂圖互注本始於南宋，群經
多有之。」他本人親眼所見、所藏或友朋所藏的纂圖互注本有：《論語集解》二
卷（李盛鐸）、《尚書孔傳》十三卷（繆荃孫）、《禮記鄭注》二十卷（傅氏藏）、
《春秋經傳集解》三十卷（江南圖書館）。這四部書版式類似，「句讀、加圈、
左欄有耳、版式、邊欄無一不同，證以《毛詩》，亦咸吻合。是此五經必同時同
地開雕，毫無疑義也。」至於《周禮》一書，傅氏所見有四部，分別是袁克文、
李盛鐸、陸存齋和常熟瞿氏。另外還有吳氏拜經樓、陳鱣《經籍跋文》著錄的，
均為十二行本。傅氏還說：

> 仲魚（陳鱣）所謂經生帖括之書，故一時風行坊肆，爭相傳刻，
> 遂流佈廣遠如是耳。顧此書雖屬坊本，然槧工精麗，與麻沙陋刻迥
> 然不同。仲魚謂其「原於監刻，斯為可貴」。〔註76〕

按照傅氏的考證，纂圖互注本的主要特點有如下幾點：

首先，主要見於經書，比如《論語集解》《尚書孔傳》《春秋經傳集解》《毛
詩》《周禮》等。值得注意的是，這些經書都是群經的注本。其次，宋代的科
舉考試以經書為主，故而可以認定這些書是為考試者準備的，以藏書、校勘著
名的陳鱣已經在他的《經籍跋文》一書中指出了這一點。〔註77〕第三，纂圖互
注本有若干種不同的版式，行款字數皆有差異。僅以《毛詩》為例，傅氏所知
就有五種不同本子。由此亦可以推知，此種書籍在南宋時頗為流行。第四，傅
氏更進一步推論，纂圖互注中有行款、版式相同者，此種樣式相同的經書（五
經）當在同時同地開雕。也就是說，五經的纂圖互注本流行之後，有人彙集了

〔註75〕 傅增湘：《藏園群書經眼錄》，第 45 頁。
〔註76〕 傅增湘：《藏園群書題記》，第 18 頁。
〔註77〕 《續修四庫全書》編纂委員會：《續修四庫全書第 923 冊·史部·目錄類》，上
　　　　海：上海古籍出版社，2002 年，第 660～661 頁。

不同樣式的版本，統一了版式，在某地同時刊行。第五，關於纂圖互注本的刊行年代，陳鱣以其所見之《毛詩》中的避諱情況，認定是南宋孝宗時刻本，即南宋前期刻本，對此傅氏不敢肯定，故僅稱之為「宋刊本」（即南宋刊本）。第六，傅氏所藏《毛詩》一書中有明顯的避諱並不謹嚴的情況，對此，傅氏的解釋是因為是坊刻本，故而有不避的地方。

傅氏一方面認定纂圖互注本是坊刻本，是福建刻本，一方面認為此類書「字體工麗，鋒棱瑩峭，審為建本之至精者。且標明監本，則源出胄監，其點校當為有據。」「世有真賞之士，寧可以纂圖互注坊本而忽視之哉。」〔註78〕可以說，傅氏和陳鱣一樣，都推重纂圖互注本的版本學價值。這樣的說法，得到了部分古籍工作者的認同。

宋代的纂圖互注本由福建地區刊刻，這是基本可以確定的事實。比如《中國版刻圖錄（增訂本）》中就著錄了宋刻建本《監本纂圖重言重意互注毛詩》，云：「匡高一九‧九釐米，廣一二‧六釐米。十行，行十八字。注文雙行，行二十四字。細黑口，四周雙邊。耳記篇名。宋諱有避有不避。觀紙墨刀法，知是南宋中葉建本。卷五至卷七，黃氏士禮居影宋抄補。」〔註79〕判定該書版本的依據主要是紙墨和由字體所呈現的刀法。也就是說，我們能夠確定無疑的只能通過具體的實物的觀察，並且依據慣常的認識，將它納入到福建刻本的範疇之中。除此之外，還能通過避諱字的辨識，確定該書為南宋中期刻本。這種判斷應該深受葉德輝、傅增湘等人觀點的影響。我們認為，《中國版刻圖錄》的這種認識至今仍是經得起考驗的。至於是否為書坊刻本，則根本沒有辦法確定，只能根據具體的版本做進一步考察才有可能對某一版本的價值予以判定。

清代皇室藏有宋刊本（或者冒充的宋刊本）纂圖互注經子書。《天祿琳琅書目》收錄了皇室所藏纂圖互注本若干種，包括：《尚書》《毛詩》《周禮》《荀子》《揚子法言》《南華真經》等。該書目第二種書即為宋刊本《監本纂圖互注重言重意互注毛詩》。天祿館臣說：

> 《監本纂圖互注重言重意互注毛詩》，二函十冊。……朱彝尊《經義考》載《纂圖互注毛詩》二十卷，引陸元輔語曰：「此書不知何人編輯，鋟刻甚精。……」此本證以所言，雖無圖目而體例適符，惟書中於篇目相同者為重篇，詩句相似者為似句，乃元輔所未及。蓋

〔註78〕傅增湘：《藏園群書題記》，第16、19頁。
〔註79〕北京圖書館：《中國版刻圖錄（增訂本）》，北京：文物出版社，1961年，第38頁。

因書名未經標出，遂不加詳考耳。至其字畫流美，紙墨亦佳，信為錢本之精者。本朝御史季振宜藏書，仿毛晉汲古閣例有「宋本」橢圓印，以志善本。尚書徐乾學傳是樓收藏書籍甚富，此書兩家印記俱備。蓋歷經鑒藏家珍秘也。〔註80〕

相比較而言，天祿館臣並沒有因為朱彝尊所引用的陸元輔的說法而宣告該書的無用，反而指出了陸氏可能根本沒有仔細看過書，大概也就是看看書名罷了，「書名未經標出，遂不加詳考」，實際上該書可貴之處頗多，是精品而非廢品。且經過清代大藏書家季振宜、徐乾學等手，流傳有序，絕非凡品。

小結

宋代的書籍制度已經較為成熟，經子書籍刊行自有其法度，此為「九經書例」（筆者將另撰文探究）。坊肆重新編刊國子監所刻書是有極為嚴格的限定的，只有地方州學或相關政府機構能自由編刊國子監書籍。宋高宗紹興二十九年（1159）六月，有皇帝詔書云：「詔州縣書坊，非經國子監看詳文字，毋得擅行刊印。以言者論私文異教或傷國體、露泄事機、鼓動愚俗，乞行禁止也。」〔註81〕其後，淳熙七年（1180）又重申：「詔自今國學程文，依舊法從國子監長貳看詳，可傳示學者，方許雕印。」〔註82〕秀州州學《六臣注文選》刊記為我們提供了一條線索：

秀州州學今將監本《文選》逐段詮次，編入李善並五臣注。其引用經史及五家之書，並撿元本出處，對勘寫入。凡改正訛錯脫剩約二萬餘處。二家注無詳略，文意稍不同者，皆備錄無遺；其間文意重迭相同者，輒省去，留一家。總計六十卷。元祐九年二月日。〔註83〕

唯有在十分明確的證據時，我們應該以《中國版刻圖錄》中確定的宋刻纂圖互注本視為是福建刻本。除此之外的其他諸多判定，如果沒有確定的證據，都是假設罷了。所以，關於「纂圖互注本」的版本學認識，尚存在著進一步拓展的必要，如此才能將趙萬里所謂的宋代版刻的第四種樣式予以更加完整的呈現。

〔註80〕〔清〕于敏中：《天祿琳琅書目》，上海：上海古籍出版社，第2～3頁。
〔註81〕〔宋〕李燾：《續資治通鑒長編》，北京：中華書局，1992年，第10722頁；田建平：《宋代出版史》，北京：人民出版社，2017年，第238頁。
〔註82〕〔宋〕李心傳：《建炎以來繫年要錄》卷一百八十二；田建平：《宋代出版史》，第238頁。
〔註83〕《日本足利學校藏宋刊明州本劉晨注文選》，北京：人民文學出版社，2008年，圖4；田建平：《宋代出版史》，第332頁。

第四章　遺鈿沒斜徑迷：《文公先生資治通鑑綱目》

云何歐陽子，秉筆迷至公。唐經亂周紀，凡例孰此容。侃侃范太史，受說伊川翁。春秋二三策，萬古開群蒙。

　　——朱熹《晦庵先生朱文公文集》卷四《齋居感興》

朱氏《感興詩》第七章，以唐經亂周史咎歐陽子。卒章曰：「侃侃范太史，受說伊川翁。春秋二三策，萬古開群蒙。」此一大議論，《通鑑綱目》所為作也。學者相承，皆謂其說本於程氏而范氏、朱氏發之，其實未然。

　　——劉克莊《後村集》卷一百七十七《詩話續集》

　　傳統中國的學術，有述有作，由此造就了精彩紛呈的書籍世界。作者述者，各有其源流。通過書籍，生活得以充實，歷史得以延續，文化得以傳承。自版刻製作書籍盛行以來，述作之書更為繁盛。就出版史而言，明代為一高峰，述作者層出不窮，而以著述為主體的知識生產成為一種專業的技藝，數代人以此為業，為時人提供了多樣且豐富的讀本，為後人提供了珍稀且繁富的善本。對這些存世的珍善典冊展開調查，梳理述作者的歷史則是版本目錄學研究者的責任。自宋至明，福建建陽地區為出版重鎮，士人學者、書林坊刻、政府官僚、熱心讀者共同構築一編纂、刊刻和流佈的古今典籍的書籍網絡。書籍於他們而言，是他們生活世界的社會經濟資源和文化資本；書籍於我們而言，是我們觀察歷史世界的依憑和學術考證的基礎。因此，一部古籍是一部人的歷史，也是一個書籍循環的樂章。本章試圖以明宣德年間編刊的《文公先生資治通鑑綱目》（以下簡稱「《文公綱目》」）對此加以揭示。

　　《文公綱目》是《資治通鑑綱目》諸多版本中較為重要的一部。它由生活在明永樂至成化年間的福建民間學者劉剡（約 1384～約 1454）與建陽縣令張光啟合作編輯，由建陽劉氏書坊刊行。它彙集了宋元明諸家對朱子《資

治通鑑綱目》的注疏，開啟了集注類《綱目》版本樣例，對明代史學書籍世界的動向有標杆性意義，是一部具有特殊的版本學意義的古籍善本。樊長遠博士《美國芝加哥大學圖書館藏中文古籍善本書志・史部》（國家圖書館出版社，2022 年，以下簡稱《樊志》）介紹了芝大藏明刻本《文公綱目》五十九卷，為我們瞭解該書的存藏情況和該書的版本價值提供了較為細緻的導引信息。〔註1〕芝大藏本為坊間仿照宣德間劉寬裕本之刻本。何以定該書為明刻本？又何以認定為仿宣德時劉寬裕本之再刻？劉寬裕本又有何種版本的價值？為何該書卷端鏟去了編刊者的姓氏？在書志提要的體例約束之下，《樊志》給出了簡明扼要的論述，並對相關的版本學問題進行了辨析。由於《資治通鑑綱目》的明代版本情況極其複雜，我們有必要基於《樊志》和既有研究從書籍史的視角對該書進行版本學的研討，並從這部書在明代的編纂、刊刻、流傳等情況略窺明代書籍製作的圖景，以此拓展書籍循環的理論。

一、通鑑綱目傳本

有明一代，特重朱子之學。朱子之書為士林所重，對其進行加工整理，以滿足學者需要就成為一時出版業的重要選題。一方面，朱子編刊的各種著作成為士人的必讀教材，從《四書章句集注》《小學》《詩集傳》到《資治通鑑綱目》等，皆以官方定本的形式廣泛發行，成為知識人的基礎讀物。另一方面，朱子後學的著作也因附庸於朱子、羽翼朱子學，得到了書林的關注。兩者的合流，形成了明代朱子之書的多樣面貌。比如，《資治通鑑綱目》被視為萬世史法、史家準繩，上自皇室宗親教育，下至士庶傳習，皆有它之身影，但至少從宣德正統以後，讀者所見的《資治通鑑綱目》就有內容不同、版本各異的書本。〔註2〕對古籍版本研究而言，此書的明代版本情況並不明晰，由此也導致了對若干歷史問題的誤解。

在宋元版《資治通鑑綱目》仍有多部存世的情況下，一部明刻本的價值何在？

〔註1〕 樊長遠：《美國芝加哥大學圖書館藏中文古籍善本書志・史部》，北京：國家圖書館出版社，2022 年，第 87～88 頁。

〔註2〕 喬治忠：《明代史學發展的普及性潮流》，《明清史研究輯刊》第 4 卷，北京：商務印書館，2002 年；喬治忠：《中國官方史學與私家史學》，北京：北京圖書館出版社，2008 年，第 394～415 頁；顧少華：《知識社會史視野下的朱熹〈資治通鑑綱目〉新探》，《人文雜誌》，2017 年第 4 期，第 98～107 頁。

　　要說明其價值，首先需要對其版本情況予以說明。因一個時代的版刻是那個特定時代中生活的人民的知識生產，所反映的更多是那個時代的知識圖景。判斷一部書的版本，有助於我們瞭解那個時代的精神。就版本學而言，從天祿館臣開始，王國維、王重民、屈萬里、嚴文儒等先後對此書的版刻情形有所論說，但論說並不意味著問題的解決，相反這些論說提示我們需要對這部書做更為深入的版本調查，並對前人的研究予以拓展。比如，從贊助人制度來看，明代書坊編纂刻印的教學類書籍多由各級政府主官充任贊助者。〔註3〕贊助人享有撰寫序跋、署名等權利，同時也對書籍的內容做責任的擔保。他們的序跋往往聲稱該書由他們委託書坊刊刻，我們也容易將這種贊助人的制度理解為受託制度，即書坊是被動承擔政府出版項目。實際上，很多書坊擁有專業的編纂隊伍和刻書工匠，他們世代編書刻書，形成了自身的特色。他們的教材類的書籍出版活動，更多是主動尋求贊助以確保所出版的書籍能夠在教學市場發行。張麗娟注意到慎獨齋與建陽縣知縣之間有密切的合作關係，區玉、費愚委託劉氏刊《群書考索》、戚雄委託他刻《十七史詳節》、余以能委託刻《資治通鑒綱目》，建寧府知府張文麟委託刻《史記》《十七史詳節》，邵武府同知鄒武委託刻《禮記集說》《群書考索》《史記》《文獻通考》等，可見劉氏與地方政府有者密切的合作關係。〔註4〕張氏認為，士子常用且必讀書，由地方政府出面組織人員校訂，而刊刻事宜則由專業的書坊完成。事實上，建陽京兆劉氏家族從劉剡開始就一直與當地主政官員進行了密切的學術合作。〔註5〕建陽劉氏書坊的學術類書籍的編纂出版是明代刻書贊助人制度的典型案例，《文公綱目》就是其一。

　　《文公綱目》是朱子《資治通鑒綱目》尊稱，朱子此書是對司馬光（1019～1086）著作的述作。司馬光《資治通鑒》二百九十四卷《通鑒考異》三十卷《通鑒目錄》三十卷為一史學名著。至於明代科舉，「其表題專出唐宋策題，兼問古今，人自不得不讀《通鑒》矣。」〔註6〕王夫之（1619～1692）

〔註3〕關於明代出版物的贊助人制度，參見：向輝：《學術贊助與版本之謎》，《版本目錄學研究》，上海：復旦大學出版社，2022年，第207～242頁。

〔註4〕張麗娟：《明代建陽書坊慎獨齋刻書考述》，北京大學信息管理系編：《王重民先生百年誕辰紀念文集》，北京：北京圖書館出版社，2003年，第340～351頁。

〔註5〕朱冶：《明代建陽書商劉剡的編刊活動與歷史影響》，《人文論叢》，2019年第2期，第307～316頁。

〔註6〕〔清〕顧炎武著、黃汝成輯：《日知錄集釋》，欒保群等校點，上海：上海古籍出版社，2014年，第372頁。

說：「鑒之者明，通之者也廣，資之也深，人自取之，而吱聲治世，肆引而不窮。」〔註7〕直到晚清，學者仍堅持「宜讀《通鑒》。史學須漸次為之，亦須窮年累月。若欲知歷朝大勢，莫如《資治通鑒》及《續通鑒》。」〔註8〕（張之洞《輶軒語》）「上起三國，下終五季，棄編年而行紀傳，史體偏缺者五百餘年，直至宋司馬光氏，始有《通鑒》之作，而後史家二體到今兩行，墜緒復續，厥功偉哉。」〔註9〕（浦起龍《史通通釋·古今正史篇》）「古來以修史為終身事業，又確有貢獻的人，漢朝只有一個司馬遷，宋朝也只有一個司馬光。」〔註10〕這就是以《資治通鑒》及相關著述、評論為中心的「通鑒之學」。朱熹依據《資治通鑒》作《資治通鑒綱目》五十九卷，大書為綱，分注為目，仿《春秋》的筆法刪述歷史典籍，吸引眾多學者研析辯證，形成「綱鑒」之學。學者以為，「元人服膺朱學，以是書褒善貶惡，踵事《春秋》，尊信無兩，如遂昌尹起莘之《發明》，永新劉友益之《書法》，皆盡心於綱目之研究，為之疏通其義旨，即有疑義，亦必委曲以通其說。」〔註11〕「這種綱鑒體的歷史課本，集封建思想之大成，影響於中國社會，至為深遠。」〔註12〕獨木不成林，單獨一部書也不成其為學。在一部書的影響之下，形成服膺之潮，大量出版物問世，人人皆知，人盡可讀，《文公綱目》即此潮流的先導者之一。但近代以來，通鑒之學盛行於世，而綱鑒之學晦暗不明，章太炎謂：「《綱目》則晦庵自視亦不甚重。尊《綱目》為聖者，村學究之見耳。編年之史，較正史為扼要。後有作者，只可效法《通鑒》，不可效法《綱目》，此不易之理也。」〔註13〕如此以來，《綱目》之書，也就被史學界所驅逐，只剩下版本學家在宋元版範圍裏面對它有點興趣罷了。在當代，《資治通鑒》一書有多種點校整理本，明末清初時王夫之《讀通鑒論》作為一代名著也是如此，而《綱目》通行整理本問世頗晚〔註14〕，所以時至今日，《資治通鑒

〔註7〕〔清〕王夫之：《讀通鑒論》，舒士彥點校，北京：中華書局，2013年，第982頁。

〔註8〕〔清〕張之洞編撰、范希增補正：《書目答問補正》，北京：中華書局，2018年，第315頁。

〔註9〕轉引自：陳光崇：《通鑒新論》，瀋陽：遼寧教育出版社，1999年，第147頁。

〔註10〕張煦侯：《通鑒學》，北京：北京聯合出版公司，2019年，第14頁。

〔註11〕轉引自：張煦侯：《通鑒學》，第201頁。

〔註12〕張舜徽：《中國文獻學》，北京：東方出版社，2019年，第364頁。

〔註13〕張煦侯：《通鑒學》第199頁。

〔註14〕〔宋〕朱熹編撰、孫通海等主編：《資治通鑒綱目》，北京：中華書局，2022年。

綱目》一書的版本情況研究者寥寥，〔註15〕與明清時期的綱鑒之書的盛況形
成了強烈反差。

　　從歷史來看，《綱目》本為《通鑒》之附庸，但由附庸而蔚為大國是明代的
知識景觀。左桂秋曾以《中國古籍善本書目》為基礎而作《宋至清代通鑒學著
作刊刻略覽》之調查，宋人的通鑒著述，如司馬光《資治通鑒》《資治通鑒目錄》
《資治通鑒考異》、劉恕（1032～1078）《資治通鑒外紀》、江贄（1045～1117）
《少微通鑒節要》、史炤（約 1092～約 1161）《資治通鑒釋文》、李燾（1115～
1184）《通鑒博議》、沈樞（生活於 1127～1194 年間）《通鑒總類》、尹起莘（生
活於 1195～1264 年間）《通鑒綱目發明》、金履祥（1232～1303）《通鑒前編》、
王應麟（1223～1296）《通鑒地理通釋》《通鑒答問》，元胡三省（1230～1302）
《通監釋文辯誤》、劉友益（1248～1332）《資治通鑒綱目書法》、曾先之（生活
於 1240～1330 年間）《歷代十八史略》、王幼學（1275～1368）《通鑒綱目集覽》
等皆有明代人所製作的多種刻本，部分重要書籍以增訂、續補、批點、集成等
不同形式重新改編出版，可見明代人對這部書的重視。明代人的通鑒類著述頗
夥，至今仍存有其書的善本超過 110 種。〔註16〕與《文公綱目》相關且有劉剡、
張光啟署名的就有三種，即署名劉剡輯、張光啟訂正的《資治通鑒節要續編》、
署名張光啟的《四明先生續資治通鑒節要》和署名劉剡的《四明先生高明大字
續資治通鑒節要》的多種版本。這表明劉剡與張光啟二人有續訂《資治通鑒》
的成果，而據多篇序跋文獻顯示《文公綱目》是劉剡與張光啟合作的成果，這
表明他們曾為《資治通鑒綱目》的傳播起到了重要作用。

　　現存最早的明刻本《資治通鑒綱目》為上海圖書館所藏明初刻本《文公綱
目》。〔註17〕這部書之後，薈萃宋元明諸儒關於綱目的論述於一書的新版本《資

〔註15〕僅有一部以博士論文為基礎的出版物，即：左桂秋：《明代通鑒學研究》，青
　　　　島：中國海洋大學出版社，2009 年。另外有幾篇論文提及該書：紀德君：《明
　　　　代通鑒類史書之普及與按鑒通俗演義之興起》，《揚州大學學報》，2003 年第 5
　　　　期；倉修良：《〈資治通鑒綱目〉與綱目體》，《朱子學刊》（總第 16 輯），合肥：
　　　　黃山書社，2006 年，第 3～20 頁；李德鋒：《有關歷史文獻評價問題的思考—
　　　　—從朱熹〈資治通鑒綱目〉的再評價談起》，《廊坊師範學院學報》（社會科學
　　　　版），2016 年第 2 期，第 51～55 頁；倉修良：《朱熹和〈資治通鑒綱目〉》，《安
　　　　徽史學》，2007 年第 1 期，第 18～24 頁。
〔註16〕左桂秋：《明代通鑒學研究》，青島：中國海洋大學出版社，2009 年，第 195～
　　　　218 頁。
〔註17〕嚴文儒：《〈資治通鑒綱目〉明代刻本考詳》，《古籍研究》，2001 年第 1 期，第
　　　　12～16 頁。

治通鑑綱目》成為主流。據《中國古籍總目・史部》的調查，今藏本有明初刻本和明建安劉寬裕刻本共三條：

> 史 10301125。《文公先生資治通鑑綱目》五十九卷，宋朱熹撰，宋尹起莘發明，元汪克寬考異，元王幼學集覽。明初刻本。上海（存卷一至十三、二十二至五十一，明陳繼儒跋），國博（存卷五十二至五十九）。〔註18〕

> 史 10301126。《文公先生資治通鑑綱目》五十九卷，宋朱熹撰，宋尹起莘發明，元汪克寬考異，元王幼學集覽，明陳濟正誤。明建安劉寬裕刻本。上海、天津。

> 史 10301127。《文公先生資治通鑑綱目》五十九卷，宋朱熹撰，宋尹起莘發明，元汪克寬考異，元王幼學集覽，明張光啟纂輯。明建安劉寬裕刻本。天津。〔註19〕

隨著古籍調查的進展，我們知道除此之外，美國普林斯頓大學葛思德東方圖書館、美國芝加哥大學圖書館、福建省圖書館也各有明代刻本收藏。北京師範大學圖書館藏殘本（存卷二十八至卷三十五），有「海曲鄭氏珍藏」「讀古人書」「高陽香辰氏藏書」「古芬樓藏書」「香辰」諸印。〔註20〕紹興圖書館藏殘本，卷三十六。自 2010 年以來，該書零帙卷十、十一、二十六、二十七、三十一等先後見於國內的古籍拍賣市場。〔註21〕其版本著錄為明初刻本，或明刻本。

〔註18〕上海圖書館和國家博物館所藏為同一部書，兩書皆有「國子監公用書籍記」。上海圖書館藏本卷首尚有「文章範義之門」、「白石樵」「廉公」（陳繼儒藏書印）、「吳郡塆城上谷侯氏秬園明月堂書畫印」（嘉定侯氏藏書印）等印。《上海圖書館善本題跋輯錄》（2017）並未收錄所謂的陳繼儒題跋，或許該書並無陳氏題跋，只有藏書印。參見：嚴文儒：《資治通鑑綱目明代刻本考詳》，《古籍研究》，2001 年第 1 期，第 12 頁；潘昆：《中國國家博物館藏資治通鑑綱目版本鑒賞》，第頁 67～68 頁；中國國家博物館編：《中國國家博物館館藏文物研究叢書　古籍善本卷　上》，上海：上海古籍出版社，2019 年，第 78 頁。

〔註19〕中國古籍總目編纂委員會編：《中國古籍總目・史部》，上海：上海古籍出版社，2009 年，第 116～117 頁。

〔註20〕北京師範大學圖書館古籍部編：《北京師範大學圖書館古籍善本書目》，北京：北京圖書館出版社，2002 年，第 50 頁。

〔註21〕孔網拍賣公司聯盟搜索，http://pmgs.kongfz.com/search_0/%E6%96%87%E5%85%AC%E5%85%88%E7%94%9F%E8%B5%84%E6%B2%BB%E9%80%9A%E9%89%B4%E7%BA%B2%E7%9B%AE/p_1/

　　天津圖書館所藏本鈐有「翰林學士」「大宗伯」「青宮太保大司農」諸印。
卷一卷端題：「文公先生資治通鑑綱目第一。古舒慈湖王幼學集覽，後學布衣
尹起莘發明，後學新安汪克寬考異，後學毗陵陳濟正誤，建安京兆劉寬裕刊
行。」芝大藏本卷一卷端與此並不完全一樣，著作者題署：「古舒慈湖王幼學
集覽，後學布衣尹起莘發明，後學新安汪克寬考異，後學□□□□□□」，
即該本缺少了著作者「陳濟」與刊刻者「劉寬裕」。芝大藏本字體與天圖藏本
也有差別，特別是刻書字體已具有正德萬曆時期的宋體字風格，故而《樊志》
將此本定為明刻本。

　　上述藏本中，天津圖書館所藏本和葛思德東方圖書館藏本今有全文影像
數據，前者公布於國家圖書館「中華古籍資源庫」，〔註 22〕後者公布於
「Treasures of the EAL」，〔註 23〕可供在線閱讀和查驗比勘。

圖 1：葛思德東方圖書館藏本　　　　　圖 2：天津圖書館圖書館藏本

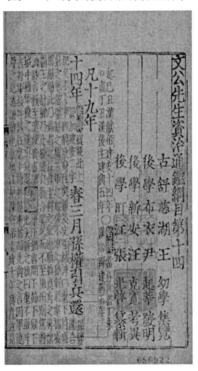

〔註 22〕《文公先生資治通鑑綱目》，http://read.nlc.cn/allSearch/searchDetail?searchType
　　　　=&showType=1&indexName=data_892&fid=GBZX0301013357
〔註 23〕《文公先生資治通鑑綱目》，https://dpul.princeton.edu/eastasian/catalog/kh04dr04q

圖3：芝加哥大學圖書館藏本

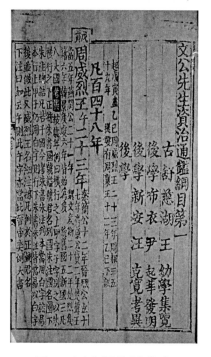

圖4：天津圖書館圖書館藏本

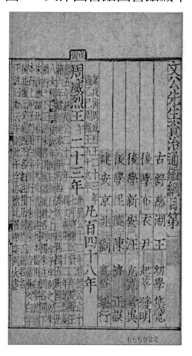

圖5：國家博物館藏本

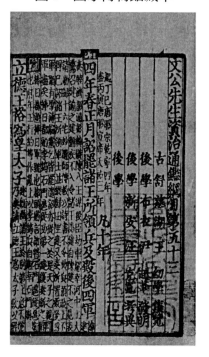

圖6：天津圖書館圖書館藏本

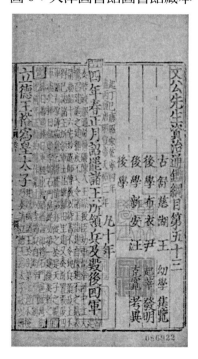

圖7：嘉德四季拍賣會57期，2020年10月

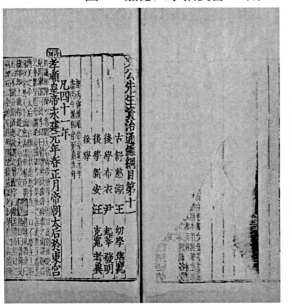

從書影來看，天津圖書館所藏本和葛思德東方圖書館藏本為同一版本，散見於拍賣會的零帙也是同一版本。上海圖書館藏本與國家博物館藏本為陳繼儒舊藏本，均鈐有「國子監公用書籍記」。《中國國家博物館館藏文物研究叢書·古籍善本卷上》有該書卷五十三卷端書影一幀，與天圖本為同一版本。天圖本斷板更多，當為後印本。也即上述《中國古籍總目》著錄三條和普利斯頓大學藏本實際上就是一個版本的不同印次印本。何以今人將該書著錄「明初刻本」或「明建安劉寬裕刊本」？此有版本著錄的歷史緣由。

清宮舊藏《文公綱目》，天祿館臣前後有兩種不同的著錄與說明。《天祿琳琅書目》卷八著錄該書時說：「此書仿宋槧式，不能精善。……稱『京兆劉寬裕刊行』，寬裕為何如人，不可考。」〔註24〕而《天祿琳琅書目後編》卷九著錄《資治通鑑綱目》時則說：「自明成化中，商輅等修《續綱目》並正書通行刊本。正德年黃仲昭屬入《發明》《質實》《考異》等書，今所通行。此猶元季舊刻也。」天祿館臣注意到「書內第十六卷不書濟《正誤》，別著張光啟纂輯，殆從別本竄入者。」〔註25〕天祿館臣將《文公綱目》作仿宋舊刻或徑以為元

〔註24〕〔清〕于敏中：《天祿琳琅書目》，上海：上海古籍出版社，2007年，第257頁。

〔註25〕〔清〕彭元瑞：《天祿琳琅書目後編》，上海：上海古籍出版社，2007年，第592頁。

刻。即便有張光啟的姓氏，也只是別本補足。

四庫館臣在《四庫全書總目》中著錄《御批通鑑綱目》五十九卷時說：「朱子因司馬光《資治通鑑》以作《綱目》，惟凡例一卷出於手定，其綱皆門人依《凡例》而修，其目則全以付趙師淵。後疏通其義旨者，有遂昌尹起莘之發明、永新劉友益之《書法》；箋釋其名物者，有望江王幼學之《集覽》、上虞徐昭文之《考證》、武進陳濟之《集覽正誤》、建安馮智舒之《質實辯證》。其傳寫差互者，有祁門汪克寬之《考異》。明弘治中莆田黃仲昭取諸家之書，散入各條之下，是為今本。皆尊崇朱子者也，故大抵循文敷衍，莫敢異同。」〔註26〕（《四庫全書總目》卷八十九）

顯然，天祿館臣、四庫對於該書的版本學判斷存在自相矛盾處。首先，天津圖書館藏《文公綱目》卷末有三則讀書題記，分別是：「成化丁未年八月初七日點畢。」「弘治戊午年六月十八日覆閱畢。」「萬曆癸巳年清和十又二日重裝。」可知該本即便不被視為「明初刻本」，其刊刻時間也不會晚於成化二十三年（1486）。所以天祿館臣和四庫館臣關於正德中或弘治中黃仲昭匯入諸家注解的說法值得懷疑。其次，元代人並沒有彙集《資治通鑑綱目》的書，元朝末年的刻本也就無從談起了。最後，仿宋槧刻的說法值得進一步考察，該書的字體風格的確有元刻遺風，但有較為明顯的差異。南宋時，《資治通鑑綱目》尚未成為經典著作，經元人和明初人的推重，該書才成為一代歷史巨製。《文公綱目》就是這一代巨製得以最終成立的一歷史證據。該書刊刻完成後，在士林中廣為流傳，至成化年間仍為普通讀者便於獲取的《資治通鑑》讀本。晚明以來，同類的書籍多且精，該書不再具有讀本性質，而其傳本則因其版刻的古風特徵而成為善本，被古籍收藏者所珍重。

天祿館臣和四庫館臣的說法在版本學家看來是欽定之書，具有權威性。比如莫有芝《邵亭知見傳本書目》中明確表示明刻本《資治通鑑》無甚價值：

> 《資治通鑑綱目》五十九卷，宋朱子撰。○有乾道壬辰四月刊本，潔紙初印，每頁八行，行十七字，雙行注同，首尾完具，無攙配。季振宜舊藏，後歸郁松年，今歸豐順丁日昌禹生。○元翻宋本《通鑑綱目》，每半頁十行，行大十六字，小二十四字，遇宋諱或省或不省，字體書式極似明人王、柯《史記》，而字較流美。是書自明人刊本以七家注羼入，甚為礙目，惟宋元舊本無之，故可貴。此閩

〔註26〕〔清〕永瑢等：《四庫全書總目》，北京：中華書局，2003年，第755頁。

門肆出，惜缺後半。○明弘治戊午黃仲昭校刊本，取宋尹起莘《發明》、劉友益《書法》、元汪克寬《考異》、王幼學《集覽》、徐文昭《考證》、明陳濟《正誤》、馮智舒（一作劉宏毅）《質實》凡七家之書，散入條下，是為今本。後傳刻非一，唯成化內府刊大字本無諸家注，後附《集覽》《發明》二種單行本，較為清豁。○嘉靖甲午江西本。○正德癸酉福州本。陳仁錫本。○康熙己巳徽州刊本。〔註27〕（《藏園訂補邵亭知見傳本書目》卷四）

　　其後，傅增湘補訂了劉啟瑞舊藏宋刊大字本、潘明訓寶禮堂藏宋刊本、內閣大庫佚出宋刊本、海虞瞿氏藏宋刊本、海虞瞿氏藏元翻宋本、李木齋先生藏明嘉靖三十五年趙府居敬堂刊本。七家注解本，傅氏增補了明嘉靖十三年江西按察司刊十四年張鯤修補本。經傅氏補訂之後的《邵亭知見傳本書目》基本上把《資治通鑒綱目》的主要刊本做了介紹。但莫氏、傅氏似皆未見《文公綱目》一書，他們的某些看法仍不免天祿館臣和四庫館臣的舊見。對於版本而言，他們所說的「潔紙初印」「首尾完具」「字較流美」「舊本」等是古籍鑒賞家對版本感官認定，古籍之所以能成為善本，必須具備這樣的條件才能入鑒藏家之手眼。具體到《資治通鑒綱目》一書，莫氏認為宋元本的可貴處就在於沒有摻入其他諸家之說，只有純粹的《資治通鑒綱目》一書才令人心曠神怡，只有那些經過名家之手的書才具有傳承的意義。至於他本，或許有所謂的價值，但不那麼珍貴罷了，或許見到了也不以為然。這種對古籍價值的認定是傳統的目錄版本之學，現代人已感到其中的不足。如潘承弼曾於1938年寫下這樣的話：「十年前考論版片之學者，咸奉先生此書（莫有芝《邵亭知見傳本書目》）及邵位西先生《四庫簡目標注》為金科玉律。竊謂兩書悉遵四庫體例，庫本以外，屏而不錄。方今海舶珍本日出無已，而深山窮谷奇書屢見，禁燬絕滅之餘，不減天水、蒙古之珍，求之前錄，書缺有間。然繼述之書，闃然無人。」〔註28〕後來，《中國古籍善本書目》《中國古籍總目》等著錄體量遠超莫氏、邵氏目錄，成為新時代的經典。比如，《中國古籍善本書目》著錄《資治通鑒綱目》宋刻本五種，宋刻元修本二種，元刻本四種，明刻本五

〔註27〕〔清〕莫有芝撰、傅增湘訂補、傅熹年整理：《藏園訂補邵亭知見傳本書目》，北京：中華書局，2009年，第242頁。

〔註28〕〔清〕莫有芝撰、傅增湘訂補、傅熹年整理：《藏園訂補邵亭知見傳本書目》，第19頁。

種。又著錄《文公綱目》三種，多家注本《資治通鑑綱目》九種，〔註29〕為
我們瞭解該書的版本情況提供了依據。特別是《文公綱目》一書的著錄，讓
《資治通鑑綱目》一書的另一稀見版本得以廣為人知。如今，隨著數字技術
的發展，各種珍惜孤罕的古籍往往有數字版本可供比勘，我們應該在前人著
錄的基礎上有所繼述。

二、前賢著錄疑問

　　民國以來，版本目錄學者們各據所見版本對《文公綱目》一書做出了判
斷。比如，王國維《傳書堂藏書志》著錄明初刻本《文公綱目》時說，蔣氏所
藏之本為明代「麻沙書肆刊本。明弘治壬午（注，弘治只有壬子和壬戌，黃氏
本為丙辰，慎獨齋本為戊午），莆田黃仲昭（黃潛，1435～1508）取尹起莘《發
明》、劉友益《書法》、王幼學《集鑒》、徐昭文《考證》、陳濟《集覽》《正誤》、
馮智舒《質實》、汪克寬《考異》合刊之，是為今本之始。此本只有《集覽》
《發明》《考異》《正誤》四種，尚在黃刊之前，殆黃刊又因此本附益與？」
〔註30〕王國維注意，到長期以來人們對於《資治通鑑綱目》匯評本的創始發
起者為明弘治年間的黃仲昭，但據他所見到的《文公綱目》明顯要早於黃氏
編刊本，因此王國維認為可能的事實是黃仲昭依據前者加以增訂而成，後來
的讀者只見到黃氏編刊本，也就以為黃氏本為最早罷了。

　　限於提要式的書志之體例，王國維對該結論沒有再予以考訂。但這一問
題的提出卻具有極為重要的版本學意義，即版本之學必須要以既存的書籍為
依據，而不能以傳聞的知識作為判斷的依據。當傳聞的知識與現存的版本出
現不吻合的情況時，我們有必要對傳聞進行反思。如果可能的話，需要用更
加細緻的考訂來重建我們對於某一版本的認知，從而推進版本學的發展。所
謂的版本目錄之學並不是將前人著錄抄錄一遍即告結束，也不是以權威的觀
點作為真理，而是要從實際的版本出發，通過細緻的考訂得出版本的真相。
由於越是重要典籍越是能在「長時段」的時空中傳承，它必然有編輯編定、
贊助人支持、刻書者刊刻、覆刻、再版、傳播、閱讀等事關書籍史的細節，
我們就需要對這些細節進行有效的考察，進而揭示一部書如何進入書籍世界

〔註29〕中國古籍善本書目編輯委員會編：《中國古籍善本書目・史部》，上海：上海古
　　　　籍出版社，1991年，第115～116、118～119頁。
〔註30〕王國維：《傳書堂藏書志》，王亮整理，上海：上海古籍出版社，2014年，第
　　　　196頁。

的緣由，同時也揭示人和書之間的複雜關係問題。因此，版本學針對一部具體的書的時候，既要對書籍的文本的異同與特點、材質和裝幀、版刻樣式、遞藏源流等有所關注，也要對書籍循環中的人與書的問題予以梳理。

由於王國維此提要長期以稿本流傳，學者不易得見，他的疑問和版本學的價值也沒有引起學界的注意。天祿館臣、四庫館臣所謂黃仲昭校刊本匯入宋元明七家《資治通鑑》研究成果的說法為學界熟知，如《中國學術名著提要·宋遼金元編》〔註31〕就持此說。張煦侯《通鑑學》也曾明確表示：「先是，是書自尹起莘、劉友益而後，又有望江王幼學之《集覽》、上虞徐昭文之《考證》、武進陳濟之《集覽正誤》、建安馮智舒之《質實》。明弘治中，莆田黃仲昭始取諸家之書散入各條之下，是為今本《綱目》之權輿。」〔註32〕這是由於版本不明所造成了對於書籍歷史問題的誤解。

從《文公綱目》一書來看，「始取諸家之書」的人並不黃仲昭，而是另有其人。王重民《中國善本書提要》就以所見的具體版本糾正了天祿館臣和四庫館臣的說法。王重民雖然並未著錄《文公綱目》一書，但在論及明景泰間刻本和慎獨齋刻本時，他明確表示「五百年來，學士大夫之所誦習，皆從此坊本出」，所謂的「坊本」即慎獨齋劉氏。王重民說：「慎獨齋劉氏以刻書世其家，兼通史學。宣德正統間，有劉剡者，纂《少微》、《宋元》二鑑，又纂尹氏《發明》以下數家入《綱目》，〔楊士奇《集覽正誤序》謂為張光啟所輯，蓋以光啟交於士奇，故士奇不舉剡名而稱光啟。〕劉寬刻之。寬與剡殆為同族兄弟行，而寬蓋為劉洪之祖或曾祖也。剡書失採劉友益《書法》。黃仲昭所謂坊本，即指劉寬所刻，仲昭因為補入劉友益一家，鏤板於江西。時劉洪主慎獨齋書業，又取仲昭本而益以馮智舒《質實》，再付之梓，即此本（美國國會館藏明慎獨齋刻本《資治通鑑綱目》）是也。其後明陳仁錫之所評定，清聖祖之所御覽，皆據此本，〔因二書並有馮氏《質實》，故能知之。〕非黃仲昭本也。然則五百年來，學士大夫之所誦習，皆從此坊本出，其影響於後世者甚鉅，因略述之。」〔註33〕王重民的提要指出以下幾點值得我們注意：

首先，劉剡編輯通鑑學著作不止一種，其中第一種是所謂的「纂少微、宋元二鑑」中的「宋元鑑」或許就是指世傳的《增修附注通鑑節要續編》，前

〔註31〕中國學術名著提要編委會：《中國學術名著提要·宋遼金元編》，上海：復旦大學出版社，2019年，第238頁。

〔註32〕張煦侯：《通鑑學》，北京：北京聯合出版公司，2019年，第200頁。

〔註33〕王重民：《中國善本書提要》，上海：上海古籍出版社，1983年，第93頁。

人著錄中或稱之為《宋元通鑑》。《增修附注通鑑節要續編》在其凡例第二條中說：「是編提綱節要，一遵四明陳氏樫所編《通鑑》，蓋其一字一義褒貶與奪，殊有深意。而又參用李氏燾《宋史》《宋鑑》及武夷劉氏深源、劉氏時舉《宋朝長編》，及呂氏中《講義庭芳》、胡氏一桂《通要》，與夫《遼》《金》二史之文，載於敘事之首。用旁黑抹之一見義。其下仍參錄《宋》《金》《遼》史、《宋鑑》、《長編》舊文以證之，並不敢有所更改也。」這說明劉剡編輯《資治通鑑續編》時採用的是綱目節要的方式，並且有所本。第二種是劉剡創意編輯的新版本《資治通鑑綱目》，這是本文所要關注的版本。

其次，新版本的《資治通鑑綱目》有張光啟的署名。楊士奇的序文明確表示該書為張光啟的著作。王重民推測，楊氏之所以在序文中僅提及張氏而不及劉氏的原因在於張、楊二人為士人官僚，他們相互熟知，而劉氏僅與張氏有密切關係。楊士奇序文中提到書林劉寬，則劉寬當有一序文。

第三，王重民注意到劉氏慎獨齋重新刊刻了劉剡、張光啟共同署名的著作，慎獨齋劉氏應當與劉剡有血緣關係，即劉剡是劉洪的祖輩或者曾祖輩。

第四，相較於此前認為黃仲昭江西刊本是晚明至清代的「通鑑學」基礎讀本，王重民認為應為劉氏慎獨齋福建建陽刊本。但不管是劉氏慎獨齋本、還是黃氏江西本，其所祖之本皆為宣德年間的劉剡編輯、劉寬裕（劉寬）刊刻之本。

王重民之所以認定四庫館臣的說法有誤，是他見到了實存之書。王重民《普林斯頓大學葛思德東方圖書館藏善本書錄》稿本著錄該館藏本，並考證說：「北平圖書館藏景泰三年（1452）刻《資治通鑑節要續編》，有『建陽知縣盱江張光啟訂正』一行，景泰上距宣德二十餘年，光啟任縣職不應如是之久。北平圖書館又有景泰元年刻《資治通鑑綱目》，行款與此本相同，有《集覽》《考異》，無《發明》，其本當與此本相前後，因疑此本（《文公綱目》）為光啟謝職後所纂，為正統、景泰間所刻者。」〔註34〕也即，王重民曾寓目普林斯頓大學藏本，並提出該書為明正統景泰間刻本，但他並未斷定葛思德東方館所藏之本是否為原刻，做了疑似的處理。其後，屈萬里《普林斯頓大學葛思德東方圖書館中文善本書志》則徑行著錄該書為明初葉刻本。屈氏說：「是輯諸家之說於一編，蓋出於張氏（張光啟）也。北平圖書館藏有景泰三年刊《資

〔註34〕凌一鳴、姚伯岳：《王重民〈普林斯頓大學葛思德東方圖書館藏善本書錄〉稿本考述》，《圖書館雜誌》，2022年第4期，第141頁。

治通鑒節要續編》，題『建陽知縣盱江張光啟訂正』。而《建陽縣志》謂光啟為建昌人，宣德間任建陽知縣。景泰三年上距宣德之末，近二十年。光啟任職不應如是之久。疑縣志記載偶誤也。此本就版式觀之，殆亦刻於景泰間。《四庫全書總目》未著錄。」〔註 35〕值得注意的是，王重民和屈萬里皆以代宗景泰三年本《資治通鑒節要》上題署建陽知縣張光啟，即認為張氏是此時的建陽縣令，但他們又注意到《建陽縣志》中張氏任職時間為宣宗宣德年間，兩者衝突。究竟《通鑒節要續編》《文公綱目》皆為景泰年間所刊刻，還是縣志記載張光啟的任職時間有問題？對此，王、屈二人的判斷不同，屈氏認為縣志記載有誤的可能性更大。他們認為普林斯頓大學所藏《文公綱目》或為正統景泰間刻本，或為景泰年間的刊本。按照前人對明代刻本的區分，將它作為明前期、明初葉（1368～1505）皆可。

　　從以上諸家之說可見，《文公綱目》一書的版本問題並未徹底解決。首先是刊刻者的問題，其次是編纂者的問題，第三是贊助人的問題。《文公綱目》一書有明代早期的刻本存世。以現存之本可以看到該書究竟是何種樣貌，它又是由誰編纂刊刻的。但《樊志》所揭示的芝大藏本的出現讓該書的版本問題出現了更為複雜的情況，即芝大本並非我們所知的上圖、天圖和普林斯頓藏本的再印或再刻，雖然該印本的刻印年代要晚一些，但其底本似乎要早於上述三家藏本。所以，我們還需要進一步考察。

三、刊刻者劉寬或劉寬裕

　　書籍的性質有若干種。從作述而言可分為兩種類型，即作者的製作和述者的再生產。書籍世界就在一種不間斷且層疊的再生產過程中得以構成和豐富。離開了書籍的再生產，也就無所謂書籍的世界。在書籍世界裏，作者和述者的關係有一種歷史的轉換關係，即前代的述者在後來的述者看來也是作者。特別是對於經典著述而言，作者的隊伍不斷增加，到了一定階段就會有所謂的集大成者出現。因此，作者、述者、贊助人、出版人、讀者等都是版本考訂的核心要素。考察一部書的版本無非是將上述要素予以歷史的判定，即該書在何時何地以上述五大要素得以完整表現。在五大要素中，作者極為重要，因為沒有作者也就沒有文本，書籍無從談起。但只要作者將文本製作完

〔註35〕屈萬里：《普林斯頓大學葛思德東方圖書館中文善本書志》，臺北：聯經出版事業公司，1984 年，第 118 頁。

成，進入書籍的世界，作者就無法對文本和書籍進行強有力的支配，作者和讀者在書籍世界中的地位不再具有知識意義上的不平等地位。書籍的再生產由編纂者即述者、贊助人、刊刻者和讀者共同推動，滿足市場需要的書籍製作則要求述者敏銳地把握讀者的需求，尋求一位或多位贊助者，出版人最終將一部書刊刻印行。因此，出版人是我們要考訂一部書的第一要素。版刻時代的出版人就是刻書人、梓行者。

　　一部紙質的書籍由卷首或卷末的序跋、正文內容、刊刻牌記、藏書印鑒、閱讀記錄、紙墨和裝潢等組成。紙張和裝潢，是物質性的要素；其他各部分則是非物質性的文本要素。我們讀書往往是從非物質的要素來看，將物質性要素作為考察的要點，是另外一種所謂的文物賞鑒的趣味，紙白墨黑、楮墨精良等等，皆帶有此種情趣。文本的趣味則在於歷史的發現。就此而言，原書的序跋文獻是我們瞭解一部書的最基本的文本。若有缺失則需要多方考察才能有所得。對此前人即有經驗。比如上海圖書館藏元刻本《周易程朱說》二十卷《程子上下篇義》一卷《朱子易圖說》一卷《周易五贊》一卷《筮儀》一卷殘本，有清人路慎莊在道光十八年（1838）戊戌所作的跋文。路氏說：「正叔（董楷）得朱子再傳之學，故是書一以朱子為宗。而朱子《本義》又實補《程傳》之所不足。程專言理，朱子兼言象數，理數兼該，《易》道乃備。董氏合二家為一，職此之由。宋元槧本近世罕見，所見者惟通志堂十四卷之本。頃於同年友朱建卿助教處得覩是帙，分卷十八，刊印精緻，確為元槧無疑。惜前後失去序跋，無由考校剞劂年月。以昭文張氏《藏書志》考之，知為元至正刊本，與通志堂本竟大相徑庭。」〔註36〕從陸氏跋文可知，雖然我們可以通過觀看的方式認定一部書具有某個時代的版刻風格，但要真正去「考校剞劂年月」，也就是編訂刊刻的具體信息就非有序跋不可，一部藏本沒有則可以通過藏書家的藏書志來佐證。現存的幾部《文公綱目》，刻書序跋幾乎都沒有了，我們必須以其他文獻來佐證。

　　瞿冕良《中國古籍版刻辭典（增訂本）》已注意到宣德間刻《文公綱目》者為劉寬裕而非劉寬，〔註37〕他認為把劉寬裕作劉寬是錯誤的。前引《天祿琳琅書目》著錄為刊刻者為「劉寬裕」，但《天祿琳琅書目後編》則作劉寬，葉

〔註36〕陳先行、郭立暄編：《上海圖書館藏善本題跋輯錄附版本考》，上海：上海辭書出版社，2017年，第7頁。

〔註37〕瞿冕良：《中國古籍版刻辭典（增訂本）》，蘇州：蘇州大學出版社，2009年，第244頁。

德輝《書林清話》卷五〔註38〕加以引證後，成為常識。王重民《中國善本書提要》看到了其中的問題，提出劉寬和劉寬裕是否為一人，抑或為兩人，需要再考證。嚴文儒注意到明初本《文公綱目》卷一題署「建安京兆劉寬裕刊行」與清康熙四十七年（1708）武英殿本楊士奇《集覽正誤序》有差異。《資治通鑒綱目》一書雖然有不同時期的刻印本，但黃仲昭刻本、慎獨齋刻本後來居上，明清時期更有《通鑒綱目全書》的不同版本，前代的刊本也就較少流傳，甚至不再在書籍市場流通，只是在藏書家的珍本庫中輾轉。未見原書的情況下，我們只能依據後來的版本中所載序跋來推斷此前的版本，當某一個版本出現文字疏漏並為其後的版本所繼承的時候，我們就更難以分清何者為是了。所以至少從清初開始「劉寬裕」就成了「劉寬」。這是版本學上因為所用版本的不同而造成誤會。嚴文儒說：「是筆者所引武英殿本《集覽正誤序》脫一裕字，還是劉寬、劉寬裕竟為兩人，證據不足，難下斷語。如此本即楊士奇所言之本，則此本刻於明宣德年間；如非楊氏所言之本，此本刻板亦不會早於永樂二十年（1422），因陳濟《集覽正誤》成書於永樂二十年。」〔註39〕楊士奇的序文本為《集覽正誤》而作，有明確的落款時間，而張光啟再刻時增補了內容，楊氏序文落款時間未變，就給我們帶來了迷惑。由此我們更能明瞭，版本學的研究並不在於判定或者審查前人的論斷的正確與錯誤，而是要對其判定的依據加以明確，並找出其致誤的原因，從而推進我們的認識。

　　「劉寬」和「劉寬裕」究竟是一人還是兩人？我們認為極有可能劉寬字寬裕。之所以有兩種說法，就是因為現存《文公綱目》和楊士奇的序文有不同。不止清代武英殿本《集覽正誤序》作「劉寬」，明代已經如此。現藏國家圖書館明楊氏清江書堂刻本《新刊資治通鑒綱目大全》（善本書號：18944）〔註40〕、明萬曆二十一年（1593）《通鑒綱目全書》（善本書號：09763）〔註41〕

〔註38〕葉德輝：《書林清話》，漆永祥點校，北京：北京聯合出版公司，2018年，第183頁。葉氏說，明代私刻坊刻書，有書院、精舍、書堂、書屋、堂、齋、草堂、書林、鋪等不同的自稱，其中稱書林的第一例為：「書林。則有書林劉寬。宣德己卯（十年），刻朱子《資治通鑒綱目》五十九卷，見《天祿琳琅書目後編》卷十四。」

〔註39〕嚴文儒：《〈資治通鑒綱目〉明代刻本考詳》，《古籍研究》，2001年第1期，第12頁。

〔註40〕http://read.nlc.cn/allSearch/searchDetail?searchType=&showType=1&indexName=data_892&fid=411999031670

〔註41〕http://read.nlc.cn/allSearch/searchDetail?searchType=&showType=1&indexName=data_892&fid=411999017174

卷之首楊士奇《資治通鑑綱目序》皆為「劉寬」。康熙本和《四庫全書》本
《御批資治通鑑綱目》將該序名稱改為《楊士奇集覽正誤序》。該序稱：

> 朱文公因司馬文正《資治通鑑》作《綱目》五十九卷，大書為
> 綱，分注為目。其書則孔子作《春秋》之義，以正人心、植世教，有
> 助於治道者也。分注既詳，而其言與事或出於深僻，有非淺眇〔眇〕
> 所能遽通。昔王行卿嘗著《集覽》以便學者，其意善矣。然其間不
> 無《文選》蹲鴟之陋。亡友右春坊贊善陳濟伯載為正其謬誤四百餘
> 事，名曰《集覽正誤》。伯載學博識端，於此書致力勤而歷年多，考
> 據精切，殆無餘憾，有助於《綱目》者也。其書故藏於家。近陪太
> 師英國公在史館，間論及《綱目》書，公益深歎《集覽》之誤，因出
> 伯載所著。公閱而是之，曰：宜廣其傳。遂取梓行之。嗟乎，《綱目》
> 有關治道之書也。伯載此編，誠不可無者。太師公勳德大臣，好賢
> 重儒之有素，而圖其不泯，所存厚矣。士君子有志遵主庇民之道，
> 而欲稽古以擴充焉者，是編豈小補之哉。建陽尹旴江張光啟氏既以
> 尹氏《發明》、徐氏《考證》及《集覽》《考異》纂集於《綱目》書
> 中，而屬書林劉寬繡梓，復請是編刊於卷末，以備全美，其用心亦
> 勤矣。予深嘉之，故為序諸簡首。宣德四年歲次己卯五月甲子榮祿
> 大夫少傅兵部尚書兼華蓋殿大學士廬陵楊士奇序。

楊士奇的序文是他為故去的友人陳濟《通鑑集覽正誤》一書而作。但這一序
文《文公綱目》一書並未收錄。上海圖書館藏《文公綱目》有陳繼儒的收藏題
跋。陳氏謂：「文公因司馬文正《資治通鑑》而傳《綱目》五十九卷，大書為
綱，分注為目。口〔其〕書則孔子作《春秋》之義，以正人心，植世教，有助
於治道者也。分注既詳，而其言與事或出於深僻，有非淺眇者所能邃通。昔
王行卿嘗著《集覽》以便學者，考據精切，殆無餘憾。治亂得失之故，開卷燎
然，後之學者，志存經濟，於是求之足矣。余故擇其元本之善者什藏之，以為
後人稽古之助云爾。」〔註42〕與楊序比讀可知，陳繼儒此題跋無甚高義，他
不過是把楊士奇的序文抄了一段之後再加上一句他自己的話而已。如果未見
楊氏序文，我們或許就不知道陳繼儒何以要題寫這樣一道跋文；如果不知道
《文公綱目》沒有收錄楊氏序文，我們也不會明白陳繼儒何以要這樣寫。從

〔註42〕〔宋〕朱熹撰、朱傑人等主編：《朱子全書第 11 冊・資治通鑑綱目》，上海：
上海古籍出版社；合肥：安徽教育出版社，2010 年，第 3506 頁。

陳氏的跋文可知，他應該在某一個版本的《資治通鑒綱目》中看到了楊士奇的序文，所以他才會說「擇其元本之善者什藏之」，《文公綱目》一書為宣德年間刻本，雖然比不上宋元本珍貴，但也足以成為嘉善珍籍，自然值得什襲珍藏。

　　楊士奇的這篇序文在國家圖書館藏明成化六年（1470）陳鑑重修本《通鑒綱目集覽正誤》（善本書號：09762）卷首，題《綱目集覽正誤序》，其文字略有不同。其中，「名曰《集覽正誤》」作「<u>輯為二卷，名</u>《集覽正誤》」，「其書故藏於家」作「其書故藏<u>予</u>家」，「建陽尹旴江張光啟氏既以尹氏《發明》、徐氏《考證》及《集覽》《考異》纂集於《綱目》書中，而屬書林劉寬繡梓，復請是編刊於卷末，以備全美，其用心亦勤矣。予深嘉之，故為序諸簡首」作「故為序諸簡首」。這裡，關於張光啟纂集和劉寬刊書的部分，尚不清楚張光啟刻本自行添加，抑或是楊士奇為張氏刻本增補，抑或是成化重修本做了刪改。由於沒有相關版本的證據，只能闕如。

　　陳鑑重修本《通鑒綱目集覽正誤》楊士奇序文之後有陳鑑題識一則：「《通鑒綱目集覽正誤》，板在國學，而人不知之也。予友葉少宰與中以鄉友徐以道所藏本見示，遂搜群板中得焉。中失數葉，而文貞公序盡闕。予因補之，以與同志者共焉。成化庚寅夏四月朔旦後學古吳陳鑑謹識。」按照陳氏的說法，這一印本是宣德年間的舊板修補後於成化年間重印者，所以這部書的版本也應該更訂為明宣德四年（1429）刻成化六年（1470）陳鑑修補印本。陳鑑（1415～1471）字緝熙，為正統十三年（1448）進士，曾任國子監祭酒。在國子監祭酒任期內，他修補重印了陳濟著作的國子監刻板。成化六年修補本《集覽正誤》並沒有出現「劉寬裕」或者「劉寬」。

　　從楊士奇所作跋文有兩種不同的版本來看，《集覽正誤》的板刻當有兩種，一種是藏於「國學」即國子監的宣德刻本，其版片在成化年間尚有存，僅缺數葉而已，經陳鑑修補後刷印傳世；一種是宣德間張光啟編刊的《資治通鑒綱目》的附刻本，此本今未之見。後者因各種後續刊本保留了楊士奇的序文而廣為人知。然而現存《文公綱目》諸本皆無楊氏序文。今以天圖本《文公綱目》來看，該書首朱熹《資治通鑒綱目序例》，次王幼學《資治通鑒綱目集覽敘例》、尹起莘《資治通鑒綱目發明序》、《資治通鑒綱目目錄》。正文中，《考異》、《集覽》兩部分內容為小字，接續正文且頂格，《發明》則另起行且皆空一格。《考證》在卷末，正文頂格，考訂文字上空一格。《集覽正誤》在《考

證》之後，每行上空兩格。也就是說，《文公綱目》實際上收錄了《考異》《集覽》《發明》《考證》《集覽正誤》等五種《通鑑綱目》考訂著作，但僅有《集覽》和《發明》序文，缺《考異》《考證》和《正誤》序跋。缺失部分是後來的印本缺失，還是原版就無此？這兩種情況皆有可能。我們看到前述陳鑑修補重印《通鑑綱目集覽正誤》時，發現原序的版片缺失，但他用所見傳本予以補全。國子監重修本尚且要補全楊士奇序跋，建陽書坊刻本亦當不例外。

　　序跋缺失的情況，在《文公綱目》的傳本中也存在，普林斯頓大學藏本就沒有《資治通鑑綱目發明序》。這種缺失可能是書籍傳承過程中的丟失，也可能是原本的版刻就有關。嘉靖以後，劉剡編集《文公綱目》一書的貢獻因為序跋文獻的缺失而少為人知。比如，今本《朱子全書（修訂本）》中《資治通鑑綱目》收錄陳孔碩《宋溫陵刻本資治通鑑綱目後語》、李子方《宋溫陵刻本資治通鑑綱目後序》、王柏《宋咸淳稽古堂刻本資治通鑑綱目凡例後語》、文天祐《宋刻本資治通鑑綱目凡例識語》、倪士毅《元建安劉叔簡書坊刻本資治通鑑綱目凡例序》、陳繼儒《明初刻本資治通鑑綱目題跋》、朱見深《明成化九年內府刻本御製資治通鑑綱目序》、張鯤《明嘉靖十三年江西按察司刻十四年張鯤重修補校綱目敘刻》、劉文彬《明萬曆二十一年蜀藩刻本校刻通鑑綱目全書後語》等自宋至明等序跋文獻九篇。《朱子全書》只錄這些序跋的原因不詳，但很明顯其中沒有與《文公綱目》編纂相關文獻。

　　從明中期到清初，政府出面編定的《資治通鑑綱目全書》廣為流傳，其中成化內府本、萬曆間蜀藩本、天啟崇禎間的陳仁錫校點本、康熙間御批本等，皆為一時通行之本。《天祿琳琅書目後編》卷十四著錄一明刻本《資治通鑑綱目》時，詳細著錄書前序跋文獻，凡朱子自序、《凡例》、《論綱目手書》、王柏後語、文天祐後語、尹起莘《發明自序》、劉氏《書法凡例》、劉友益識語、王幼學《集覽敘例序》、賀善序、揭傒斯序、劉𥙿跋、倪士毅序、汪克寬《考異自序》《考異凡例》、徐昭文《考證自序》、陳濟《集覽正誤自序》、楊士奇序、馮智舒《質實自序》、黃仲昭序、《編集諸儒姓氏》、劉繼善識語等，認為據以上序跋識語可見《資治通鑑綱目》一書「傳刻合本、專本本末源流」。〔註43〕天祿館臣認為這是正德間校刊的黃仲昭本。而四庫館臣則說：「我聖祖仁皇帝睿鑒高深，獨契尼山筆削之旨，因陳仁錫刊本，親加

〔註43〕〔清〕彭元瑞：《天祿琳琅書目後編》，上海：上海古籍出版社，2007年，第684～685頁。

評定。」〔註44〕也即他們認為，康熙武英殿本《資治通鑑綱目》所據底本是天啟崇禎間的陳仁錫評點本。然據《萬卷精華藏書樓記》卷二十九著錄的明陳仁錫校刊《資治通鑑綱目全書》本，在楊士奇《正誤序》之後尚有「宣德壬子書林劉寬《合刻各注引》」，在馮智舒《質實》序後有「弘治丙辰黃仲昭《初刻合注序》，余以能《合注序》」。〔註45〕國家圖書館藏明萬曆二十一年（1593）《通鑑綱目全書》、芝大和哈佛大學圖書館藏清康熙四十六年（1707）宋犖校刊《御製資治通鑑綱目全書》〔註46〕（包括《御批資治通鑑綱目前編舉要》《外紀》《前編》《正編》《續編》）本《御批資治通鑑綱目正編》、《四庫全書》本《御批資治通鑑綱目》卷首下序文跋有近二十篇，皆無提及劉剡者：

表　《通鑑綱目》標題及次序

萬曆本《通鑑綱目全書》卷首	《御批資治通鑑綱目正編》卷首	《四庫全書》本《御批資治通鑑綱目》卷首
1 朱熹《資治通鑑綱目序例》	1 《朱子序例》	1 《朱子序例》
2《資治通鑑綱目凡例目錄》	2 《總目錄》	2 《總目錄》
3 《資治通鑑綱目凡例》	3 《倪士毅凡例序》	3 《倪士毅凡例序》
4 《朱子與訥齋趙氏師論綱目手書》	4 《凡例目錄》	4 《凡例目錄》

〔註44〕 嚴文儒：《〈資治通鑑綱目〉明代刻本考詳》，《古籍研究》，2001 年第 1 期，第 14 頁。

〔註45〕 〔宋〕朱熹：《朱子全書第 11 冊‧資治通鑑綱目五十九卷附》，朱傑人等主編，上海：上海古籍出版社；合肥：安徽教育出版社，2002 年，第 3529 頁；〔清〕耿文光：《萬卷精華藏書樓記》，山右歷史文化研究院編：《山右叢書　初編 9》，上海：上海古籍出版社，2014 年，第 165 頁。

〔註46〕 關於清康熙四十六年（1707）內府刻本《御批資治通鑑綱目全書》的刊刻情形，《樊志》考察歷史文獻得知：宋犖自撰《漫堂年譜》卷四康熙四十四年乙酉條云：「（三月十八日）奏事存柱等傳旨：『朕有編輯《資治通鑑綱目》一書，是朕親閱過六次者，巡撫有力量刊刻麼？朕叫李煦幫你。』臣奏云：『臣蒙聖恩優渥，無可報效。此書情願獨刻。』」四十六年丁亥條云：「五月，校刻《御批資治通鑑綱目》告成，具折恭進。」康熙四十四年宋犖任江蘇巡撫，故徑以「巡撫」呼之，時李煦任蘇州織造。是書當刻於蘇州。同年十一月二十四日，宋犖升補吏部尚書，刻書工作仍在蘇州進行，四十六年五月刻成。因係奉旨刻書，故亦稱內府刻本。（樊長遠：《美國芝加哥大學圖書館藏中文古籍善本書志‧史部》，北京：國家圖書館出版社，2022 年，第 90～91 頁。）

5 李子方《資治通鑑綱目後序》	5 《凡例》	5 《凡例》
6 王柏《資治通鑑綱目後語》	6 《王柏凡例後語》	6 《王柏凡例後語》
7 文天祐《資治通鑑綱目識語》	7 《文天祐凡例識語》	7 《文天祐凡例識語》（以上 7 部分為《卷首上》）
8 尹起莘《資治通鑑綱目發明序》	8 《朱子手書》	1 《朱子手書》
9 劉友益《資治通鑑綱目書法凡例》	9 《李子方後序》	2 《李子方後序》
10 王幼學《資治通鑑綱目集覽敘例》	10 《尹起莘發明序》	3 《尹起莘發明序》
11 賀善《資治通鑑綱目書法序》	11 《賀善書法序》	4 《賀善書法序》
12 揭傒斯《資治通鑑綱目書法序》	12 《揭傒斯書法序》	5 《揭傒斯書法序》
13 劉槩《資治通鑑綱目書法後跋》	13 《劉友益書法凡例》	6 《劉友益書法凡例》
14 倪士毅《資治通鑑綱目序》	14 《劉槩書法凡例後跋》	7 《劉槩書法凡例後跋》
15 汪克寬《資治通鑑綱目考異序》	15 《汪克寬考異凡例序》	8 《汪克寬考異凡例序》
16 汪克寬《資治通鑑綱目考異凡例》	16 《考異凡例》	9 《考異凡例》
17 徐昭文《資治通鑑綱目考證序》	17 《王幼學集覽序例》	10 《王幼學集覽序例》
18 陳濟《資治通鑑綱目集覽正誤序》	18 《徐昭文考證序》	11 《徐昭文考證序》
19 楊士奇《資治通鑑綱目序》	19 《陳濟集覽正誤序》	12 《陳濟集覽正誤序》
20 馮智舒《資治通鑑綱目質實序》	20 《楊士奇集覽正誤序》	13 《楊士奇集覽正誤序》
21 黃仲昭《新刊資治通鑑綱目後序》	21 《馮智舒質實序》	14 《馮智舒質實序》
22 《綱目編集諸儒姓氏》	22 《黃仲昭合注後序》	15 《黃仲昭合注後序》
23 《資治通鑑綱目總目錄》	23 《編集諸儒姓氏》	16 《編集諸儒姓氏》（以上十六部分為《卷首下》）

　　上述三本同時缺少劉寬和余以能的兩篇序文，所以四庫館臣所謂康熙皇

帝據陳仁錫本而來的說法似乎不太準確。嚴文儒說：「此本（劉洪慎獨齋刻本）版式與清康熙御批武英殿本全然一致；七家注在正文中之排序、綱與目之格式，兩本亦全然一致。故據此推定，其後明陳仁錫之所評定，清聖祖之所御覽，皆據此本。四庫館臣以為清康熙武英殿本出自黃仲昭本，實誤。」〔註47〕慎獨齋本的序文和康熙本的序文次序不相同且不論，僅就存慎獨齋本有劉寬和佘以能兩篇序文而康熙本無而言，我們認為康熙本以萬曆本為底本的可能性更高。由於四庫館臣的這種說法，通鑒學研究者多將陳仁錫置於明代通鑒學的重要人物之列，認為他是晚明通鑒研究與刊刻的權威。〔註48〕這種說法或許並不完全準確。

　　陳仁錫的校訂本保留了多出萬曆本和康熙本的序跋文獻，對於我們考察《文公綱目》一書的編纂、刊刻有十分重要的價值。以下全文錄入日本國立公文書館藏陳仁錫校訂本《資治通鑒綱目》（請求番號：別 006～0001）〔註49〕所錄劉寬和佘以能兩篇序跋。劉寬《資治通鑒綱目合刻各注引》謂：

> 文公先生修治《綱目》一書，權輕重於一字，寓褒貶於直書，辭微奧義，未易觀讀。近代尹氏為之《發明》，推究本義，微顯闡幽而文公筆削之深意粲然明白。汪氏又為之《考異》，徐氏又為之《考證》。其分注名物難知，句讀難曉，又得王氏為之《集覽》，陳氏又為之《正誤》，是書可謂明矣。惜乎各為卷帙，學者難於批閱，有終身不得見者，莫不慊然。今得族弟仁齋先生剡纂而輯之，合二為一，俾讀者開卷而盡得之，真無餘蘊，美矣至矣。謹用謄錄，端請二三明儒三復校正，敬壽諸梓。嘉與四方君子共之，豈不快哉。宣德龍集壬子季冬良日書林京兆九十三翁劉寬識。

　　宣德龍集壬子即宣德七年（1432）。劉寬序文中提到的五種綱目注釋文

〔註47〕〔清〕永瑢等：《四庫全書總目》，北京：中華書局，2003 年，第 755 頁。

〔註48〕左桂秋：《明代通鑒學研究》，青島：中國海洋大學出版社，2009 年，第 65～66 頁。

〔註49〕日本國會圖書館內閣文庫藏清康熙六十一年（1722）本《資治通鑒綱目》（請求番號：283～0034）也有此序。https://www.digital.archives.go.jp/DAS/meta/result?DEF_XSL=detail&IS_KIND=detail&DB_ID=G9100001EXTERNAL&GRP_ID=G9100001&IS_TAG_S16=eadid&IS_KEY_S16=F1000000000000095536&IS_LGC_S16=AND&IS_EXTSCH=F2009121017025600406%2BF2005031812174403109%2BF2008112110370021712%2BF1000000000000095536&IS_ORG_ID=F1000000000000095536&IS_STYLE=default&IS_SORT_FLD=sort.tror%2Csort.refc&IS_SORT_KND=asc

獻恰好都在《文公綱目》現存本中，因此我們可以認為這篇序文即《文公綱目》一書原有的序文。這也就是明確了何以楊士奇的序文中稱「劉寬繡梓」的原因。也即，我們可以確定《文公綱目》首次刊刻時間是宣德七年。

　　劉洪慎獨齋刻本就有此劉寬題識文。劉洪是劉寬、劉剡的後輩，他不可能不清楚祖輩的姓名。因此可知，劉寬的確參與了劉剡編集《文公綱目》相關工作。劉寬也明確說他與劉剡的關係是族兄弟。或許正是因為如此，王重民才在其書中說提出，宣德正統年間劉剡將諸家注編入《綱目》中，「劉寬刻之。寬與剡殆為同族兄弟行，而寬蓋為劉洪之祖或曾祖也。」〔註50〕《文公綱目》中刊書人劉寬裕是否就是劉寬？我們認為劉寬字寬裕的可能性比較大。劉洪（1478～1545）字洪毅（或弘毅或宏毅），與劉寬字寬裕極為類似，這或許是劉氏家族的命名特色。而且，如果楊士奇序文中把劉寬的名字弄錯了的話，他的後人重刊書板時應該不會不予以改正。所以，不管是我們將刊刻者作劉寬或者作劉寬裕，皆可。由此，我們認為楊士奇序文中「劉寬」或許並非是錯誤。並非一方為正確，另一方就必然是錯誤。

　　當然，宣德七年時，劉寬已經九十三歲，是不會真正動手去刻書板的，他作為書坊的負責人有必要署名罷了。劉寬既然自稱「書林劉寬」，顯然他是劉氏書坊的老人，他的族弟劉剡編集的著作由劉氏書坊刊刻也在情理之中。從劉寬序文可知，將元明學人關於《通鑑》的研究合併在一書中的具體編纂者是劉寬的族弟劉剡。劉剡從何時開始纂集該書呢？為何現存的《文公綱目》中沒有劉剡署名呢？為何現存的幾種《文公綱目》皆缺少劉寬的序文呢？這應該與張光啟有關。我們先看編者劉剡。

四、編輯者建安京兆劉剡

　　王重民曾作《劉剡小傳》一文，稱其「家貧力學，考究經史，不干仕進，教授鄉閭。」，特別是他編纂通鑑學著作，「明初以後，《少微通鑑節要》大行於世，王逢有傳授之功，而當以劉剡校輯編輯之功為最大。」〔註51〕劉剡是永樂至景泰年間具有敏銳市場眼光的學術編纂者。他主持編纂的書籍很多，曾廣為流傳。他編纂、校訂的著作可知的包括：《重訂四書輯釋通義大成》《文公先生小學集注大成》《少微家塾點校附音通鑑節要》《增修附注資治通鑑節要續

〔註50〕王重民：《中國善本書提要》，上海：上海古籍出版社，1983年，第93頁。
〔註51〕王重民：《冷廬文藪》，上海：上海古籍出版社，1992年，第149～152頁。

編》《十八史略校本》《詳說古文真寶大全》《歷代史鑒斧鉞》等。〔註52〕這些著作對於我們考察《文公綱目》一書的編纂情況有所關聯。其中，(1)《歷代史鑒斧鉞》即《史鉞》。《中國古籍善本書目・史部》（第一冊）著錄《史鉞》三種不同版本，分別為上海圖書館藏明景泰七年（1456）劉氏翠岩精舍刻本，國圖藏明弘治十五年（1502）劉祥刻本和遼寧省圖藏明嘉靖二十七年（1547）刻本。國家圖書館藏弘治十五年刻本《史鉞》（善本書號：13122），卷端題：「文淵閣修書總裁奉議大夫山東等處提刑按察司僉事晏璧編，松塢門人京兆劉剡校，翠岩後人京兆劉文壽刊。」卷末有：「弘治拾伍年歲次壬戌孟春月吉旦欽差守遼陽等處地方副總兵錦衣衛都指揮劉祥重刊。」每半葉十二行，行二十四字，四周雙邊，黑口，雙魚尾。《明代版本圖錄初編》卷一著錄景泰七年本，並謂：「翠岩精舍始於元延祐中，劉君佐刊《周易傳義》十卷。殆明成化間代有傳刻之本，此為景泰丙子劉氏後人所梓，故標題有松塢門人京兆劉剡校，翠岩後人京兆劉文壽刊兩行，末有翠岩精舍牌記，與元時翠岩精舍所刊之《元文類》《陸宣公奏議》體式相仿。葉德輝《書林清話》著錄自元迄明劉氏所刊各書，獨未及此書，其為僅見可知。」〔註53〕「京兆劉剡校」的署名並非劉氏後人重刊時加上的，而是該書最初編纂刊行是劉剡的確做了編輯工作，在刊刻時即依慣例加上了他的姓名。

　　(2)《重訂四書輯釋通義大成》即《四書通義》。〔註54〕《四庫全書總目》卷三十七著錄劉剡編集的《四書通義》一書，作「存目」處理。一併存目的還有署名倪士毅的《重訂四書輯釋》。對於《重訂四書輯釋》，四庫館臣據該書汪

〔註52〕朱冶：《明代建陽書商劉剡的編刊活動與歷史影響》，《人文論叢》，2019 年第 2 期，第 307 頁；朱冶：《明中期建陽書商劉剡師承考——兼談書商的理學化問題》，《明史研究論叢》（第 18 輯），北京：中國社會科學版社，2019 年，第 158～164 頁。其他相關研究論文有：顧永新：《從《四書輯釋》的編刻看《四書》學學術史》，《北京大學學報》（哲學社會科學版），2006 年第 2 期，第 104 ～113 頁；熊禮匯：《〈古文真寶〉的編者、版本演變及其在韓國、日本的傳播》，《人文論叢》，2007 年，第 471～503 頁；金菊園：《劉剡編刻〈少微通鑑〉述論》，《中國典籍與文化》，2019 年第 3 期，第 57～67 頁。

〔註53〕潘承弼、顧廷龍：《明代版本圖錄初編》卷一，上海：開明書店，1941 年，第 24 頁。

〔註54〕顧永新曾對《四書輯釋》一書有詳細勘察，見：《從《四書輯釋》的編刻看《四書》學學術史》，《北京大學學報》（哲學社會科學版），2006 年第 2 期，第 104 ～113 頁。該文收入：顧永新：《經學文獻的衍生和通俗化：以近古時代的傳刻為中心》，北京：北京大學出版社，2014 年，第 501～528 頁。

克寬、倪士毅的序文考察了宋末至元明《四書》學的發展演變，認定倪士毅原書於元至正元年（1341）辛巳刻於建陽，而《重訂四書輯釋通義大成》則是書坊據倪士毅的書重新改編而成，非倪士毅原書樣貌。四庫館臣評論說：「陳櫟（《四書發明》）、胡炳文（《四書通》）本因吳真子（《四書集成》）之書，士毅（《四書輯釋》）又因陳、胡之書。究其由來，實轉相稗販，則王逢因人成事，亦有所效法，不足為譏。至明永樂中詔修《四書大全》，胡廣等又並士毅與逢之書一概竊據，而《輯釋》《通義》並隱矣。有明一代，尊《大全》為蓍龜。沿及近代講章，亦無非依傍《大全》，變換面貌。」〔註55〕

在四庫館臣看來，倪士毅所編之書有王逢所補訂，永樂年間被《四書大全》所吸收，但該書的價值不大，只是「轉相稗販」而已。四庫館臣看不上王逢的著作，也就更看不上他的學生劉剡的書了。他們說：「剡字用章，休寧人。是書因倪士毅《四書輯釋》重為訂正，更益以金履祥《疏義》《指義》、朱公遷《通旨約說》、程復心《章圖》、史伯璿《管窺》、王元善《通考》及當時諸儒著述，改題此名。夫吳真子據真氏、祝氏、蔡氏、趙氏之書，纂為《四書集成》，自以為善矣，而胡炳文、陳櫟重訂之；胡氏、陳氏自以為善矣，而倪士毅又重訂之；倪氏自以為善矣，而剡又重訂之。自剡以後，重訂者又不知凡幾。蓋隸首不能算其數也，而大旨皆曰：前人未善，吾不得已而作焉。實則轉相剽襲，改換其面貌，更易其名目而已。輯一《四書》講章，是何名山不朽之業？而紛紛竊據如此，是亦不可以已乎？」〔註56〕在館臣看來，抄來抄去的這些書，沒有什麼用處。那麼多學人編這類書，無非是為了所謂的名和利。這些書從著述方式上來看，就是鈔撮編排前人的著作，一代接著一代的增補，最多算是教科書的修訂版本，能有什麼名山不朽的價值呢？後來章太炎也持同樣的看法，他認為《資治通鑑綱目》也無甚意義，讀這類書只是村學究而已。但對於古籍版本而言，嘉靖萬曆刻本都已經成為善本，何況是宣德正統年間的刻本，這些明代早期的版本，甚至可以媲美元刻本，有時候還被直接當做元刻，天祿館臣就曾把《文公綱目》作為元刻，視為珍善。

杜澤遜、顧永新先後指出四庫館臣存目處理的倪士毅和劉剡的兩部書，其實就是一部書。〔註57〕劉剡在編集的這部書由建陽詹氏進德書堂於刊刻、補

〔註55〕〔清〕永瑢等：《四庫全書總目》，北京：中華書局，2003 年，第 309 頁。

〔註56〕〔清〕永瑢等：《四庫全書總目》，第 309 頁。

〔註57〕杜澤遜：《四庫提要舉證》，《中國典籍與文化》，2003 年第 2 期，第 45～46 頁；

修。該書彙集多本於一體，不同部分的卷端題名不一，所以容易認為是不同的書。四庫館臣撰寫各書提要時並非一人所作，看到什麼寫什麼，總纂人也沒有再去比勘兩部書，只是按照他們否定明人著述的意識形態給出了否定性的意見。雖然四庫館臣認為倪氏、劉氏書不值一提，但卻為之寫了兩篇內容不同的提要，可見該書流傳至清初時已經樣貌複雜，讓人難以分辨了。

　　王逢編校倪士毅的《四書》學著作，是對朱子學的闡發。劉剡在王逢著作的基礎上加以增訂輯補，編纂出版《重訂四書輯釋通義大成》，讓王逢的心血沒有白費。丁丙《善本書室藏書志》卷四著錄其收藏的元刻本《重訂輯釋章圖通義大成》的殘本，丁氏認為該書應含《大學章句》一卷《或問》一卷《中庸章句》一卷《或問》一卷《論語集注》二十卷《孟子集注》十四卷《四書章圖隱括總要發易》二卷《新刊重訂輯釋通義源流本末》一卷等內容，其中「《源流》題松塢門人京兆劉用章輯」。〔註58〕程千帆《校讎廣義版本版本編》引杜信孚《明代版刻綜錄·自序》說，他見到丁丙《善本書室藏書志》和《盍山書影》都著錄為元刻本是錯的，應該是明正德庚申年熊氏進德堂刊本才準確。因為《中庸序》後有挖改痕跡。程千帆指出，所謂正德應該是正統才對，〔註59〕或許因為正德並沒有庚申年。為何可以確定是正統五年庚申呢？這就需要考訂。《盍山書影》收錄該書書影四幀，有兩種不同的字體。《論語集注》的字體與《文公綱目》相同。《四書章圖隱括總要發義》為另一種字體。〔註60〕國家圖書館舊藏元刻本《四書章圖隱括總要》（善本書號：CBM0401）〔註61〕則與《文公綱目》字體相同。《舊京書影》提要著錄北圖元刻本，謂：「《善本書室藏書志》《皕宋樓藏書志》俱載元刊《重訂輯釋章圖通義大成》本《四書章圖隱括總要發義》二卷，云全書首有至正丙戌新安汪克寬序。是書題無《發義》二字。藏北平圖書館。」〔註62〕顯然，丁丙《善本書室藏書記》的著錄不太準

顧永新：《經學文獻的衍生和通俗化：以近古時代的傳刻為中心》，北京：北京大學出版社，2014年，第515～516頁。

〔註58〕〔清〕丁丙：《善本書室藏書志》，杭州：浙江古籍出版社，2016年，第187頁。

〔註59〕程千帆：《程千帆全集第1卷·校讎廣義·版本編》，石家莊：河北教育出版社，2000年，第292頁。

〔註60〕南京國學圖書館編：《盍山書影》，北京：北京圖書館出版社，2003年，第243～248頁。

〔註61〕http://read.nlc.cn/allSearch/searchDetail?searchType=&showType=1&indexName=data_892&fid=0097

〔註62〕〔日〕倉石武四郎：《舊京書影》，北京：人民文學出版社，2011年，第25頁。

確，該書既然是劉剡編集，自然不可能是元刻本。

這部書有日本國立公文書館藏明正統五年（1440）詹氏進德書堂刊本《重訂四書輯釋通義大成》（請求番號：經039～0002）。杜氏書中「正德庚申年熊氏進德堂刊本」應該是「正統庚申年詹氏進德堂刊本」。不過，該書《四書章圖括隱總要卷之上》末葉有「大明歲次己未進德書堂新刊」牌記，這是正統四年（1439）年刊刻的標識。《中庸朱子章句序重訂輯釋通義大成》卷首有「正統庚申詹氏進德書堂新刊」蓮花座牌記。這兩方牌記表明，該書這兩部分就花了兩年時間。這部書斷斷續續編刊，直到正統十年才最終完成，並由蘇大撰寫《四書通義序》以結項。蘇氏說：

> 至宋，濂洛關四大儒相繼而起，以續夫孟子不傳之緒，而後二帝三王之到，煥然復明於世。既而又得吾新安朱夫子者出，溯流窮源，折衷群言，以集其大成，《四書》之註至是始定於一矣。然其言精而義微，學者罕能究悉。故定宇陳氏之《發明》、雲峰胡氏之《通》出焉。倪仲弘先生，定宇之徒也，又取胡氏與其師之說並之，間附己意而為之《輯釋》，以便後學。板既行，復慮其中有未盡處，乃為重訂，視前益精密。稿成而卒。今百年矣。鄉之儒者金仁本家貧力學，求而得之，抄校既畢，志欲刊播而力未贍，間聞書林劉仁齋先生剡用章，博極群言，有志者述具書戒，其子持以獻。用章一見意合，乃取《輯釋》未經採摭者，所謂疏義、指義、通旨、說約、章圖、管窺、通考，當代諸儒之著述有補於重訂者，悉會粹而益之。復取趙子常答倪先生書言實踐之功，及先儒論道學之要諸篇列於首簡，使學者咸知進修之方，總名之曰《四書通義》，俾其親詹宗睿鋟梓以傳。其嘉惠後學之意，可謂仁矣。《四書》至是如青天白日矣。仁本感其老，俾僕為文以謝之。僕鄙人也，何足以知文哉。仁本族姑夫，囑之再三，不敢辭，乃復之曰：斯文也而有斯人也。先儒為有光矣，然用章之成是書，將為往聖開來學，非私也。奚謝為。雖然，六經之文定於孔子，得孟子而後傳。《四書》之註成於朱子，得仲弘而後著。今用章之《通義》，其不亦有功於仲弘者乎。然斯稿微仁本而出之，久而不為覆醬瓿者鮮，無用章以傳之，亦徒出也。是書之大行，學者讀而有得焉，則用章之賜也。是宜謝。……正統十年龍集乙丑孟春望日新安後學蘇大書。

　　按照蘇大的序文，金仁得到了倪士毅的《四書輯釋》一書的續訂手稿，抄錄之後尋求再版。他聽聞劉剡對朱子學頗有興趣，且為建陽出版家，故去信詢問。兩人一拍即合，著手重刊。但劉剡並未簡單地照稿刊行，而是根據他所知的《四書》學研究，對金氏抄錄稿件進行加工，增補了倪士毅之後的若干種成果，彙集成一部新的《四書章句》彙刊著作，並由詹氏書坊刊行。按照蘇大的說法，新書原定名為《四書通義》，但劉剡等人按照當時刻書的慣例將該書書名題為「重訂輯釋通義大成」，以表明該書是在倪士毅著作的基礎上加以增訂者。

　　該書《新刊重訂輯釋通義源流本末》卷端題「松塢門人京兆劉用章輯。」在《鄱陽朱先生大學中庸約說序》之後有劉剡的跋文：

> 孔曾思孟，一聖三賢。《四書》至朱子而後洞然粲明於世，然其辭約理備，混融無跡，學者未易窺。讀此《語錄》《或問》，以至及門高第之所發揮，所以不可闕也。厥後賢儒碩德，有趙氏《纂疏》、吳氏《集成》、胡氏《通》、陳氏《發明》，相繼而出，皆所以羽翼乎《章句集註》者也。至道川倪先生（倪士毅）薈萃而精究之美矣，惜乎先族叔祖錦文先生（劉叔簡）刻其至元丁丑（三年，1337）初稿以行於世。倪先生以書翰十數往來，言其刊之遽速以為憾。宣德甲寅（九年，1434），書林詹宗睿敬遣人往新安休陽儒士金仁本（金德玹）同於處士汪士濂家，請得倪先生至正丁亥（七年，1347）重訂，又用上〔工〕十年善本以歸。又得番陽松塢王先生（王逢）參錄仁山金先生（金履祥）、白雲許先生（許謙）、番陽朱先生（朱公遷），及程氏（程復心）《章圖》、王氏（王元善）《通考》、史氏（史伯璿）《管窺》等編而會通之，坦然明備，使《章句集註》之義皎然如白日之麗乎青天者矣。豈不快哉。詹氏壽梓廣傳，是用校對，嘉與四方同志之士共之。時正統龍集丁巳孟春吉日後學生劉用章志。

　　倪士毅的《四書輯釋》第一版由劉剡的叔祖劉叔簡刊行，即元至正壬午（二年，1342）夏五月日新書堂刊行之本。將近一百年後，正統二年（1437）丁巳劉剡重校定倪氏之書，由詹氏在正統四年、五年完成了版刻。倪氏與劉氏以一部書關聯起來。古籍中的序跋文獻是版本確定版本的重要依據，如果缺失了其中的某些文獻，會造成版本認定的困難。丁丙藏本缺少了蘇大和劉剡的序文，只保留了至正丙戌（六年，1346）汪克寬《重訂四書輯釋敍》，而

該書的版刻風格又與元刻本接近，因此誤定為元刻。至於古舊書商流通該書時，也不乏將序跋撤去以明充元者。所以，該書在現今所見的各收藏機構藏書書目的版本著錄也莫衷一是。〔註63〕

（3）劉剡是松塢先生王逢的門人，以朱子後學自居。朱彝尊《經義考》卷一百十二著錄王逢的一部已經佚失的著作——《詩經講說》。朱氏說：「《樂平縣志》：王逢，字原夫。宣德初薦授富陽學訓導，尋以明經召見。放歸，杜門講學，鄉里稱曰松塢先生。」〔註64〕黃宗羲《宋元學案》卷八十三將王逢歸入饒魯（雙峰）門下，其學譜為饒魯、吳中、朱以實、朱公遷、洪初、王逢和何英。黃宗羲謂：「王逢，字原夫，樂平人。幼穎異不凡，天性孝友。比長，默契義理之學。師事野谷洪氏，道脈所自，先生以心會焉，乃厭科舉業，研精道理性命之懿，淹貫經史。宣德初，薦授富陽訓導，不就，退歸鄉塾，日與門人何英等相討論，道益明，學益成。復以明經闢，及門強起，召見，極論禮樂二字，日晡不徹。明日復賜對，堅辭不就職。歸即杜門環堵，足跡不入城市，毅然以斯道為己任。著有《言行志》。自書其廬曰松塢，學者稱為松塢先生。」〔註65〕《宋元學案》只記載了王逢門人何英，沒有談及劉剡。明清之際的學者對於宣德正統年間以學術出版為業的劉剡等人已經沒有什麼概念，出版事業具有時間性，在一段時間裏，某些著作在編纂者、出版者的共同努力下，成為時代的經典，是那個時代的標記。當時代過去之後，那些標記被層累的典籍所覆蓋，歷史也就需要考古的重新發現。

王逢的著作經劉剡之手編輯校訂出版者有若干種。如《纂注資治通鑑外紀增義》，國家圖書館、澳門大學圖書館藏（入選《第二批國家珍貴古籍名錄》，名錄號03594）明宣德三年（1428）書林劉文壽刻本。該書卷一卷端題：「新編纂注資治通鑑外紀增義卷之一。鄱陽松塢王逢訂正，後學京兆劉剡纂輯。」〔註66〕該書還有明正德間劉洪慎獨齋重刻本，卷一卷端題：「新編纂注

〔註63〕 對此，顧永新《〈四書輯釋〉編刻考述》一文有詳細辨析，見：顧永新：《經學文獻的衍生和通俗化：以近古時代的傳刻為中心》，北京：北京大學出版社，2014年，第501～528頁。

〔註64〕 〔清〕朱彝尊撰、林慶彰等主編：《經義考新校》，上海：上海古籍出版社，2010年，第2086～2087頁。

〔註65〕 〔明〕黃宗羲著、吳光主編：《黃宗羲全集第11冊・宋元學案》，杭州：浙江古籍出版社，2012年，第3200頁。

〔註66〕 中國國家圖書館、中國國家古籍保護中心編：《第二批國家珍貴古籍名錄圖錄》（第4冊），北京：國家圖書館出版社，2010年，第243頁。

資治通鑑外紀增義卷之一。後學眉山史炤音釋，後學鄱陽王逢輯義，後學京兆劉剡增校，後學京兆劉弘毅補注。」〔註67〕前人刊書時雖然會改版式，改字體，增補內容，但往往會保留此前作述者的姓氏，以彰顯後出之書有所承緒，這就為我們考訂一部書的傳承關係提供了必要的史料。

澳門大學圖書館藏正德本　　　　　　　　國家圖書館藏宣德本

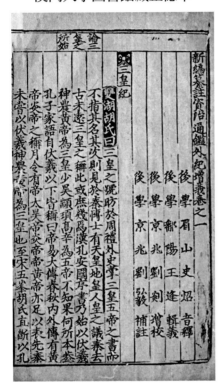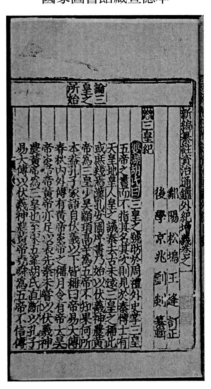

又如，上海圖書館藏明書林三峰葉景逵刻本《詩經疏義》（入選《第五批國家珍貴古籍名錄》，名錄號18205），卷端題：「詩卷之一。朱子集傳。後學番陽朱公遷克升疏義，野谷門人王逢原夫輯錄，松塢門人何英積中增釋。書林安正堂三峰葉添德景逵刊校。」〔註68〕國家圖書館藏有書林劉氏安正書堂明嘉靖二年（1523）《詩經疏義會通》（善本書號：03356）。該書卷一卷端題：「詩經疏義會通卷之一。朱子集傳。後學番陽朱公遷克升疏義，野谷門人王

〔註67〕陳紅彥主編：《古籍善本掌故（一）》，上海：上海遠東出版社，2016年，第120頁。

〔註68〕中國國家圖書館、中國國家古籍保護中心編：《第五批國家珍貴古籍名錄圖錄》（第2冊），北京：國家圖書館出版社，2016年，第35頁；上海圖書館編：《上海圖書館藏善本題跋真蹟》，上海：上海辭書出版社，2013年，第134頁。

逢原夫輯錄，松塢門人何英積中增釋。書林安正堂劉氏重刊。」這是據何英增釋本重刻之本。

上海圖書館藏《詩傳會通》　　　　國家圖書館藏《詩經疏義會通》

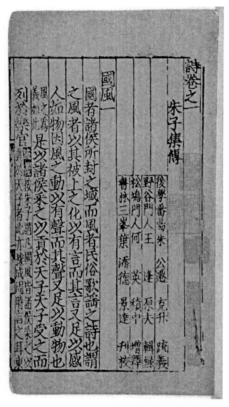 

《經義考》卷一百十一著錄朱公遷《詩傳疏義》時引何英的序文，[註69]提到了劉剡的貢獻。《詩傳疏義》又稱《詩傳會通》，四庫館臣稱之為《詩經疏義》。國圖藏本有何英的序文，與《經義考》所錄略有差異。何英說：

> 先師松塢先生嘗謂：野谷洪先生初從遊先正朱氏公遷先生之門，受讀三百五篇之詩。一日請說《周頌·維天之命》一章之旨。先生於《集傳》下訓釋其義，發言外之意，瞭然明白。復請曰：於《集傳》皆得如此章，以發其所未發，以惠天下學者，豈非斯文之幸與。時先生以特恩授校官，得正金華郡庠，日纂月注，以成其書，名曰《詩傳疏義》。黃文獻公溍一見，深加歎賞。凡興體之作，語意呼應，尤切究心焉。然學者悅慕，雖相傳錄，終亦罕睹。永樂乙

西先師宗兄世載遊書林，至葉君景達家，因閱《四書通旨》，而語及《疏義》。景達尚德之士，屢致書來請梓傳。歲丁酉，英侍先師館於葉氏廣勤堂，參校是書，旁取諸儒之說，節其切要者錄而附之。稿成未就鋟刻，先生還旆考終。正統庚申，景達書來，囑英曰：所藏《詩傳疏義》輯錄遺其稿，數卷不存，願為補葺而壽諸梓。英竊慮其所遺亡，恐成湮晦，況景達欲廣惠愛之仁，故不揆淺陋，敬取先師所授餘稿，謹錄補遺，重加增釋，足成是編，名曰《詩傳疏義詳釋發明》。質諸同門友京兆劉剡，剡以卒先師之志。狂僭之咎，固不可逃。庶乎有以表述先正斯文之德，昭際盛代文明之治，尚得與四方諸君子共之是所願也。正統甲子九月望日後學番陽梅谷何英謹識。

　　由何英的序文可知，朱公遷的著作經王逢、何英師徒二人多年編纂之後交由書林葉氏刊行。何英知曉他的同門劉剡具有編纂經驗，故而交給劉剡校定。上海圖書館藏本，是康有為舊藏。康有為題跋謂：「此元版《詩傳會通》，元朱公遷撰。《四庫提要》作《詩經疏義》二十卷。浙江吳玉墀家藏本。惟板心篇篇皆刻《詩傳會通》，蓋公遷弟子王逢作輯錄，逢弟子何英作增釋，而書林葉添德刻之。以公遷與王逢、何英合撰而非公遷一人之作，故名為《詩傳會通》。紀曉嵐復公遷舊名《詩經疏義》，則王逢、何英之撰不著矣。……惟元板日少，古香古澤，展卷當欣然。南海康有為，甲寅九月。」〔註70〕康有為以為該書書名為四庫館臣所修改，即從《詩傳會通》到《詩經疏義》，不僅讓王逢、何英的貢獻不彰，更讓朱公遷的朱子後學之名不著。但在四庫館臣之前，嘉靖時的書坊刻本即已如此。書名從《詩》到《詩經》的變化，是明代書籍命名中極為重要的現象，即將朱子的《詩經》解釋作為定本，漢代以來的《毛詩》成為考古之學。筆者將另文論述。此處要說的是，朱公遷著作的舊名按照何英的序文應該為《詩傳疏義》，即為朱子《詩集傳》作疏的著作。何英重訂後的書名為《詩傳疏義詳釋發明》。上海圖書館藏本無何英序文，該書的字體與元刻本看起來有相似之處，朱公遷又是元代人，讓人不知刻書人剞劂年月，所以康有為就以為該書為元刻本。如果嘉靖重修本沒有保留何英的序文，我們也就無從知曉該書的刊刻情況，只能籠統認為是明前期福建刻

〔註70〕陳先行、郭立暄編：《上海圖書館藏善本題跋輯錄附版本考》，上海：上海辭書出版社，2017年，第19頁。

本，或者著錄為「明書林三峰葉添德刻本」。〔註71〕從何英的序來看，葉添德刊本的具體時間當著錄為正統九年。至於書名是否要用後世通行之名，抑或用書中所見，則為見仁見智之事。

對我們而言，這部書並不因為它非元刻本就不珍貴。事實上，這部書本身的曲折故事，就足以在書籍出版的歷史上留名。永樂乙酉即永樂三年（1405），丁酉年即永樂十五年（1417），正統庚申即正統五年（1440），正統甲子即正統九年（1444）。這部書從永樂初年開始編纂，到永樂十五年初步完成，但因為王逢去世未能刊行。將近二十年後，原稿部分遺失，何英補充完稿，並加入新的內容，又由劉剡校定，最終於正統九年由葉添德刊刻出版。一部書的編纂何其艱辛，一部書的刊刻又何其曲折。《詩傳會通》這部書在正統年間由葉添德刊行，刻書字體與《文公綱目》極為類似。我們可以推斷，《文公綱目》的刊刻時間也在宣德正統間。

何英序中所謂「剡以卒先師之志」，可以理解為劉剡審定了王逢編集的有關朱子的《詩經》學著作。宣德三年（1428），劉剡在《新編纂注資治通鑑外紀增義》的題識中也提及此事。劉氏說：

> （永樂丁酉冬，）鄱陽松塢王先生攜師埜谷洪先生（諱初字字善初）所受克升先生（諱公遷，並皆鄱陽人。其學得之於父梧岡先生。梧岡得之於雙峰饒子。饒子得之於勉齋黃先生）所著《詩經集傳疏義》來書林，而聚群書五十餘帙，輯而錄之，以附益焉。蓋即文公《集傳》，疏而釋之，使《三百篇》經傳之旨，六義之體，粲然明白，真無餘蘊，蔑以加矣。而又盡洗冗長背戾之說，而一究乎真是之歸，譬猶掃雲霾而覩夫青天者也。讀是經者不煩口授，而胸中義理了然，豈不為後學之大幸歟。（坊中好事者已請刊行。）時剡得供繙閱之事，而得請學焉。〔註72〕

永樂十五年，王逢到建陽書坊，曾謀求出版《詩經集傳疏義》一書。劉剡也參與編輯工作，並得以向王逢請教學問，這就是為何劉剡自稱松塢門人的緣由所在。劉剡說，宣德三年時書坊已準備刊行《疏義》，即葉氏書坊很早就確定要出版此書。但刊刻工作頗不順利，遷延跌宕，直到正統九年才最終

〔註71〕陳先行、郭立暄編：《上海圖書館藏善本題跋輯錄附版本考》，第19頁。

〔註72〕轉引自：金菊園：《劉剡編刻〈少微通鑒〉述論》，《中國典籍與文化》，2019年第3期，第58頁。

完成了版行工作，離宣德三年預約出版過去了十多年。在出版過程中，書坊
還弄丟了書稿，何英不得不再予以補充，而劉剡也參與了校訂，這就是所謂
的「剡以卒先師之志」吧。當然，也可以理解為劉剡為王逢編集的其他朱子
學著作做了更多的工作。

（4）除了參與朱子學者《詩經》著作的校定外，劉剡還參與了朱子小
學書籍的校對，即《文公先生小學集注大成》。此書標題和「《文公綱目》」
都用「文公先生」做書名的一部分，值得我們注意。國家圖書館藏《文公先
生小學集解大成》（善本書號：17834），劉氏翠岩堂明宣德八年（1433）刻
本，半葉 11 行 21 字，黑口，四周雙邊。《文公先生小學集注大成》六卷附
《小學淵源》一卷《小學書綱領》一卷《小學書圖檃括纂要》一卷（善本書
號：15028），梅隱精舍明宣德九年（1434）刻本，半葉 11 行 21 字，小字雙
行同，黑口，四周雙邊。（缺《文公先生小學集注大成》三至六。）此兩書
的字體與天津圖書館藏《文公先生資治通鑒》較為一致，這也為我們確定《文
公綱目》的為宣德間刻本提供了依據。

《文公先生小學集解大成》在《小學書發題》第二頁有木記：「本坊舊
刊小學標題句解，簡而且略。至於／／集成通義，紊而又繁。蓋兩病焉。本
堂類聚／／成一，捨駁會粹，遵依海虞吳先生集解，以／／備其全，詳明音
釋，增入圖像，端請名儒三／／復校正，鼎新繡梓，視諸他本，大有逕庭矣。
／／讀者幸鑒。龍集癸丑孟春劉氏翠岩堂刊。」龍集癸丑，即宣德八年（1433）。
本書卷二卷端題：「文公先生小學集解大成卷之二。海虞吳訥集解，書林校
正刊行。」《文公先生小學集注大成》於《小學之書圖目》末葉有牌記：「宣
德甲寅中秋梅隱精舍新刊。」於《小學書發題》第二頁有木記：「本坊舊刊
小學標題句解，簡而且略。至於／／集成通義，紊而又繁。蓋兩病焉。本堂
類聚／／成一，捨駁會粹，兼附海虞吳先生集解，以／／備其全，詳明音釋，
增入圖像，端請名儒三／／復校正。鼎新繡梓，視諸他本，大有逕庭矣。／
／讀者幸鑒。龍集甲寅孟夏豫章熊宗道識。」《小學之書題辭》卷端題：「番
易饒魯注解，京兆劉剡增註，建陽縣丞何景春訂定。」《文公先生小學集註
大成》卷一卷端題：「前進士豫章熊禾集註，松塢門人京兆劉剡校正。」可
見兩書由不同的書坊（劉氏翠岩堂和梅隱精舍）刊刻，改易書名一字（從集
解到集註），牌記也做了處理，並對書中內容作了細節處理，但兩書同出一
源是無疑問的。

　　《文公先生小學集注大成》卷首有劉剡序，謂：「至宋，二程子表章《大學》於《戴記》之中，考亭朱子又從而章句焉。又恐學者有失序無本之患，於是稽述聖經賢傳而為《小學》之書。綱維整肅，節目分明。近代豫章、勿軒二熊氏為之標題句解，建安何氏為之集成。予宗叔翰林文江劉先生子欽之門人海虞吳公訥又為之集解。友生熊道軒潛心是書，芟繁就簡，輯而一之，名曰《小學集註》，而請予校之。敬用質於東陽貳尹南康何公景春，謂纂圖綦備，注解詳明，有俾幼學，輒捐俸繡梓，以廣其傳。其用心仁矣哉。予愚陋寡識，固不知其去取之當否，然於愛親敬兄、忠君弟長之事，吾徒尚當以身體而力行之，庶無負於子朱子惓惓教人之意。而生於聖明治教比隆三代之盛世，豈不至樂矣乎。因掇拾數語，書卷末以志云。宣德九年歲在甲寅春正月丁未松塢門人京兆劉剡敬識。」劉剡的序表明這部《文公先生小學集注大成》的編集者是熊宗立（1409～1482，字宗道，號道軒）。熊氏將該書編輯完成之後請劉剡作序，而劉氏又將此書推薦給了當時的建陽縣令何景春。所謂「捐俸繡梓」就是何氏同意成為這部書的捐助人。劉剡之所以如此辦理，顯然與他此前編纂《文公綱目》一書的處理方式相同。可惜國圖兩部藏書皆為殘本，不知道缺失部分是否有何景春題識。

五、令名將終不朽

　　劉剡編纂的書籍，多是講章類的教材。他熱衷於朱子學，對朱子學的相關著作進行了長期的編纂出版。《資治通鑑綱目》是朱子的歷史教材，有諸多後學的研討著作，劉氏自然不會放過。前引王重民《中國善本書提要》已經注意到「宣德正統間，有劉剡者，纂《少微》、《宋元》二鑑，又纂尹氏《發明》以下數家入《綱目》。」也即，王重民認為劉剡才是《文公綱目》一書的編纂者。所謂纂《少微通鑑》即重編《少微家塾點校通鑑節要》。美國哈佛大學哈佛燕京圖書館藏明宣德三年劉文壽刻本《少微家塾點校附音通鑑節要》五十卷《新編纂注資治通鑑外紀增義》五卷《讀通鑑法》一卷《資治通鑑總要通論》一卷《釋例》一卷，為劉剡編輯出版的《通鑑》學著作。該書《釋例》後有宣德三年（1428）劉剡識語：

> 右溫公作《通鑑》之例，發凡予奪，皆有深意。公之曾孫吏部君侅得其遺稿於殘編之中，撮其要例，凡三十六。今取其可知者附於此云。（永樂丁酉冬，）鄱陽松塢王先生……來書林。……時剡

得供繙閱之事，而得請學焉。暇日論及史學，先生嘗曰：少微先生
《通鑒節要》一書甚有益於學者，不旬日讀之而數千載興亡治亂燎
然在目，誠為讀史之捷徑也。然統紀淆混，學者莫知適從，當以文
公朱子之例讀之，然後進於《綱目》，庶乎三綱五常之道，《春秋》
經世之法，可得而識耳。苟字義齟切之未詳，雖旁搜苦索之勞，未
免其意志齟齬也。吾嘗將眉山史氏《通鑒音釋》、慈湖王氏《音訓》
《音義》《集覽》等，及諸書訓釋而標注之，以備遺忘，非敢以為
學者設也。請之數四，乃得出示，名曰《資治通鑒釋義》。觀其名
物、制度、音義不待圈點，而句讀粲然明備。又補正其脫略凡二十
餘處。初學得此讀之，明白易曉，誠為至寶者也。剡敬承師命，正
其統紀，坊間好事者既請板行矣。……所聞諸儒折衷之論，重增附
之，尤所以崇正道而闢異端者也。剡極愚且陋，焉能究乎史籍之萬
一，而敢以附於《外紀》之間，第欲自便於觀覽云爾。錄完求正建
陽大尹盱江張公光啟，深加賞歎，既為序於篇端。而文壽見而喜
曰：是吾志也。固請梓行。因述其梗概於此，高明君子幸恕其狂僭
而有以教之，是所願也。時歲在著雍涒灘中夏甲戌門人京兆劉剡敬
識。

　　由此劉剡序文可知，在永樂末年，他就得到了他老師王逢所著《資治通
鑒釋義》。他按照王逢所確定的編纂方案，用了若干年開展編輯工作，並於宣
德初年完成。他將該書交給建陽縣令張光啟審查，張氏對此表示贊同，並以
贊助人的身份支持該書的出版。按照贊助人的慣例，張光啟做序文一篇，不
過在今傳本中未見此序，和《文公綱目》一書不見張氏序文類似。王重民曾
以此序推斷：劉剡自永樂十五年（1417）從王逢受學以來，先編纂朱公遷《詩
經傳義疏》，再校《少微通鑒節要釋義》，後又再輯《節要》。在此基礎上他又
依據前人續《通鑒》作《資治通鑒節要續編》三十卷。〔註73〕

　　前引《文公先生小學集注大成》一書有熊宗立的序，在他的序文中提到
了劉剡編集通鑒類書籍的具體時間。熊氏謂：「宣德己酉（1429）冬，余嘗
以是書請於師仁齋劉先生，而求訓釋，以惠後學。（先生諱剡，字廷章，受
於番陽松塢王先生逢者。）時先生方標義《史略》，及纂《宋元節要》，以備
《少微通鑒》之全，有未暇焉。余遂竊取傳記之本註，諸家之纂釋，與海虞

〔註73〕王重民：《冷廬文藪》，上海：上海古籍出版社，1992年，第151頁。

吳公（訥字敏德，今任監察御史）集解，合而一之，間附朱子語錄以備其未備。甲寅（1434）春乃成，名曰《小學集註大成》，而請先生考定得失，以壽諸梓。使初學蒙士或有取焉。雖余之鹵莽，已知僭妄之罪。然為國家興學導民之意，庶幾有少補云。敬題於此，以志歲月爾。宣德九年龍集甲寅孟春朔旦道軒謹識。」從熊宗道的跋文可知，劉剡在宣德四年時正在編輯朱子通鑒學相關著述，這與我們所見今傳本《增修附注資治通鑒節要續編》《文公綱目》的編纂時間剛好是一致的。

《文公綱目》一書的編纂者是劉剡是毋庸置疑的。《〔嘉靖〕建陽縣志》卷十一有劉剡傳，謂：「劉剡字用章，自號仁齋，崇化人，世居書坊。博學，不仕。凡書坊刊行書籍，多剡校正。嘗編輯《宋元資治通鑒節要》等書行於世。卒年七十。敘曰：剡涉獵墳典，淹貫橋乘，遂著《宋元通鑒》。雖其潛德弗耀，其令名將終不朽矣。」〔註74〕據此可知，劉剡字用章，號仁齋，是元代翠岩精舍主人劉君佐（1250～1328）的玄孫，其編纂書籍活動從永樂末年持續到成化初年。方彥壽曾揭示他在上世紀八十年代見到的民國九年（1921）重修《貞房劉氏族譜》中有署永樂二年（1404）《劉氏族譜系序》，謂「今用章蓋麻沙之派也。其為人聰敏俊彥，博物洽聞。其纂修採摭以著乎經史者若干集，其刊行書籍嘉惠後學者廣矣。」〔註75〕則在永樂初年時，劉剡已經小有名氣，屬於劉氏家族的學術擔當。縣志記載他享年七十歲，若永樂二年時二十歲的話，則他活到1454年左右，即明代宗景泰五年。景泰七年（1456）尚有劉剡編纂的《史鉞》刊刻，此後則未見其編纂他書，因此我們可以認為劉剡生活於1384～1454年間，即明洪武十七年至景泰七年。

劉剡編書很有名，當時編纂書籍者甚至以得到他的認可為榮。如安徽休寧（今安徽歙縣）金德玹的傳記記載，金氏「嘗以先儒遺書精神心術所寓，遍訪藏書家，得陳氏《四書口義》、《批點百篇古文》，倪氏《重訂四書輯釋》，朱氏《九經旁注》，趙氏《春秋集傳》，上虞劉氏《選詩補注》，胡氏《感興詩通》三十餘種，抄校既畢，遣子輝送入書坊，求刊天下。劉用章先生深加（嘉）其志。」〔註76〕（《新安文粹》卷十五《金德玹傳》）顯然，金氏傳記

〔註74〕〔明〕馮繼科：《〔嘉靖〕建陽縣志》卷十一，上海：上海古籍書店，1962年，第4頁。

〔註75〕方彥壽：《建陽劉氏刻書考（下）》，《文獻》，1988年第3期，第218頁。

〔註76〕轉引自：方彥壽：《建陽書坊接受官私方委託刊印之書》，《文獻》，2002年第3期，第97～106頁。

作者認為劉剡是編纂權威，金氏編纂之書能得到劉剡的讚揚就值得寫進個人的傳記之中。

劉剡編纂的多種著作在其身後流傳，成為新刊刻書籍的底本。按照古代刻書的通例，後來的刻本往往會將前人刻書序跋收錄到新刊書籍之中以見該書為傳承有序的本子。這些序跋可以作為新刊書籍的學術保證，即它是經前人反覆刊行的重要著作，值得一讀。對於我們而言，這些序跋也有助於我們瞭解一部書的刊刻、流傳情況。如果沒有這些序跋，我們就很難瞭解一部書成為後世所見樣貌時到底經過了哪些人的處理。從《文公綱目》一書來看，它成為明清時期《資治通鑑綱目全書》的一部分，從坊刻本到官刻本，成為通行的《資治通鑑綱目》讀本，這表明了該書具有其不可替代的學術價值。但在古籍的傳承過程中，序跋類的文獻往往更容易出現缺失的情況，我們在考訂時也就需要多方搜集相關的版本，以獲得對某一個書籍編纂刊刻情況的更為全面的認識。我們看到，《四庫全書》收錄了康熙四十七年刊本《御批資治通鑑綱目》五十九卷《卷首》二卷（《景印文淵閣四庫全書》，第 689～691冊）。館臣云：「明弘治中，莆田黃仲昭遍取諸家之言，附載本條之下，以備稽考。因陳仁錫因之，並為評，刻而未能有所論斷。我聖祖仁皇帝默契《春秋》謹嚴之旨，於事之可法可戒，或傅會失實，不衷於理者，詳加批論，凡百有餘條。」〔註77〕《四庫全書總目》卷八十八「《御批通鑑綱目》」條對此多有擴充，謂：

> 明弘治中，莆田黃仲昭取諸家之書，散入各條之下，是為今本。皆尊崇朱子者也。故大抵循文敷衍，莫敢異同。明末張自勳作《綱目續麟》，始以《春秋》舊法糾義例之訛。芮長恤作《綱目拾遺》，以《通鑑》原文辨刪節之失。各執所見，屹立相爭。我聖祖仁皇帝睿鑒高深，獨契尼山筆削之旨，因陳仁錫刊本，親加評定，權衡至當，袞鉞斯昭。乃釐正群言，折衷歸一。〔註78〕

顯然，四庫館臣所見到的《資治通鑑綱目》的傳本中沒有提及劉剡，而是把劉剡之後的另外一名編輯者黃仲昭作為最關鍵的人物。這並非四庫館臣有意為之。實際上，從弘治年間就有人這麼說了。嘉靖十三年（1534）甲午

〔註77〕《御批資治通鑑綱目提要》，《景印文淵閣四庫全書》（第 689 冊），臺北：臺灣商務印書館，1986 年，第 2 頁。
〔註78〕〔清〕永瑢等：《四庫全書總目》，北京：中華書局，2003 年，第 755 頁。

江西按察司重刊本《資治通鑑綱目》卷首的張元禎序就說：「我朱夫子《通鑑綱目》，有汪克寬之《考異》、徐昭文之《考證》、王幼學之《集覽》、陳濟之《正誤》、劉友益之《書法》、尹起莘之《發明》數編者，建陽書肆舊多刻綴於是書各卷之末。今江西提學黃僉憲仲昭以其不便於批閱，乃並錄於是書各條之下，且俱列其序述之意於首，俾讀者一覽可知其大凡。同寅汪僉憲舜民善之，於是相與校讎，刻之以惠學者，而屬元禎為序。」（哈佛大學哈佛燕京東亞圖書館藏本）不過有張元禎序文的這一版本似並非後世通行的版本，所以張氏序文並未見於後世《資治通鑑綱目全書》。黃仲昭《新刊資治通鑑綱目後序》較為常見。黃氏說：

> 經以載道，史以紀事。其述作之體，自不同也。然吾夫子之作《春秋》，因魯史所載之事，而以堯舜禹湯文武之道，定其是非，以垂萬世之鑒戒，則其體故史而其道實與《易》《書》《詩》《禮》《樂》諸經並行而不悖焉。子朱子因司馬文正公所輯《資治通鑑》而修《綱目》，蓋仿吾夫子《春秋》之法也。其事固因歷代之所紀載，而所以定其是非，以垂鑒戒者，亦何莫而非堯舜禹湯文武之道乎。讀史而不從事於斯，則雖貫穿今古而無或遺，則亦不免為玩物喪志，其修己治人之道亦奚補哉。仲昭承乏提督江西學政，因為學者定讀書之法。其於諸史則欲其熟觀《綱目》以端其本。顧書坊刻板，歲久刊缺，而其所附《考證》《考異》及《集覽正誤》三編，具類刻於各卷之後，殊不便於覽觀。又元儒廬陵劉友益所著《書法》一編，甚有功於朱子《提要》之旨。建安馮智舒所集《質實》一帙，尤有功於王氏輿地之詳。舊皆未嘗附載於篇也。仲昭每欲重新繕寫，而取上五編之言各附入本條之下，刻梓以詔學者。第患其工費頗夥，非獨力所能辦耳。一日以語同寅婺源汪君從仁，君慨然曰：是書重刻，於世道不為無補，當相成之。遂募書人繕寫成帙，請撫州儒士黎喆、吳錡、鄧傑等精加校讎，以正訛謬。復相與規措其工費，方將登梓，而君以賀聖壽入京，仲昭亦以職務行部，俱弗獲督其成，遂付南昌滑守浩、張守汝舟，俾募工刻焉。蓋經始於弘治癸丑之春，至是凡四閱歲而工告畢。因識其顛末以見仲昭及汪君所以重刻是書之意云。弘治丙辰閏三月甲戌後學莆陽黃仲昭書。

黃仲昭說，他與汪從仁共同贊助了新版的《資治通鑑綱目》的出版，其校訂

人員為江西諸儒，刊刻事項也在江西完成，這是江西版。江西版為後來的學者所熟知。他說他所見的坊間刊本是一種附錄《考證》《考異》和《集覽正誤》的《資治通鑒綱目》。這種刊本到底是什麼樣子，今已不得而知。因為現存的《文公綱目》的確有《考證》《考異》和《集覽正誤》，但並非是「類刻於各卷之後」、「未嘗附載於篇」，而是「各附入本條之下」的版本，所以並非不便於覽觀的版本，黃氏所指定非今日所見之《文公綱目》。

劉剡是建陽慎獨齋書坊劉洪的前輩。劉剡重編新刊《資治通鑒綱目》一書時，延續了其家族前輩與建陽縣令合作的先例，並請當時的縣令佘以能做了一篇序文，即《資治通鑒綱目合注序》。佘以能是繼張光啟之後，建陽劉氏書坊刊刻《資治通鑒綱目》的另一贊助人。佘以能說：

> 吾考亭朱子，因司馬文正公所輯《資治通鑒》而修《綱目》。蓋仿吾夫子因魯中（史）而修《春秋》之法。其為世道計，至矣。曩者，我書林刊刻舊本，傳之四方。奈何久而刻板刓缺，而所附《考證》《考異》及《集覽正誤》三編，俱類刻於各卷之後，學者不便觀覽。而元儒劉氏所著《書法》一編，馮氏所集《質實》一帙，亦未嘗附載於篇，故四方少有見聞。邇者，前江右提學莆陽仲昭黃先生，因書林舊本殘缺失次，多所未備，乃重新校正，而取上五編之言，各附本條之下，刻梓以詔學者，以備觀覽，以益見聞。其嘉惠後學，亦至矣。昔予在京師時，得繕寫全集，閱翫未忘。及予承乏建陽，乃因公務，臨蒞書坊，校勘是書，與所得於仲昭先生者，果多刓缺未備。乃出示義官劉洪，命其從新繡梓，以廣其傳，殆與四方學者共之。且捐己薄俸以資助之。越三載，板刻始成，來請予為序。予於是書重新刊刻之意，仲昭先生之意，序之詳矣，予復何言哉。然覯河洛者，必思大禹之功；瞻桑梓者，自起敬恭之念。且予承乏是邑，仰思修是書者，正在吾邑之考亭，而遺風可想；刊是書者，又在吾邑之書林，而文獻足徵。噫叨宰文獻之邦，重新經世之典，亦一時嘉會。況是書之出，而凡有志於格物致知之學者，咸知先正述作懲勸之意，皎然如在炎天化日之下，而其大經大法，所以扶天倫遏人欲，修百王之軌度，為萬世之準繩者，亦煥然昭灼天下，後世之心目，未必不由茲而加顯也。弘治戊午春二月癸巳鄉貢進士文林郎建陽縣知縣銅陵佘以能謹書。

　　佘以能，《〔萬曆〕建陽縣志》卷四（第 362 頁）作「金以能。銅陵人，舉人。弘治丙辰任。」〔註79〕《〔康熙〕建寧府志》卷十八則作「金以能。銅陵人，舉人。一作佘。」〔註80〕佘以能的序中說，他在京師時曾得到黃仲昭刻本，待他至福建建陽任縣令時即請劉洪重刊該書。《資治通鑑綱目》為劉氏家族舊刻，存有舊板。但相較於黃氏新編本仍有不足，因此他們決定重編後刊印，而不是在舊板基礎上修版重印。這一重編再刊工作持續三年方告成功，可見該書編刊之謹嚴。佘氏序文中並未提及劉氏家族編刊該書的歷史淵源，僅提黃氏的編纂之功，也屬正常。黃仲昭（1435～1508），明憲宗成化二年（1466）進士，授翰林院編修。弘治元年（1488），任江西提學僉事。相較於黃仲昭而言，劉剡既不是進士，也不是官員，不是官僚體系中的一員，他只是明代的一位學術編輯，佘以能的序文不提劉剡也在情理之中。就像佘以能的名字在地方志中寫成了金以能一樣，人們對於官僚體制中的中下層士人，和知識世界中的編輯人員，沒有那麼重視，劉寬也罷，劉寬裕也好，都無關緊要。但如果有一位大人物曾經關注過某個書的話，甚至經他之手有某個書的話，就值得大書特書，四庫館臣如此，佘以能也不例外。佘氏贊助劉洪慎獨齋重刻之書，至正德年間又有增訂，佘氏位階遠不及黃仲昭，他的姓名也就湮沒了。《通鑑綱目全書》萬曆本、陳仁錫評點本、《四庫全書》本《綱目編集諸儒姓氏》後有劉繼善的跋文，提及了福建的新刊本。劉氏說：

> 謹按，《綱目》編集諸家所著，宋儒尹氏《發明》、劉氏《書法》二書，最為謹嚴精當，深能有得於朱子之志者也。元儒汪氏《考異》、王氏《集覽》二書，亦為詳備，誠有功於朱子之書者也。然於徐氏《考證》一書，其自敍書文，則云至正己亥中秋所作。考之《大明一統志》，則失其名氏，而盧陵楊文貞公敍文亦嘗及之。其為裨補是書可知矣〔已〕。至我國朝，毗陵陳氏《集覽正誤》一書，考據有理，真《集覽》之忠臣也。徵之《一統志》，既已備載其事蹟，而楊文貞公亦謂其有助於《綱目》者也。又如馮氏《質實》一書，迺成化元年所著，亦便學者觀覽。莆田未齋黃先生蓋亦有取焉。第志未及採

〔註79〕〔明〕魏時應：《〔萬曆〕建陽縣志》，《日本藏中國罕見地方志叢刊》，北京：書目文獻出版社，1991 年，第 362 頁。

〔註80〕〔清〕張琦主修：《建寧府志》，南平市地方志編纂委員會整理，福州：福建省地圖出版社，2018 年，第 332 頁。

入而有俟云。時正德八年癸酉秋七月朔，欽差福建提督學校副使姚
〔有麟〕委官福州府侯官縣儒學署教諭事舉人海陽劉繼善宗一甫校
正謹識。

劉繼善所校刊的《資治通鑑綱目》底本是何種版本尚不清晰，但與劉氏家
族編刊的《文公綱目》《資治通鑑綱目》有密切關係是無異議的。但劉繼善並
沒有提及劉剡而是像此前的余以能一樣以黃仲昭為該書編纂史上的重要人
物。劉剡在《資治通鑑綱目》一書的傳播過程中所起的重要作用也就逐漸湮沒
了。經我們的書籍史考察可知，劉剡大約從永樂末年開始，先參與編校其師王
逢的《資治通鑑外紀》工作，收集《資治通鑑綱目》相關補訂著作若干種，又
按照王逢所確定的編纂體例進行《資治通鑑綱目》的著作彙編，並在宣德年間
完成了《文公綱目》的編刊。從劉剡開始，朱子的《資治通鑑綱目》有了一種
彙刊朱子後學注釋的新品種，經幾代人的增補，終於成為官方的定本，也成為
一代經典。創始之功歸於劉剡，實屬應當。

六、贊助人建陽令張光啟

《文公綱目》的天津圖書館藏本和芝大藏本在卷十四、卷四十三皆題「後
學旴江張光啟纂輯」，張光啟為《文公綱目》的編纂者應無異議。但其他各卷
卷端有題署的地方出現了「後學□□□□□□」，這可能是原來的版片就是
空白，即編刊人並沒有確定；也可能是原來有姓名，出於某種原因而鏟去了。
如果我們能夠見到還保留姓名的印本，就可以確定一定是後一種情況。幸運的
是我們《天祿琳琅書目後編》中看到了一明刻本《資治通鑑綱目》「書內卷第
十六不書濟《正誤》，別著張光啟纂輯」，〔註81〕又在紹興圖書館所藏殘本《文
公綱目》卷三十六看到同樣的情況。顯然天津圖書館、普林斯頓大學葛思德東
方圖書館藏本是後印本，是在某一階段鏟去編刊者再印時將「旴江張光啟纂
輯」七字鏟去者。為何要鏟去他的姓名呢？今存各家藏本《文公綱目》皆刊刻
此書的序跋，是否也與此有關？

〔註81〕〔清〕彭元瑞：《天祿琳琅書目後編》，第 592 頁。

普林斯頓大學藏本　　　　　　　　紹興圖書館藏本

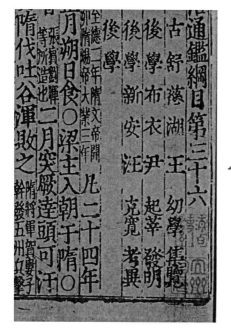

　　首先，所謂的「張光啟纂輯」，並不是張光啟編纂了《文公綱目》，而是他作為地方行政長官充當了該書的贊助人。張光啟任建陽縣令期間積極參與文教活動，多部書籍上留有他的姓名。《〔嘉靖〕建陽縣志》卷二《職官》記載張光啟於明宣德四年至正統元年（1429～1436）任建陽縣知縣，同時的縣丞為何景春（宣德三年）、張純（宣德六年任），主簿為蔣慶（宣德三年），典史為廖榮（宣德三年任），教諭為廖榮（宣德三年任）、陳普（宣德四年任），訓導為李繼（宣德四年任）。何景春於正統二年接替張光啟為知縣。〔註82〕《〔萬曆〕建陽縣志》卷四記載：「張光啟，建昌人，進士。宣德己酉（四年）任。有傳。何景春，南康人，以本縣丞升令。正統丁巳（二年）任。」〔註83〕前述劉剡的《新編資治通鑑外紀增義》題識署宣德三年，提及張光啟為大尹，則張光啟的任職時間應比縣志中所記載的早一年。《〔嘉靖〕建陽縣志》卷十三有張光啟和何景春傳，謂：「張光啟，建昌人。涖政往往鋤強去暴，篤愛斯文，民心悅服，衙門學校一皆煥新。敘曰：光啟之得民心，固悃愫感孚，矧

〔註82〕　〔明〕馮繼科：《〔嘉靖〕建陽縣志》卷二，上海：上海古籍書店，1962年，第9～11頁。

〔註83〕　〔明〕魏時應：《〔萬曆〕建陽縣志》，《日本藏中國罕見地方志叢刊》，北京：書目文獻出版社，1991年，第362頁。

創修遺跡，曠百餘年，民皆傳頌，沒而祠之，宜足以慰邑人於無窮也。」「何
景春，南康人，任本邑丞，有謀有為，豪強被其制伏，小民賴以安生。作興
學校，增廣生徒，重建大成殿及粧塑先聖四配十哲像。又以山川壇隘於民居
而低下，遂移於縣治西南黃花山之陽，城隍廟宇易而新之。尋升本邑令。去
後見思，卒，蒙當道允祭於名宦祠。敘曰：景春丞邑有能聲，尤多創建。繼
為令，建民有去思焉。遺愛之及，人信不忘矣。卒祠於名宦，孰曰不宜。」
張光啟與何景春是宣德正統年間的建陽縣令，劉剡與此二人有密切的出版合
作關係。

　　前文引王重民和屈萬里書志提到了張光啟任職年代在現存刻本（景泰本
《資治通鑒節要續編》）和縣志（張光啟於宣德間任縣令）的記載有二十年的
差距，何以如此？王重民、屈萬里書志提要中提及的「北平圖書館藏景泰三年
（1452）刻《資治通鑒節要續編》」並非該書的早期版本，而是重修本或者修
補後印本。國家圖書館藏《增修附注資治通鑒節要續編》三十卷（善本書號：
04815），半葉 10 行 17 字，小字雙行同，白口，四周單邊。該書有宣德四年張
光啟序，目錄卷端題：「建陽知縣旴江張光啟訂定，松塢門人京兆劉剡編輯，
翠岩後人京兆劉文壽刊行。」卷一卷端題：「建陽知縣旴江張光啟訂定，松塢
門人京兆劉剡編輯。」張光啟序稱：

> 經載道，史載事。君子言也。設世無經史載道若事，萬古下人
> 何觀焉。故六經、歷朝史，不可無作，為尒故也。夫《書》與《春
> 秋》皆當時故史，吾夫子筆削作經史學宗本，蓋肇此。至漢司馬遷
> 則《春秋左氏》一家之言，造《史記》。彼《三國志》《兩晉書》《南
> 北史》《唐書》《五代史》，諸儒各出自見而成，載各代事功者也。奈
> 何千卷萬帙，學者發更霜雪，有莫遍究其極。至宋司馬涑水公，又
> 取歷代史，去繁就簡，考訂成書進獻，賜名《資治通鑒》，亦甚盛心
> 也。然中未免失略焉。然後子朱子始述筆削之旨，作《綱目》一書，
> 缺者增，訛者正，天道明，人道定，史學至此始得無惑。於乎，盛
> 哉。厥後《宋鑒》、李燾《長編》是作，陳經《綱目》是造，又咸不
> 外朱子門牆者耳。世人習科目者又欲捷於考索，病艱庸力，少微先
> 生《通鑒詳節》因之有作。近又增入鄱陽王氏《釋義》，事理曉然，
> 後學多便。獨宋、遼、金、元史事實竟有未為之纂錄者。予昔家食，
> 切有此志，今幸作宰東陽，公隙即與書林君子劉剡取四代所載君臣

行事功績，歲月日時先後，精詳欲博合一，襞略致詳。以宋為統，遼、金分書之，元則直續宋統。纂輯校訂，附《通鑒評節》之末，字曰《增修附註通鑒節要續編》，庸備考索而已。書成，士庶劉文壽請壽諸梓，以博厥傳，並求言題諸端。予曰：於乎，造史書之家，種種焉，浩汗繁絮，俾學者益艱力哉。雖有二明，莫盡於批閱；不有《綱目》書成俾史學，曷日歸於一途者耶。是編又成，非私於己，乃公於四方，其中舛繆，知道君子幸正焉。倘有取於斯，庶考古知今一助云。宣德四年（1429）己酉春二月盱江張光啟撰。〔註84〕

按照張光啟的序文，他原有計劃編纂一部接續《綱目》的著作，限於條件並未完成。當他出任建陽縣令時，他在公務之餘與劉剡談論如何編纂這樣一部書，兩人對此選題皆有興趣，並且有條件完成，於是他們很快就完成了書籍的編定。前引《建陽縣志》記載張光啟出任縣令時間為宣德四年，而張氏序文作於該年二月，可見編纂該書所用時間並不長。他們是否能在如此短暫的時間內就完成了一部三十卷的巨著編纂，尚有疑問。更符合實際的應該是，劉剡早已將該書編訂完成，張光啟出任縣令時，劉剡將編訂完成的書籍交給張光啟審定，張氏也就充當了這部書的贊助人角色，這是明代刻書的常規。所以張光啟在序文中用了很長的篇幅談《資治通鑒》和《資治通鑒綱目》二書的編纂主旨，以及《資治通鑒綱目》一書出版之後，諸家續補增訂的情形。但對於具體編纂的情況，諸如何時開始編纂，又以何種書籍作為參考等等皆付諸闕如。而該書卷三十末劉剡的跋文則對此有較為細緻的說明。劉剡說：

元自世祖平宋之後，一遵臨江張公美和、梁公孟敬二先生《節要》、《事略》而成。然於宋文丞相、謝疊山二公之事而詳述之者，蓋其精忠互乎天地，可以為萬世人臣之法，故備錄而不厭其繁，謹附錄《瑞麥頌》《平西蜀誦》者，以見我聖朝太祖高皇帝以天縱之聖，除胡元之亂，不數年間遂開六合，奄有萬國，榮光貫日，瑞麥呈祥，其天心眷愛，國家傳祚於千萬世之意，昭昭可知矣。謹拜手稽首書於後云。宣德龍集壬子（七年，1432）孟秋吉日後學劉剡拜書。

〔註84〕以上劉剡、張光啟序跋，楊翼驤《增訂中國史學史資料編年·元明卷》引王重民《中國善本書提要》予以著錄。見：楊翼驤編著、喬治忠等訂補：《增訂中國史學史資料編年·元明卷》，北京：商務印書館，2013年，第158～159頁；王重民：《中國善本書提要》，上海：上海古籍出版社，1983年，第102～103頁。

　　同年冬天，《文公綱目》一書也完成了刊行，故劉寬《資治通鑒綱目合刻各注引》以記其事。劉剡跋文說明了他編輯這部書的主要資料來源，即張九韶（1314～1396，字美和）的《元史節要》與梁寅（1303～1390，字孟敬）《元史略》。張氏與梁氏二書皆仿曾先之《歷代十八史略》。劉剡的序文落款時間是宣德七年八月，說明張氏在宣德四年二月作序之後，該書進入出版程序，由劉文壽刊行。最後完成是將三年半年以後的事情。刊刻完成後，劉剡特作跋說明了這部書的資料來源和編書的主旨。作為朱子後學，劉剡堅持朱子學關於歷史的認識，即通過歷史的書寫來勸善懲惡以達到社會之治的目的。這也是《資治通鑒綱目》一書編纂的目的之一。

　　此《增修附注資治通鑒節要續編》有多種刊本。臺圖藏明初葉建刊巾箱本（書號 01791），無序跋。該本目錄卷端題：「建陽知縣盱江張光啟訂定，松塢門人京兆劉剡編輯，翠岩後人京兆劉文壽刊行。」這與前述國圖藏本一致。故而該書亦被視為是劉文壽刊本。但該書並非劉氏刊本之原版，而是一新的版本。該書卷一卷端題：「建陽知縣盱江張光啟訂定，松塢門人□□□□編輯。」為何「京兆劉剡」被鏟去？該書卷五、卷十二、十四、十六、十七卷端題「宋禮部員外郎兼國史院編修官臣李燾編，書林增入音釋批點校正重刊木」，而卷二十七、二十八、二十九、三十卷端題「翰林國史院編修官臣臨江張美和編輯，魯國相府紀善官清江劉季鵬校正重刊」，為我們提供了一點信息。〔註85〕葉德輝《郋園讀書志》卷三著錄明洪武丁丑建安書堂刻本《元史節要》二卷，提到該書作者為張美和，該書版式字體「猶承元刻之舊」。「明張美和以《元史》浩繁，版藏內府，世不易得，仿曾先之《十八史略》，節其要為此編。見前洪武甲子清江劉季鵬題。又自序稱『前翰林國史院編修官臨江張美和書』。據劉題稱『美和致老而歸』。所作綱目後有黑地白文長牌記云『洪武丁丑孟夏建安書堂新刊』。正卷每半葉十七行，行二十九字。大題《元史節要》下注上下字。下題『臨江張美和編』，均占兩行。」葉德輝考證，《明史·宋訥傳》附有張九韶傳。張九韶字美和，洪武三年為縣學教諭，後為國子監助教，翰林院編修。退休後又於錢宰等被徵召修書。張九韶著作有《理學類編》《群書備數》《元史續編》等。〔註86〕臺圖藏葉德輝舊藏本《元史節

〔註85〕https://rbook.ncl.edu.tw/NCLSearch/Search/SearchDetail?item=c16338c7a5d848
　　　　ce9ce68e453f14c06afDQxNTg00&page=&whereString=&sourceWhereString=&
　　　　SourceID=1&HasImage=
〔註86〕葉德輝：《郋園讀書志》，上海：上海古籍出版社，2010 年，第 125～126 頁。

要》（索書號：202.258 01884）的劉氏序為：「翰林國史院編修官張美和之致老而歸也，深慮《元史》浩繁，人難徧覩，且板藏內府，世不易得，迺傲曾先之所編《十八史》例，節其要略，手抄成帙。於是有元一代君臣行事之得失是非及盛衰興亡之跡，一覽之餘，瞭然即見。其始終之大槩，有便於學者多矣。是宜繡梓以廣其傳。洪武甲子春前登仕郎魯國相府紀善清江劉季鵬謹題。」也即上述《增修附注資治通鑑節要續編》末幾卷是以《元史節要》為藍本修訂而成者。這也與劉剡序文所謂「元自世祖平宋之後，一遵臨江張公美和、梁公孟敬二先生《節要》、《事略》而成」相吻合。但為何這一版本要特別注明張九韶和劉季鵬兩人的姓名就不得而知了。

　　王重民《中國善本書提要》著錄了明景泰三年善敬書堂刻本、弘治間刻本和朝鮮銅活字本。他注意到邵懿辰《四庫簡明目錄標注》卷五將以為張光啟為元代人，從而將《資治通鑑節要續編》誤為元刻，盧文弨《宋史藝文志補》著錄劉剡《通鑑節要續編》，更將明代的劉剡誤為宋代人了。〔註87〕之所以有這種誤會，除了歷史知識的闕誤之外，還與該書的早期版刻風格為明前期的樣貌，清代人往往將這種版刻風格歸於元刻，在《天祿琳琅書目》和《天祿琳琅書目後編》中此類案例非特例，古舊書商也樂於將這些書作為更早期的刊本來獲利。

　　結合前述縣志的記載可知，劉剡與張光啟合作編集出版《增修附注通鑑節要續編》是張光啟任建陽縣令之初，故張氏序署宣德四年春二月。而劉氏跋署七年孟秋，當是先有了編刊動議，甚至已經有了初稿，再用較長時間編刊。劉剡是編纂者，張光啟應該是該書出版的贊助人，故而張氏享有題寫序文和署名的權利。王重民說：「《續編》為劉剡所編，而分其編輯之功於縣官張光啟，以重其書也。」〔註88〕我們認為，張光啟為該書的贊助人，按照明代出版的慣例，享有題寫序跋、署名校勘等權利，當然也得為一部書的製作承擔特定的責任，即要為刊刻的內容做保證。至於是否能因有縣令署名編輯就讓一部書更珍貴，略備一說可也。

　　後來，正德間司禮監重刻《資治通鑑節要續編》即以此書為本，王重民說：「《正編》既以王逢、劉剡為底本，《續編》未及重修，因全用劉剡原編，然不著其名，僅稱『尚未精當』以卸責，此編校官之故伎也。余曾持此本（美

〔註87〕王重民：《中國善本書提要》，上海：上海古籍出版社，1983年，第102頁。
〔註88〕王重民：《冷盧文藪》，上海：上海古籍出版社，1992年，第152頁。

國國會圖書館藏司禮監刻本《資治通鑒節要續編》）與劉剡《資治通鑒節要續
編》相較，史文全同。」〔註89〕也即，劉剡、張光啟署名的《資治通鑒節要
續編》在後世廣為流傳，得到了官方認定，但他們的名字被抹去了。編校官
為何要抹去張光啟、劉剡之名呢？除了所謂的編校故伎之外，或許與張光啟
贊助刊行的另一部書有關。

　　宣德八年（1433）癸丑，張光啟作為贊助人刊刻了《剪燈新話》《剪燈餘
話》。該書原版不存，今存本多為上圖下文的圖文版本，被視為是明代版畫的
傑作。如《中國版刻圖錄》收錄明正德六年（1511）年楊氏清江書堂刻本《新
增全相剪燈餘話大全》，並謂：「上圖下文。題清江書堂楊氏重校刊行，書林正
己歲詹吾孟簡圖相。卷四後有正德辛未孟秋楊氏清江書堂刊兩行。書中故事，
不離鬼神怪異才士美人，雜以詩詞，陳陳相因，毫無內容。清江堂宣德中刻《廣
韻》，已見前。此外又刻《玉篇》《唐書志傳通俗演義》等書。」〔註90〕此為國
家圖書館藏本。《新增全相剪燈餘話大全》卷一卷端題：「新增補相剪燈新話大
全卷之一。古行山易瞿祐宗吉編著，清江書堂楊氏重校刊行，書林正己詹吾孟
簡圖相。」《新增全相湖海新奇剪燈餘話》卷一卷端題：「廣西左布政使廬陵李
昌祺編撰，翰林院庶吉士文江劉子欽訂定，上杭縣知縣盱江張光啟校刊，建陽
縣縣丞何景春同校繡行。」〔註91〕國家圖書館藏本無序跋。日本國立公文書館
藏明成化二十三年（1487）雙桂堂刊本（請求番號：309～0137）《剪燈餘話》
有劉敬《剪燈餘話後序》。劉氏說：「敬不敏，什襲所錄，欲刊而未能。宣德癸
丑（八年，1433）夏，知建寧府建陽縣事盱江張公光啟，銳意欲廣其傳。書來，
謂予所錄得真，請壽諸梓，遂序其始末，以此本並《元白遺音》附之，以同其
刊雲，是歲七月朔旦也。賜永樂甲申進士，前翰林庶吉士承直郎秋官主事文江
劉敬子欽書。」其後為張光啟序，謂：「《剪燈餘話》一帙，乃大儒方伯李公之
所撰也。公學問賅博，文章政事，大鳴於時。暇中因覽錢塘瞿氏所述《剪燈新
話》，公惜其詞美而風教少關，於是搜尋古今神異之事，人倫節義之實，著為
詩文，纂集成卷，名曰《剪燈餘話》，蓋欲超乎瞿氏之所作也。既成，藏諸笈
笥，江湖好事者咸欲觀而未能，余亦憾焉。遂請吾師文江子欽劉先生以之示予，

〔註89〕王重民：《中國善本書提要》，上海：上海古籍出版社，1983 年，第 102 頁。

〔註90〕北京圖書館：《中國版刻圖錄（增訂本）》，北京：文物出版社，1961 年，第 69
　　　　頁。

〔註91〕中國國家圖書館、中國國家古籍保護中心編：《第二批國家珍貴古籍名錄圖錄》
　　　　（第 7 冊），北京：國家圖書館出版社，2010 年，第 66 頁。

開合數四，不能釋手，玩文尋義，益究益深。……予甚嘉之，命工刻梓，廣其所傳，以俟江湖好事者觀覽。……脫生張光啟謹題畢。」雙桂堂重刊本《新刊剪燈餘話》卷首題：「剪燈餘話全相卷之一。廣西左布政使盧陵李昌祺編撰，翰林院庶吉士文江劉子欽訂定，上杭縣知縣盱江張光啟校刊，建陽縣縣丞何景春同校繡梓。」卷五末題：「新編江湖紀聞全相剪燈餘話賈雲華還魂記卷之五終。」並有「成化丁未年孟冬書林雙桂堂重刊」雙行牌記。成化重刊本錯誤頗多，比如「文江子欽」作「吉文子欽」之類，這一刻本雖然在卷首保留了劉敬和張光啟的序文，也在卷端標明張光啟、何景春的校刊，並非為了標明此書為張氏與何氏贊助刊刻之書，只是書坊為了廣告效應抑或別有他因而特別標舉者，但這也表明張光啟與何景春的確曾作為贊助人刊刻了《剪燈餘話》一書，張光啟與該書的出版有著密切關係。

由於《剪燈新話》《剪燈餘話》的禁毀，張光啟作為出版贊助人的聲譽受到損害，他充當贊助人刊刻的《文公綱目》一書不得不做技術性的處理，即在書版中鏟去張光啟的名字、撤掉張氏序跋再印即可。顧炎武《日知錄之餘》卷四記載：「《實錄》：正統七年（1442）二月辛未，國子監祭酒李時勉言：『近有俗儒假託怪異之事，飾以無根之言，如《剪燈新話》之類，不惟市井輕浮之徒，爭相誦習，至於經生儒士，多舍儒學不講，日夜記憶，以資談論，若不嚴禁，恐邪說異端日新月盛，惑亂人心。乞敕禮部行文內外衙門，及提調學校僉事御史，並按察司官，巡歷去處，凡遇此等書籍，即令焚毀。有印賣及藏習者，問罪如律。庶俾人知正道，不為邪妄所惑。』從之。」〔註92〕也即《剪燈餘話》由張光啟資助刊行之後不到十年，即因被人視為輕浮的邪說異端之書而遭政府禁毀。陸容（1436～1497）《菽園雜記》卷十三記載：「《剪燈新話》，錢塘瞿長史宗吉所作；《剪燈餘話》，江西李布政昌期所作，皆無稽之言也。今各有刻板行世。聞都御史韓公雍巡撫江西時，嘗進盧陵國初以來諸名公於鄉賢祠。李公素著耿介廉慎之稱，特以作此書見黜。清議之嚴，亦可畏矣。」〔註93〕其後，都穆（1458～1525）在《都公談纂》中對兩書的寫作和傳播有更為細緻的講述。都氏說：

> 錢塘瞿宗吉著《剪燈新話》，多載鬼怪淫褻之事。同時盧陵李昌

〔註92〕〔清〕顧炎武著，黃汝成集釋，欒保群等校點：《日知錄集釋・日知錄之餘》，
　　　　上海：上海古籍出版社，2014 年，第 800 頁。
〔註93〕〔明〕陸容：《菽園雜記》，北京：中華書局，1985 年，第 159 頁。

期復著《剪燈餘話》續之。二書今盛市井。予嘗聞嘉興周先生鼎云：
「《新話》非宗吉著。元末有富某者，宋相鄭公之後，宗（家）杭州
吳山上。楊廉夫在杭，嘗至其家。富生以他事出，值大雪，廉夫留
旬日，戲為作此，將以遺主人也。宗吉少時，為富氏養婿，嘗侍廉
夫，得其稿，後遂掩為己作，唯《秋香亭記》一篇，乃其自筆。」今
觀《新話》之文，不類廉夫。周先生之言，豈別有本耶？昌期名槙，
登永樂甲申進士，官至河南左布政，致仕卒。其為人清謹，所著詩
有《運覽漫稿》。景泰間，韓都憲雍巡撫江西，以廬陵鄉賢祀學宮，
昌期獨以作《餘話》不得入，著述可不慎歟？〔註94〕

　　書籍循環由作者、編輯、出版人、贊助人、讀者等構成。一部著作能否
在書籍循環中迴圈起來，需要接受社會的評判。其中，「清議」是書籍循環
中的一個權力因素。這種權力讓書籍的循環發生了截斷，它不僅對原書作者
有罷黜鄉賢榮譽的影響，對編刊者、書坊而言也是利害相關。或許正是如此，
正德年間，張光啟所贊助刊行的《資治通鑑節要續編》被重編者隱去了姓名，
或者重編者所見到的版本就是已經鑱去了張氏姓名的印本，也就無所謂隱與
不隱了。

　　世易時移，《剪燈新話》《剪燈餘話》已經成為古代小說的經典，被視為
是傳奇小說通俗化復歸雅化的代表作，是明初文人的鬱憤之作，反映了那個
時代的人文精神；兩書的禁毀顯示了道學家的輿論對於雅化小說文體的排
斥，通俗化小說由此成為下層的市井的文人的專利品。〔註95〕史家雖會在行
文中稱引贊助人張光啟刻書序文，以說明該書曾廣為讀者所喜，但並未想到
張光啟會因他所贊助刊行的一部禁書而名譽受損。在小說史家看來，重要的
是，《剪燈新話》和《剪燈餘話》的作者和刊刻者，恰恰因為曾經被禁毀過，

〔註94〕〔明〕都穆撰，〔明〕陸采編次，李劍雄校點：《都公談纂》，上海古籍出版社
　　　　編：《明代筆記小說大觀》，上海：上海古籍出版社，2005 年，第 560～561 頁。
〔註95〕石昌渝：《中國小說源流論》（修訂版），北京：生活·讀書·新知三聯書店，
　　　　2015 年，第 198～205 頁。石昌渝認為《剪燈新話》《剪燈餘話》是元明傳奇
　　　　小說通俗化過程中具有典型意義的一部著作，是以「唐代傳奇小說為楷模，重
　　　　新去開拓鬼神世界」，「在宋元理學大盛的時代⋯⋯借鬼神是言志，以理勝。」
　　　　「《剪燈新話》比較唐傳奇已經偏於理性，而《剪燈餘話》則比《剪燈新話》
　　　　更加理性。」雖然遭到禁毀，但傳播甚廣，日本德川幕府時，《剪燈新話》「鐫
　　　　刻尤多，儼如中學校之課本」（董康《書舶庸譚》）。參見石昌渝《中國小說發
　　　　展史》，太原：山西教育出版社，2019 年，第 294～303 頁。

更具有歷史地位，值得我們寫下幾筆。同樣地，如今著錄內府本《通鑒節要續編》時，多將作者定為張光啟，[註96] 而真正的編集者劉剡卻少為人知，仍隱而不彰。

至此，我們可以確定張光啟為《文公綱目》一書的贊助人，張氏不是掛名而已，也對該書有直接的貢獻，故而刻本題「張光啟纂輯」以表彰其貢獻，但由於張氏贊助出版的一部書被認定為包含「異端邪說」，「印賣及藏習者，問罪如律」，書坊為了書籍的繼續發行，不得不採取有效措施，鏟去張氏姓名、去掉他的序跋就是最有效的方法。到了成化弘治年間，正統的禁令業已寬鬆，由張氏贊助出版的《剪燈餘話》由書坊重刊再版，他的名字和所作序跋依然保留，而《文公綱目》已被官方重新編纂刊行的《資治通鑒綱目》所取代，張氏和劉剡所開創的新版本《資治通鑒綱目》體例為黃仲昭本所承續也就鮮為人知了。幸運的是，他們所刻之書有不同印次的版本存世，後世其他的版本又或多或少的保留了有關他們編纂刊刻這部書的文獻，我們得以重新認識這部書的生產情形。

小結

綜上可知，《文公綱目》為《資治通鑒綱目》的匯注本，開啟了明清以來匯注本《綱目》的先例，為明清朱子學者所尊崇。它最初由朱子學者劉剡編集，建陽縣令張光啟贊助，建安劉氏（劉寬裕）書坊刊行，時間是宣德七年。劉剡以朱子後學為學術信仰，精心編輯彙校朱子及其後學的著作，《文公綱目》乃其中一種。劉寬是劉剡的族兄，是建陽劉氏書坊的老人，他的名字或許是名寬字寬裕，與他的後裔劉洪字洪毅一樣。張光啟任建陽縣令期間，熱衷於文化出版事業，大力支持劉剡編集的朱子學著述，在劉氏所編刊的著作中留下了他作為贊助人應享有的署名權和序文撰寫權。贊助人為書坊刊刻書籍提供學術與政治的支持，出版經費的襄贊，同時也為書籍的發行做了擔保。張氏出版的另外一部書在正統年間成為官方認定的禁書，他的擔保成了問題，因此書坊將絕大部分書板中張氏姓名鏟去。現存《文公綱目》一書有至少兩種不同的刻本和先後不同批次的印本。卷端題名頁「後學」二字後鏟去「張光啟纂輯」的版本是正統七年以後的印本。

〔註96〕北京圖書館編：《北京圖書館古籍善本書目・史部》，北京：書目文獻出版社，1987 年，第 271 頁。

對於「通鑒」「綱目」之學而言，《文公綱目》一書的版本學問題看似無關緊要。但無關緊要的問題並非毫無意義，相反，它之所以無關緊要恰恰說明人們或許由於某種學術的成見對它視而不見罷了。當我們用一種專業的學術眼光重新審視時，我們才能看到其中的奧妙，正如通過棱鏡我們才會看到五彩的光一樣，書志提要就是讓我們看到精彩書籍世界的棱鏡。我們看到，通鑒學之所以成立，固然與《資治通鑒》本身有關，但書籍世界本身更有其值得我們關注的問題。比如，宋元以來不同版本的《資治通鑒》刊刻流傳足供學者使用，這是學術研究得以開展的基礎；宋元以來特別是明朝的幾代的學者、出版者對該書進行全方位的研習考辨，並及時編纂出版研究成果，這是學術得以繁榮的明證；清代以來的版本學家對該書進行版刻的考訂，這是學術得以拓展的實例。這些要素共同構成了獨具特色的書籍世界和書籍循環。

就此而言，書籍史的研究，需要對一部一部珍稀古籍進行客觀的描述，類似藥品的說明書一樣對藥物的功效進行說明，並加上一句「謹遵醫囑」的提示，它是我們進入古籍所構成的書籍世界的一個窗口。由此再往前，則要進入書籍史的世界，以一部書為中心展開細緻的梳理，以窺見傳統的書籍世界的精彩紛呈與豐厚底蘊，並見證一代又一代學者（包括一般知識人和官僚士人）的不懈努力生產和再生產的書籍所構成的書籍循環。